广告理论与实务

贺　鑫　周梅婷　李少飞　主　编
张爱华　副主编

中国原子能出版社
China Atomic Energy Press

图书在版编目(CIP)数据

广告理论与实务 / 贺鑫，周梅婷，李少飞主编. —
北京：中国原子能出版社，2019.9（2021.10重印）
ISBN 978-7-5022-9955-2

Ⅰ.①广… Ⅱ.①贺… ②周… ③李… Ⅲ.①广告学
Ⅳ.①F713.80

中国版本图书馆 CIP 数据核字(2019)第 175820 号

广告理论与实务

出版发行	中国原子能出版社(北京市海淀区阜成路43号　100048)
责任编辑	宋翔宇　刘　佳
责任印制	潘玉玲
印　　刷	三河市明华印务有限公司
发　　行	全国新华书店
开　　本	787mm×1092mm　1/16
印　　张	14
字　　数	360 千字
版　　次	2019 年 9 月第 1 版　2021 年 10 月第 2 次印刷
书　　号	ISBN 978-7-5022-9955-2
定　　价	58.00 元

网址：http://www.aep.com.cn　　　　E-mail：atomep123@126.com

前　言

　　网络时代的到来,新媒体的不断涌现,使得消费者的消费行为、广告主和广告企业的营销行为都发生了重大变化。随着传播技术、营销手段以及广告实践的创新发展,广告学理论与实践的研究也在审慎地跟进。在此背景下,为进一步推动广告学教材建设和创新人才的培养,我们编写了这本书。

　　本书以广告运作为中心,完整阐释了广告理论及活动的全貌,具有理论体系完整、操作策略得当、案例切实新颖的特点。通过阅读此书,读者能够比较迅速地掌握广告的主要理论和策略技巧。

　　本书特色主要体现在以下几个方面:

　　(1)基础理论精要。本书坚持理论重在基础,阐述力图精要,并力求紧跟学科前沿,反映学科现状与趋势。

　　(2)紧密结合实践。本书强调将广告理论运用于广告实践,突出实践性、操作性和应用性,尽可能在理论指导下把广告公司具体运作的流程与方法写进本书,有机融合。

　　(3)重视案例分析。本书的每一章都配备一些的案例分析来论证和说明该章内容。所用案例一般都是能反映最新进展的典型性实战案例。

　　由于编者水平有限,文中疏漏及争议之处在所难免,恳请专家学者以及广大师生在使用中批评指正。

编者

目　录

第一章　广告概述

【学习目标】

1. 掌握广告的定义及特征；
2. 了解广告类别，掌握广告功能；
3. 了解广告与其他学科的关系。

第一节　广告的定义及其特征

一、广告的含义

（一）广告一词的起源

广告一词，据考证是一外来语。它首先源于拉丁文 advertere，其意为注意、诱导、传播。中古英语时代（1300—1475 年），演变为 advertise，其含义衍化为"使某人注意到某件事"，或"通知别人某件事，以引起他人的注意"。直到 17 世纪末，英国开始进行大规模的商业活动。这时，广告一词便广泛地流行并被使用。此时的"广告"，已不单指一则广告，而是指一系列的广告活动。静止的物的概念名词 advertise，被赋予现代意义，转化成为 advertising。汉字的广告一词源于日本。随着我国改革开放的不断深化、社会主义市场经济体制的日益完善，20 世纪 80 年代以来，广告活动在我国更加广泛和普遍，广告的真正含义越来越被人们所认识。

（二）广告的定义

随着社会和经济的不断发展变化，在不同的历史时期，人们对广告的含义理解也有所不同，其中出现了一些具有一定代表性的诠释。

1890 年以前，西方社会对广告较普遍认同的一种定义是：广告是有关商品或服务的新闻（news about product or service）。

1894 年，美国现代广告之父阿尔伯特·拉斯克（Albert Lasker）认为：广告是印刷形态的推销手段（salesmanship in print，driven by a reason why），这个定义含有在推销中劝服的意思。

1948 年，美国营销协会的定义委员会（The Committee on Definitions of the American Marketing Association）形成了一个有较大影响的广告定义：广告是由可确认的广告主，对其观念、商品或服务所作之任何方式付款的非人员式的陈述与推广。

美国广告协会对广告的定义是：广告是付费的大众传播，其最终目的为传递情报，改变人们对广告商品之态度，诱发其行动而使广告主得到利益。

综合上述关于广告定义的观点，结合当今广告的发展现状，我们把广告定义为：广告是广告主在付费的基础上,将企业、商品、劳务或者观念等信息,通过传播媒介向特定的对象进行传播,有效影响目标公众心理和行为,促成整体营销计划的活动。

二、广告的要素

从广告的定义可以看出,广告应包括以下几个要素:

(一)广告主

这是指为推销商品或者提供服务,自行或者委托他人设计、制作、发布广告的法人、其他经济组织或者个人。广告主是广告活动的发布者,通过媒体销售或宣传自己产品和服务的商家,是营销广告的提供者。任何推广、销售其产品或服务的商家都可以作为广告主。例如,网络广告主发布广告活动,并按照网站主完成的广告活动中规定的营销效果的总数量及单位效果价格必须向网站主支付费用。

(二)广告媒体

广告媒体是广告传播过程中用以扩大和延伸信息传递的工具。作为传播广告信息的中介物,广告媒体的具体形式有报纸、杂志、广播、电视等。在日常生活中,我们从广播里听到各种广告,从电视里看到各种广告,从互联网、报纸、杂志等阅读到各种广告,这些诸如广播、电视等介质就扮演了广告媒体的角色,它们为公众传达一定的广告信息。

(三)广告信息

信息是广告的具体内容,包括商品信息、劳务信息和观念信息等。商品信息包括商品的品牌、性能、质量、价格、购买时间、购买地点等;劳务信息包括各种非商品实体买卖或服务性活动的有关信息;观念信息主要是通过广告倡导某种意识,使消费者树立一种有利于推销商品或劳务的消费观念。

(四)广告费用

广告费用即从事广告活动所需支付的费用,主要包括广告调查费用、广告策划设计费用和广告发布费用,以及围绕广告活动的机动费用。例如,国内最大的瓜子二手车在网络视频上,大量投放广告到优酷土豆、腾讯、爱奇艺三大顶级视频平台,定向重点城市25～45岁男性精准人群,15秒前贴片投放,全国超过20亿次播放量,PC端和无线端全覆盖。瓜子二手车在线下的投放也不遗余力。瓜子二手车广告将覆盖全国40座城市楼宇电视、液晶电视与互动屏,并进驻城市电梯,全方位覆盖楼宇用户,人均接触频次高达20次以上;强势占据一二线城市候车亭灯箱,大字报样式再次展现吸睛大法;百城密集广告上线,每天数百频次集中播出。仅仅在2016年一年,瓜子二手车直卖网"挥霍"了10亿元广告费。

【知识链接】

2016 全球广告投放榜单大众排行业内第一

腾讯汽车讯 北京时间 12 月 12 日消息,据国外媒体报道,在《广告时代》杂志推出的全球前 100 位广告投放大客户 2016 年排行榜中,大众集团在汽车类企业中排名第一。

据报道,全球一共有 15 家汽车制造商和 1 家轮胎制造商(普利司通公司)构成了《广告时代》汽车类企业广告支出的排行榜。《广告时代》杂志是一家隶属于 Autonews 的杂志社，根据其在本月公布的数据，上述汽车类企业中有 7 家企业位列排名最靠前的 25 位广告投放大客户之中。在这 25 家企业之中，大众集团名列第 4，其在 2015 年的广告支出总额达到 66 亿美元；通用汽车排名第 6，2015 年该公司广告支出总额达 51 亿美元；戴姆勒集团位列第 7，当年广告支出总额达到 50 亿美元；福特和丰田分别位列第 11 和 12 位，两家企业在 2015 年的广告支出分别达到 43 亿美元和 41 亿美元；菲亚特-克莱斯勒集团排名第 14，2015 年广告费总计 39 亿美元；宝马集团排名第 25，同年广告费支出总额为 31 亿美元。

值得注意的是，汽车类企业在 2015 年的广告费支出高于进榜的其他行业企业。《广告时代》推出的 2015 年广告费支出前 100 名企业中，汽车类企业的广告费支出合计为 470 亿美元，占到进榜企业广告费支出总数（即 2 405 亿美元）的 20% 左右。

个人护理和家用产品生产企业的广告支出规模仅次于汽车类企业。前者在 2015 年广告费支出总额约为 457 亿美元。其中，两家企业巨头宝洁和联合利华分别摘得 2015 年广告费支出前 100 名企业排行榜状元和榜眼头衔。

就进榜企业地理分布来看，在前 100 家企业中美国企业有 46 家，2015 年这部分企业广告费用支出合计 1 152 亿美元。第二集团来自德国，进榜企业中一共有 10 家德企，当年广告费支出总额达到 289 亿美元。值得一提的是，在前 25 家企业中有 3/4 的进榜德企来自汽车领域。

（资料来源：腾讯汽车 http：//auto．qq．com/a/20161213/012146，htm）

三、广告的基本特征

（一）广告有特定的广告主

广告主是为了推销商品或者服务，自行或委托他人设计、制作、发布广告的法人、其他经济组织或者个人。任何一个广告都是由一定的人或组织为了达到某个特定的目的而制作的，特定的广告主一方面能使消费者放心地购买商品和接受服务，并在受到广告欺诈等违法行为的侵害时有明确的索赔对象；另一方面特定的广告主有利于国家对广告的管理，当出现广告欺诈等违法行为时，也有利于追究广告主的法律责任。

（二）广告主支付一定的广告费

广告费是指开展广告活动所需要的广告调研、设计、制作费，广告媒体费，广告机构办公费和人员工资等。广告费由广告主承担并转移到商品或服务的价格上。有人便据此认为广告费用的增加会加大商品或服务的成本。而实际上，由于广告费具有不变费用的性质，即一次投入一定时期内是不变的，并随着商品销售的增加和服务被广泛地接受而使单位成本下降，众多广告主选择广告这种促销手段都是从最有效、最经济的角度来考虑的。当然，随着经济的发展，商品和服务的成本会有所增加，但是这不是由于广告费的增加而引起的，而是以买方为主导的经济的必然要求。

（三）广告是一种沟通过程

沟通，就是信息发出者与接收者之间进行信息传递与思想交流，以求达到某种共识。因此，沟通是一种双向活动，而不仅仅是一方对另一方的单向影响过程。广告是一种双向沟通，是因为广告主将广告信息通过大众媒体传递给目标消费者，以求说服、诱导消费者购买广告商品。只有当目标消费者接受了广告信息，即认为广告信息是真实和可信的，并同意广告所传递的观点时，广告信息才能发挥作用，从而实现广告沟通过程。

（四）广告信息需借助一定传播媒体

广告媒体是广告信息得以传播的物质载体，具有传达性、吸引性、适应性的功能，能够把广告适时地、准确地传递到一定范围、一定时期内的消费者群中去，以满足他们的要求。世界上最早的广告是通过声音进行的，称口头广告或叫卖广告，现代广告信息传播主要是靠电视、广播、报纸、杂志、书籍、邮寄、互联网、传单散发等媒体进行的。

（五）广告传达一定信息

任何一个广告都是有目的地向公众介绍一定的信息，包括商品、劳务、观念的信息。商品信息包括商品的性能、质量、用途、购买时间和地点以及价格等。劳务信息包括文娱、旅游、饮食等服务性活动的信息。观念信息是指通过广告倡导某种意识，使消费者树立一种有利于广告主推销商品或劳务的消费观念。例如，旅游公司的广告，不是着重谈经营项目，而是介绍秀丽的山水风光、名胜古迹、风土人情，以激发人们旅游的欲望。广告必须与市场营销活动相结合，并以说服消费者购买所宣传的商品或享用所宣传的服务产品为最终目的。简言之，广告是一种推销商品，以获得盈利为最终目标的商业行为。

（六）广告的传播对象具有选择性

广告的信息不是传播给某一个人，而是传播给社会公众或某个特定的人群。广告提供的所有信息，对公众来说应该是有价值的，即能起到传播信息、引导消费、满足消费者需求的作用。广告是解决把"什么"向"谁"传达的问题。这是广告活动中极为重要的问题。没有对象，就是无的放矢。但一个广告不可能打动所有的人，而应当找准具有共同消费需求的消费者群。比如社会职业层，有知识分子阶层、工人阶层、农民阶层、学生阶层、国家干部阶层、个体户阶层、企业家阶层等；比如个人情况，有年龄、性别、职业、文化程度、业余爱好、婚姻状况等。

第二节 广告的类别

一、按照广告的性质划分

按照广告性质进行划分，可以分为商业广告与非商业广告两大类。

（一）商业广告

商业广告即经济广告，它是以宣传推销商品或劳务为主要内容、以营利为目的所开展的广告活动。商业广告在我们日常生活中随处可见，它是广告中最主要的种类，也最能显示广告本质特征。因而也是广告学主要的研究对象。

（二）非商业广告

非商业广告则不以经济利益为直接目的，而是为了表达某种观念、意愿或主张，实现某种宣传目标，从而通过一定的媒体所发布的广告，也称为非经济广告。非商业广告目前在社会中有着越来越重要的作用和地位，其中还可将其细分为政治广告、公益广告以及个人广告三种类别。

（1）政治广告。政治广告是指政府、政党、候选人以及各种政治团体和利益集团，为了向公众传输自身的意愿和主张，通过各种媒体所发布的、带有政治信息的广告，并以此来影响公众的政治态度、信念及行为，为自身的政治利益所服务。例如，美国总统大选中候选人的竞选广告、政见广告等。

（2）公益广告。公益，即公众利益。公益广告是指通过倡导有关公众利益的、环境、道德、教育、健康、公共服务等方面的观念或主张，引起公众对某一社会性问题的关注，呼吁、鼓动公众去执行或支持有益的社会事业，以维护社会公德，帮助改善社会公共问题的广告活动。一般来说，公益广告具有非营利性、观念性、受众广泛性、利他主义的自觉性等特征。早在 20 世纪 40 年代美国就成立战时广告理事会（War Advertising Council），开展战时广告宣传。第二次世界大战后，美国广告理事会正式成立，并把注意力转向社会问题，成为承担公益广告活动的主要机构，具有现代意义的公益广告也由此开端。

日本的公益广告事业也发展得比较好，它借鉴了美国模式，但与美国又有所不同。目前，日本公共广告机构（Japan Advance Council，AC）是日本最大的、不以营利为目的的社会义务服务广告团体，其前身是成立于 1971 年的"关西公共广告机构"，由三个部分组成：一是作为广告主的厂商、流通、服务等企业；二是各种报纸、杂志、广播、电视、铁道公司（在列车内张贴广告画）等媒介公司；三是从事广告创作的专业广告公司。这三个领域的会员公司密切联系、各司其职、相互合作。在 AC 的操作模式中，活动的经费全部来自其会员所缴纳的会费和赞助费，广告创意和制作费用由会员广告公司和制作公司承担，广告作品则由会员媒体免费提供版面和时段刊发。

【知识链接】

央视开创中国公益广告的先河

中国电视公益广告作为公益广告的一个重要组成部分，其发展最早可以追溯到 1978 年，到现在已经走过了近 40 年的发展历程。1978 年，中央电视台开始以文字或画面的形式播出类似今天公益广告的节目。1987 年 10 月 26 日，中央电视台开播了"广而告之"栏目，每天 1～2 次，每次 30 秒或 1 分钟。这是中国公益广告史上第一个电视公益广告栏目，大手笔地开创了中国大陆公益广告的先河，具有里程碑式的意义。从此，公益广告走进了国人的视线，日益受到公众关注，并逐渐发挥了公益广告应有的影响力，成为我国广告行业与公共事业中不可或缺的一部分。中央电视台在公益广告方面所做出的努力和取得的成绩，已使其成为中国公益广告的主力军，并在海内外产生了广泛而深远的影响，美国 CNN、英国 BBC 等境外主流媒体都进行了相关报道。

（资料来源：读览天下网站 http：//www. dooland. com/magazine/article _188408. html）

（3）个人广告。个人广告是指为了满足个体单元的各种利益和目的，运用各种媒介以启事形式发布的广告，包括寻人、招聘、征婚、挂失、招租等方面的内容。例如，我们平时在街边路旁经常看到的寻人广告和招租广告。它们的内容及形式一般简单明了，表达非常直接。

二、按照广告的媒体划分

按照广告所利用的媒介载体的性质划分，广告可分为传统媒体广告和新媒体广告。

（一）传统媒体广告

顾名思义，这是指通过传统媒体所发布的广告。传统媒体主要包括报纸、杂志、广播、电视等大众传播媒体，在这些媒体上发布的广告被称为大众传播媒体广告。此外，传统媒体广告还包括户外广告、促销广告、销售现场广告等小众传播媒体广告。

（二）新媒体广告

新媒体广告是相对于传统媒体而言的，是一个不断变化的概念。在日新月异的高科技支撑下，新的媒体形态不断涌现，主要有互联网、卫星电视、卫星广播、有线电视，以及各种数字媒体、移动媒体、手机短信等。通过这些新媒体所进行的广告活动则被统称为新媒体广告。

三、按照广告的功能划分

按广告功能划分，即从企业自身的整合营销传播战略角度出发，根据企业广告活动目标的不同，广告可分为产品广告、品牌广告和观念广告。

（一）产品广告又称为商品广告

这是以促进产品的销售为目的，通过向目标受众介绍有关商品信息，突出商品的特性，以引起目标受众和潜在消费者的关注。

（二）品牌广告

以树立产品的品牌形象，提高品牌的市场占有率为直接目的，突出传播品牌的个性，以塑造品牌的良好形象。

（三）观念广告

观念广告是品牌广告中的一种特殊形式。一种方式是企业通过媒体表达对社会问题的看法，由此表达企业的社会理念，从广阔的社会角度树立企业形象。例如，被微软收购的诺基亚的广告词"科技以人为本"依然让我们记忆犹新，广告词充分传达了诺基亚公司的核心经营理念，树立了公司的良好形象。另一种方式是企业通过广告媒体向消费者传达某种消费观念，这种观念刚好与企业的商业目的能得到很好的融合。

四、按照广告的范围划分

按广告范围，即按照不同的营销区域划分，广告可分为全球性、全国性和地域性三种。

（一）全球性广告

这是指利用具有国际跨国传播或国外目标市场的传播媒介实施的广告活动，目的是为了推销面向世界的出口商品、观念和服务。由于世界各国受众的文化背景、生活习惯等各有迥异，因此这种类型的广告在媒介选择和制作技巧上需要特别注意国外受众的特点和需求。而随着全球贸易的加速发展以及全球经济的一体化，全球性广告对于跨国企业以及一些国际名牌和各种奢侈品来说，已经成为广告中必不可少的一部分。

（二）全国性广告

这类广告针对的是全国范围内的受众。简单地说，就是指通过全国性的大众传播媒介，如我国国内影响力最大、最广的中央电视台，在全国范围内实施，是为了向国内的受众传递广告信息，从而引起国内受众的普遍反响所进行的广告活动。这种广告覆盖区域大，受众人数多，影响范围广。但正因为受众区域跨度大，因此也要注意不同地区受众的接受特点。

中央电视台是目前国内最重要、最有影响力的国家级媒体。央视广告的招标早已从单纯的售卖广告资源，向培育中国品牌、促进经济发展、推动公益进步的方向发展。例如，力诺瑞特太阳能通过资质初审，并最终成功携手央视，参与"国家品牌计划"，摘得黄金时段广告位，成为"行业领跑者"。

力诺瑞特登陆央视，不仅以大手笔传播品牌形象，领跑新能源行业品牌战，还向全社会传播绿色、低碳的新能源生活方式；与消费者一起，共同见证我国太阳能、新能源行业的稳定、健康发展，开启"阳光改变生活"之下的绿色中国。至此，力诺瑞特品牌通过黄金时段的广告传播成长为货真价实的全国性品牌。

【知识链接】

央视正式发布2017年黄金资源暨国家品牌计划

2016年9月20日，中央电视台2017年黄金资源暨国家品牌计划发布会在京举行，国家新闻出版广电总局党组副书记、副局长兼中央电视台分党组书记、台长聂辰席，全体在京台领导，以及国内外知名企业、广告公司等1 000余人参加发布会。

发布会首度揭晓央视2017年新闻、综艺、体育、财经、电视剧以及新媒体六大板块的优质节目资源及传播价值，详细解读2017年广告招标预售政策，现场举行大客户及承包资源签约仪式，并正式发布"国家品牌计划"，标志着央视2017年黄金资源招标预售工作正式启动。一是以"国家品牌计划"为依托，实现整体创新。"国家品牌计划"分为公益和商业两个部分。公益部分包括"广告精准扶贫"项目和"重型装备制造业品牌传播"项目；商业部分则由"国家品牌计划TOP合作伙伴"与"国家品牌计划行业领跑者"构成，为入选企业提供全方位资源、权益和增值服务。二是创新会场设计，互动形式新颖。首次设置"聚焦之眼""缤纷之炫""融合之魅"等新闻、综艺、新媒体展区和机器人互动展区，在专业频道与企业客户之间搭建沟通传播平台。三是各行业企业高度关注。推介会吸引了500余家各行业一线企业，许多企业均对央视的传播价值和效果表示高度认可。

（资料来源：央视网 http://www.cctv.com/2016/09/22/ARTIxJm8qBLhLP4NLHPIjzJH160922.shtml）

（三）地域性广告

这是以特定的区域和地方为传播范围的广告。它的受众目标一般限定于某个地区，所运用的媒介一般也是只在某个地区发行或播放的，如各省市的电视台、报纸、电台等。这类广告一般是生产经营地域性产品的企业使用，或者是在开拓某一特定地区的市场时使用。地域性广告还可细分为区域性广告和地方性广告。例如，绝大多数房地产广告都属于地域性广告，这与房地产行业的特殊性质密不可分。

五、按照产品的生命周期划分

按产品生命周期划分，产品从进入市场到退出市场经历四个阶段，即导入期、成长期、成熟期、衰退期，在不同的产品生命周期，广告活动的目的和方式是不一样的，可分为认知广告、竞争广告、形象广告、转换广告四类。

（一）认知广告

这是新产品刚进入市场，需要获得知名度及认知度，即让尽可能多的目标消费者知道该商品的存在，并且知道该品牌商品与其他商品的差异在哪里。此时的广告，传播要尽可能地广泛，而且要突出"异"。

（二）竞争广告

这是产品进入成长期时，会遭遇各类竞争对手，企业此时的广告活动要配合整体市场竞争策略进行防守和攻击，作为营销传播的广告活动要突出产品的"好"。

（三）形象广告

这是产品进入成熟期后，已获得较为稳定的市场份额，此时需要提高产品的忠诚度，广告要从品牌核心价值的构筑和激活上入手，广告活动突出"稳"。

（四）转换广告

这是产品不可避免地进入衰退期后，在产品的核心层、附加层或延伸层遇到问题，竞争力下降，面临被市场淘汰的危险。此时，需要针对具体的问题进行解决，以便获得新的竞争力。此时产品可更换包装、延伸产品线、增加产品品类、改良产品、更换形象代言人、更换广告等，目的都是为了激活品牌、焕新产品，广告活动突出一个"转"字。

六、按照广告的诉求方式划分

按广告诉求方式划分有感性广告和理性广告。

（一）感性广告

感性广告又称感性诉求广告，是指在广告中融入亲情、爱情、友情等情感，通过赋予商品生命力和人性化的特点，激起消费者的怀旧或向往的情感共鸣，从而诱发消费者对商品的购买动机的广告。

感性广告并不完全从商品本身固有的特点出发，而是更多地研究消费者的心理需求，运用合理的艺术表现手法进行广告创作，寻求最能够引发消费者情感共鸣的出发点，从而促使消费者在动情之中接受广告，激发购买欲望。

【知识链接】

一则具有争议性的感性广告

最近有网友发帖称，在轻轨循礼门站看到某楼盘广告，上面的文案涉嫌歧视租房者。

该网友在帖子上发了一张照片，上面是绿地集团某楼盘的宣传海报，主要文案只有一行字：不忍心让宝贝在出租屋叫我爸爸。该网友称：刚走入社会的年轻人租房住再正常不过了。不坑爹，不啃老，靠着自己在城市里拼搏奋斗并不可耻。但这个广告给这类人贴上了"耻辱"的标签，涉嫌歧视租房者。

帖子引起3 000多人浏览、评论。支持者表示：这只是一个广告，比满大街呆板的房地产广告接地气；反对者则表示：为了营销，故意刺激买不起房而租房的人。

昨天上午，记者在循礼门轻轨站随机采访了一些围观者。来自孝感的肖女士认为，这条广告触动了像她这样的即将考虑成家、生孩子的打拼一族，确实能让人心里一动，考虑买房子的事，但让人心里很不舒服。

昨天下午，该楼盘策划部解释称："我们一共发布了三条文案，核心意思都是针对来武汉打拼的人、租房生活的人，这只是其中一条。文案的意思是告诉客户，与其每个月花一两千元租房，不如到绿地买房，并没有歧视租房者的意思。"关于质疑，他认为这是"不同人有不同的理解"。

（资料来源：《武汉晚报》2015年8月18日）

（二）理性广告

理性广告是指广告诉求定位于受众的理智动机，通过真实、准确、公正地传达企业、产品、服务的客观情况，使受众经过概念、判断、推理等思维过程，理智地做出决定，诱发消费者购买动机的广告。这种广告策略可以作正面表现，即在广告中告诉受众如果购买某种产品或接受某种服务会获得什么样的利益；也可以作反面表现，即在广告中告诉消费者不购买产品或不接受服务会对自身产生什么样的影响。

理性广告说理性强，有材料、有理论，虚实结合，有深度，能够全面论证企业的优势或产品的特点。理性广告是展现现代化社会的重要标志，它既能给顾客传授一定的商品知识，提高其判断商品的能力，促进购买，又会激起顾客对广告的兴趣，从而提高广告活动的经济效益。

第三节 广告的功能与作用

一、广告的功能

（一）广告的信息功能

广告传递的主要是商品信息，是沟通企业、经营者和消费者三者之间的桥梁。广告信息可以方便广大群众，指导社会消费。广告实事求是地介绍商品的性能、特点、使用和保养方法，不仅为消费者提供了信息，能够恰当地选购自己所需的商品，而且可以提高消费者对商品的鉴别能力，唤起消费者潜在的需求欲望。广告信息可以提高服务质量，促进相互竞争。通过广告信息的宣传，可以使消费者了解商品，并且更加了解企业的服务质量等，取得消费者的信任，从而增强企业的竞争能力。

【知识链接】

信息广告范例

×××五香豆

×××五香豆厂是一家专业生产各类炒货的国有厂家，独家生产的×××奶油五香豆是家喻户晓、脍炙人口的地方风味土特产，已有50多年历史，闻名远近。本厂生产的系列蜜饯型瓜子，品种齐全，畅销全国。

豆类：×××奶油五香豆225克/袋，售价0.70元，怪味豆180克/袋，0.60元；葱油豆180克/袋，0.50元。

黑瓜子类：话梅瓜子、陈皮瓜子、柠檬瓜子、巧克力瓜子、上海瓜子等，大包售价1.00元，小包售价0.50元。

炒货类：奶油小核桃182克/袋，售价1.00元；雪白南瓜子，大包售价1.00元；鸡汁香瓜子142.5克/袋，售价0.50元。

本厂敬请广大消费者在购买时认准我厂"×××"牌注册商标，谨防假冒，并热忱欢迎各地客商来人洽谈业务。厂址：×××路××号，网址：http：//www.×××，电话：××××××，联系人：姚先生。

门市部：×××五香豆商店，电话：××××××转×××，联系人：王先生(资料来源：MBA智库百科http：//wiki，mbalib.com/wiki/Informative_advertising)

(二)广告的经济功能

广告的经济功能体现在沟通产供销的整体经济活动中所起的作用与效能上，广告的信息流通时刻与经济活动联系在一起，促进产品销售和经济发展，有助于社会生产与商品流通的良性循环，加速商品流通和资金周转，提高社会生产活动的效率，为社会创造更多的财富。广告能有效地促进产品销售，指导消费，同时又能指导生产，对企业发展有不可估量的作用。例如，衡水老白干酒的广告词："衡水老白干喝出男人味。"这句广告词说到了男人的心里，甘洌挺拔喝出男子汉的气概来，勾起了消费者想买的欲望。

(三)广告的社会功能

广告具有一定的新知识与新技术的实惠教育功能，向社会大众传播科技领域的新知识、新发明和新创造，有利于开拓社会大众的视野，活跃人们的思想，丰富物质和文化生活，如为人们提供社会福利、社会服务、社会保险的公益广告以及征婚、寻人、招生、挂失、行医、征文、换房等分类广告等。

例如一些广告语"做环保就是无声的奉献，把掌声送给无声的奉献者"(出自日立冷气广告)。还有濮存昕出演的关于奥运时的一则公益广告："我们每个人迈出一小步就会使社会迈出一大步，所以我发现，文明是一种力量，就像奥运火炬传递一样在每个人手中传递，也能够汇聚所有人的热情，我相信你，相信屏幕前的你，更多地来发现，来释放自己文明的热情……迎奥运、讲文明、树新风。"这是一则关于树立正确社会风气的广告，耐人寻味。

（四）广告的宣传功能

广告是传播经济信息的工具，又是社会宣传的一种形式，涉及思想、意识、信念、道德等内容。

我国央视有一则公益广告，内容大致是这样的：妈妈给儿子洗完脚，又去给轮椅上的老人洗脚，慈祥的老人爱怜地说："你也忙了一天啦？""妈，我不累。"妈妈微笑答道。这一幕被儿子看到，年幼的儿子跑到卫生间，端了满满一盆水，跟跟跄跄地走着到了里屋，边走边说："妈妈，洗脚。"接着，孩子边洗脚边用幼稚的声音说道："妈妈，我也给你讲小鸭子的故事。"看似生活中的平凡琐事，却演绎了一番人间最为美好的真实情感，看后久久回味，起到了尊老爱幼的宣传教育作用。

（五）广告的心理功能

引起消费者注意，诱发消费者的兴趣与欲望，促进消费行为的产生，是现代广告的主要心理功能。感情成分在态度的改变上起主要作用。消费者购买某一产品，往往并不一定都是从认识上先了解它的功能特性，而是从感情上对它有好感，看着它顺眼，有愉快的体验。因而，广告如果能从消费者的感情入手，往往能取得意想不到的效果。

曾经有个电视广告：画面上妈妈在溪边用手搓洗衣服，白发飘乱；镜头转换，是我给妈妈带来的威力洗衣机，急切的神情；接下去是妈妈的笑脸，画外音是妈妈，我又梦见了村边的小溪，梦见了奶奶，梦见了您。妈妈，我给您捎去了一个好东西——威力洗衣机。献给母亲的爱！画面与语言的配合，烘托出一个感人的主题：献给母亲的爱。虽然整个广告只字未提洗衣机的优点，但却给人以强烈的情感体验。谁能不爱自己的母亲呢！这个广告巧妙地把对母亲的爱与洗衣机相连，诱发了消费者爱的需要，产生了感情上的共鸣，在心中留下深刻美好的印象，对此洗衣机有了肯定接纳的态度。

（六）广告的美学功能

广告作为一种特殊的精神产品，要使消费大众接受，必须具有一定的审美价值，在一定程度上满足消费者的审美需要。比如看见漂亮的姑娘、英俊的小伙、俊秀的山峰、艳丽的花朵、蔚蓝浩森的大海、繁星满天的夜空以及各种动人心弦的艺术作品等，我们的心中会不由自主地产生愉悦的感觉，这就是审美现象。同样的道理，当人们看见《立邦漆——"处处放光彩"》路牌广告上那一群胖嘟嘟的小屁股上涂着五颜六色油漆的小孩形象时，也会不由自主地发出会心的一笑——这种欣赏广告的情形就是广告中的审美现象。

二、广告的作用

广告作为商品经济的产物，无疑在经济全球化舞台上，扮演着越来越重要的角色，其作用集中表现为以下几个方面：

（一）传递信息，沟通产需

广告的最基本功能就是认识功能。通过广告，能帮助消费者认识和了解各种商品的商标、性能、用途、使用和保养方法、购买地点和购买方法、价格等内容，从而起到传递信息、沟通产销的作用。

生产者的产品与消费者的购买及消费之间，在时间上、空间上都存在着距离，广告作为一种信息传播手段，能缩短这种距离，即传播产销信息，引导购买消费。广告可以降低寻求消费者的成本，它借助一定的媒体，把商品和服务等信息及时地传达给目标消费者；广告传播，可以多次重复、"强迫"消费者注意和接受信息；广告能有针对性地对消费者的消费兴趣与欲求进行不断刺激，以引发购买行为。

（二）激发需求，增加销售

一则好的广告，能起到诱导消费者的兴趣和感情，引起消费者购买该商品的欲望，直至促进消费者的购买行动。

【知识链接】

示范型广告促销

示范型广告促销大致可分为名人示范广告和现场表演示范广告。

名人示范广告。让社会名人替商品做广告。例如，上海蓓英时装店有一天挂出两条特大号牛仔裤，打出"欢迎试穿，合身者本店免费奉赠以作纪念"的广告词。消息传出，观者如潮。

当天下午两位巨人光顾，试穿结果恰好合身，老板欣然奉赠。这两位巨人并非别人，乃是我国篮坛名将穆铁柱和郑海霞。这个精心设计的名人示范广告，产生轰动效应。

现场表演示范广告。选择特定时间和地点，结合人们的生活习惯，突出商品的时尚功效，作公开场合示范表演。例如，日本索尼公司于1979年开发出带立体声耳机的超小型放音机的新产品，起名为"步行者"（Walkman）。当时日本盛行散步、穿旱冰鞋锻炼等室外健身活动。为了增强宣传效果，索尼公司利用这种流行的生活习惯，特地作现场表演。公司请来模特，每人发一台"步行者"。模特头戴耳机，脚蹬旱冰鞋，一边愉快地听着音乐，一边悠闲地在公园里往来穿行，模特的现场表演给公园里的游客留下了深刻印象。此后"步行者"销售量直线上升，起到了特殊的广告效应。

（资料来源：百度百科 http：//baike. baidu. com/item/促销广告）

（三）造就竞争强势，帮助企业良性发展

竞争实际上是一种实力的较量，广告能增加竞争的声势、激发企业竞争活力，造就竞争强势，推动企业发展。大规模的广告是企业的一项重要竞争策略。当一种新商品上市后，如果消费者不了解它的名称、用途、购买地点、购买方法，就很难打开销路，特别是在市场竞争激烈、产品更新换代大大加快的情况下，企业需通过大规模的广告宣传，使消费者对本企业的产品产生吸引力，这对于企业开拓市场是十分必要的。

提高商品的知名度是企业竞争的重要内容之一，而广告则是提高商品知名度不可缺少的武器。精明的企业家，总是善于利用广告，提高企业和产品的"名声"，从而抬高"身价"，推动竞争，开拓市场。

（四）介绍知识，指导消费

现代化生产门类众多，新产品层出不穷，由于分散销售，人们很难及时买到自己所需要的东西，而广告通过商品知识介绍，就能起到指导消费的作用。有些产品消费者购买以

后，由于对产品的性能和结构不十分了解，在使用和保养方面往往会发生问题。通过广告对商品知识的介绍，可以更好地指导消费者做好产品的维修和保养工作，从而延长产品的使用时间。

(五)促进品牌忠诚，增加弹性价格空间

广告对利益和附加价值的强调和挖掘、塑造，可以加深消费者购买后的满足感，从而形成重复性购买。广告能够把品牌的形象、意义和消费者的社会环境及文化背景联系起来，从而使品牌富于个性，使消费者产生品牌忠诚。而当消费者建立对某种品牌的忠诚度后，他们通常不会对该品牌产品的价格浮动过分敏感。这在经济学上被称为无弹性需求。在这种情况下，企业就有了提价的弹性空间。

(六)丰富生活，陶冶情操

好的广告，实际上就是一件精美的艺术品，不仅真实、具体地向人们介绍了商品，而且让人们通过对作品形象的观摩、欣赏，引起丰富的生活联想，树立新的消费观念，增加精神上美的享受，并在艺术的潜移默化之中，产生购买欲望。

良好的广告还可以帮助消费者树立正确的道德观、人生观，培养人们的精神文明，并且给消费者以科学技术方面的知识，陶冶人们的情操。

广告本身就是一种大众文化的形式。广告必须在紧追时尚的文化背景下进行创作，才能赢得消费者的认同。就此而言，广告是流行文化的施展舞台，如：利用名人效应、权威效应所做的广告宣传，表现了当代文化的特征；许多商家往往会借助名人在消费者心目中的影响力，树立商品或品牌的良好形象，很快使商品流行起来。总之，在广告信息大爆炸的今天，广告已日益成为人们文化生活不可缺少的一部分，对企业和社会大众都至关重要。

第四节　广告学与其他学科的关系

广告学是从 20 世纪初开始出现的一门边缘科学，是一门既含有社会科学性质，又含有自然科学性质和心理科学性质的综合性的独立学科。在对广告学与市场营销学、传播学、社会学、心理学、美学、文学艺术、公共关系学等的既联系又独立的分析中，可以勾画出广告学性质的轮廓。

一、广告学与市场营销学

广告学是市场经济发展到一定阶段的产物，广告学随着市场经济的发展而不断完善与成熟。市场营销学中揭示的许多规律，广告活动照样适用，也必须遵守。广告现象又是市场经济中存在的重要现象，它服务于市场经济，推动着市场经济的发展。广告活动和市场营销都是商品经济发展到了一定程度的产物。作为一门学科，广告学的建立，也是市场经济孕育的结果。市场营销学是在 19 世纪末 20 世纪初资本主义经济迅速发展时期创建的，广告学亦在这一时期兴起。从一开始，这两门学科就紧密地结合在一起，相互影响，密不可分。研究广告学，需要从市场营销的角度去审视、深入；研究市场营销学，又必须考虑广告的原理和运用。

从研究内容上看，它们同属于经济范畴。市场营销是个人和群体通过创造并同他人交换产品和价值，以满足需求和欲望的一种社会和管理过程。涉及需要、欲望和需求，产品、效用、交换、交易和关系，市场、市场营销和市场营销者等核心概念。而这些概念对于广告活动的理论和实务也是至关重要的。广告是一种信息传播活动，但它的起点和落点都是在经济领域，传递什么样的信息内容以及如何进行传播，需要研究市场，了解营销环境，研究消费者，从满足消费者的需要和欲望出发；也需要研究产品，以适应不同的市场环境，制定相应的广告策略，争取较好的传播效果。研究广告学，离不开对市场营销理论的应用。

广告和市场营销是企业经营管理的重要组成部分。由于市场竞争的加剧，企业需要有更多的发展机会，必须以消费者为中心，重视市场、重视销售。市场营销在现代化大生产中的地位越来越重要，而促进销售是市场营销组合中的重要环节。特别是整合营销传播理论的提出，要求各种促销策略的统合，进行综合信息交流，广告活动则是其中的重要手段和方式。对于企业来说，市场营销的中心任务是完成产品销售。广告是为了实现市场营销目标而开展的活动，通过信息传播，在目标市场内沟通企业与消费者之间的联系，改善企业形象，促进产品销售。广告策略要服从于市场营销策略，作为营销活动的先导，在市场营销的总体目标下发挥作用，实际上两者之间体现了一种整体与局部的关系。

从广告活动和市场营销活动的最终目的来看，两者也是一致的。市场营销可以理解为与市场有关的人类活动，即以满足人类的各种需要、欲望和需求为目的的，通过市场把潜在交换变为现实交换的活动。广告也可以看作针对消费者的需要和欲望，刺激消费热情，调动潜在消费意识，最终促成购买行动的传播活动。因此，市场营销的有关原理．对于把握认识广告的基本理论和运作方式是很有帮助的。我们学好广告学，有必要了解市场营销学方面的知识，特别是一些经典营销理论和最新理论的应用。

二、广告学与传播学

广告学与传播学的联系最为密切，甚至在许多研究成果中，都把广告学视为传播学的一个重要组成部分。但是，广告学不同于传播学。

（1）广告学以广告现象为自己研究的出发点，传播学以信息传播为自己研究的出发点。广告的目的是通过传播广告信息而诱导社会公众，传播学中信息传递的目的是与公众进行交流。

（2）广告的媒体是大众传播媒介；而传播的媒体既可以是大众传播媒介，也可以是自身传播媒介和组织传播媒介。

（3）广告讲究突出重点信息，强化形象，可以采用多种艺术形式进行形象塑造和文案设计；传播讲究的是信息的完整性、准确性。

（4）广告追求广告效果，注重投入产出效应；而传播追求的是信息到位。

（5）在约束机制上，广告信息传播受到广告法规的限制和保护，广告信息一旦失真、失误要受法律制裁；一般的信息传播大多不受什么约束，即使失真、失误也不负责任，法律也并不追究。

三、广告学与社会学

社会学是从变动着的社会系统的整体出发，通过人们的社会关系和社会行为来研究社会的结构、功能、发生、发展规律的一门综合性的社会科学。社会学研究的领域涉及社会生活的群体单位，如家庭、团体、城镇、民族等；涉及社会的各种制度，如政治制度、法律制度、经济制度、宗教制度、教育制度等；涉及社会各种活动变化的过程，如社会冲突、社会舆论的沟通、形成和变化、社会价值观念的变动，社会组合或社会一体化等；涉及各种现实的社会问题及其解决办法，如婚姻问题、就业问题、人口问题、移民问题、社会生态问题等。

广告活动是一种综合性信息的传播活动。它不仅传递商品信息，而且还搜集和传递各种政治信息、经济信息、社会信息与文化信息等。因此，如果从广义的广告活动来看，广告可以说是一种大众性的社会信息传播活动。作为研究广告活动及其发展变化规律的广告学，就必然与社会学产生不解之缘。如果从狭义的广告活动来看，商业广告和经济广告活动，也必须以广大的社会为背景，以特定的社会制度、社会文化、社会生活习惯与民族风俗等为依据，才能制作出符合社会条件的广告作品。因此，社会学的基本原理与规律，也必然是指导广告理论研究与实践活动的基本原理与依据。

社会学总是把它的研究对象作为一个整体来分析，它认为任何脱离整体的个体都是不存在的。社会学认为人是社会的基本构成因素，但是人与人总是通过相互关系而从事活动的，人的个性心理特征的形成与发展，也总是由他所处的社会环境及人们之间的相互关系所决定的。社会学研究的整体性原理，对广告活动的研究具有指导意义。经济广告的研究对象，尤其是生活资料商品的消费对象主要是个人。但是如果我们仅把广告宣传对象作为一个与社会环境毫无联系的个体来对待，那么就有许多消费心理与消费行为不可理解，因为消费心理是由其所处的社会团体、社会阶层、社会文化与民族习俗等决定的。只有运用社会学的整体原理，从社会这个整体角度出发来研究广告活动的现象，才能找到广告活动本质的特有规律。

社会学是讲求实证的学科，十分强调社会调查的研究和意义。它所总结出的社会调查的理论与方法，在广告研究中也具有十分重要的指导意义。社会调查的许多方法，诸如普遍调查、典型调查、抽样调查、个案调查、参与法、观察法、访问法、问卷法等，都对广告研究和广告调查具有十分重要的理论指导意义和实践应用价值。

四、广告学与心理学

心理学是一门古老的学科，广告学的形成离不开心理学的奠基。心理学是研究人的一般心理现象和心理规律的科学。广告作为说服社会公众的艺术，它与心理学有着密切的关系。心理学提供了人的心理构成的机理和心理活动的性质及特点，广告借助于心理学的理论和规律才能达到说服的目的。一则广告从确立主题、构思内容到选择媒介，无不体现广告学与心理学的结合。甚至一则广告的版面设计、文字语言多少、词义准确度、刊播媒体、背景材料等，都要求心理学理论体现于其中。人的心理活动可以概括为心理活动过程和个性心理两大方面。心理活动过程又分为认识活动过程与意向活动过程。各种心理活动在每个人身上表现又各有不同，因此又形成不同的兴趣爱好、气质能力和性格，这就是个性心理特征。广告活动是一种视听活动，就是通过视觉和听觉刺激引起人们的心理感应，而消费者的心理历程与广告活动的成功与否密切相关。要提高广告效果，实现广告目标，就要使广告符合人的心理活动规律。从这个角度来看，广告学可以说是研究消费者心理活动及其变化规律的科学。广告如何与消费者的心理活动发生交互作用，这是广告学与心理学的交互点。

广告学借鉴了大量心理学的研究方法和心理学的理论。20 世纪 50 年代，在广告业发展的过程中，心理学家几乎被看作决定商品生存的主宰者，因为广告主认为，心理学可以帮助揭开消费者购买动机的秘密。于是各种心理学的方法与理论被用来分析消费者的需求与动机、注意与记忆、态度与决策，观察法、实验法、心理测评法等心理学的研究方法也大量运用到广告研究中。

心理学是一门渗透力极强的科学，目前它已广泛渗透到一切实用性或非实用性学科之中。广告学与心理学的交叉渗透形成了一门新的学科——广告心理学。广告心理学是广告学的一个组成部分，同时也是心理学所涉及的内容。它是运用心理学的一般理论来解决广告活动中的心理问题的科学。广告的传播者希望广告发挥效果，希望更多的人购买其商品或劳务，这正是广告心理学所要探讨的问题。广告心理学就是探索广告活动与消费者相互作用过程中产生的心理学现象及其存在的心理规律的科学。

广告学与心理学尽管是互相渗透和影响的学科，但它们作为不同领域与层次的学科，其区别也是十分明显的。就对心理活动的关注而言，尽管心理学和广告学都关注人的心理活动，但它们的关注有不同的角度和侧面。心理学研究的是人的最一般的带普遍性的心理特点，而广告学则只研究广告活动中的心理问题，因此两者在范围上有所不同。广告心理具有不同于一般心理的独特性。

广告学要真正成为一门独立学科，向纵深发展，将不得不借鉴更多的如心理学所提倡实证的研究方法。

五、广告学与美学、文学和艺术

广告要利用各种文学和艺术手段来达到广告的目的，它与文学和艺术有着不可分割的关系。文学、艺术可以通过其特有的形式去影响、传达、感染，甚至支配人们的感情，有时甚至改变着人的观念和行为。广告作为一种特殊意义的艺术形式，正在吸收美学、文学和艺术的理论方法，逐步形成自己独特的艺术方式和规律，不断推动广告美学理论、广告艺术和广告活动的发展。

六、广告学与公共关系学

在现代信息社会中，广告和公共关系都是运用一定的传播媒介，宣传自身、树立形象。广告学与公共关系学既相互联系又有一定区别，各自具有本学科存在的质的差异性和规定性。

（一）广告学与公共关系学的差异

首先，广告学与公共关系学出现的先后时间不同。广告学先于公共关系学而成熟和系统化。广告学产生于 20 世纪初，是随着商品经济的发展和心理学已由普通理论向实验阶段转变而产生的，并受到传播手段多样化和现代化趋势的直接推动。而公共关系学作为一门学科是在 20 世纪 20 年代后随着经济领域高度社会化和商品化、政治领域和文化传播手段现代化的发展而形成的。广告学的产生和发展推动了公共关系学的形成和发展。其次，广告以树立产品形象为核心，目的在于促进产品销售；而公共关系学以树立组织形象，提高组织知名度和美誉度为核心，目的在于树立组织的整体形象。最后，广告一般是一种单向式的传递诉求信息，以影响人们的观念和行为；而公共关系活动是呈全方位和双向沟通模式，充分显示组织的宗旨、实力、信誉和社会责任，造成一种全面的社会舆论，影响公众，使其对组织产生良好的总体印象。

(二)广告学与公共关系学的联系

在现代社会中，广告学与公共关系学出现了诸多领域的融合与交叉。首先，公共关系必须在许多时候利用广告的形式来宣传自身，树立自己的形象，广告也在不断地吸收公共关系的思想来调整、修正、完善传统的广告活动。传统的广告往往直接诉求自己的产品信息，而现代广告则开始以树立产品的形象为侧重点。其次，公共关系和广告在传播组织信息时，是从不同角度传递给公认有关组织的不同信息，但目的都是为组织整体目标服务，从而树立组织及产品服务的完整形象。最后，广告学与公共关系学出现融合趋势。

思考与练习

1. 广告的定义是什么？其具有哪些基本特征？
2. 广告有哪些不同的分类方法？
3. 广告有哪些作用？针对广告的不同作用你能分别列举一例吗？
4. 简述广告与公共关系学科的区别和联系。

【案例分析】

奥运村里吃康师傅

里约奥运会时期，郎平吃方便面的事件火了一把，央视新闻、今日头条、腾讯新闻、微博、微信等各个平台都曾传播此事。

7 月 27 日，中央电视台播出了一段郎平和队员们深夜备战的画面。晚上 10 点多，队员给郎平端上了一碗康师傅方便面，郎平很开心说看到方便面更饿了，网友看到后纷纷表示心疼。8 月 20 日，身在里约的郎平又在微博上发出了一段吃方便面的视频，并称还是自家的方便面好吃。

不止郎平，其他运动员也都在吃康师傅方便面——刘国梁亲自给队员煮方便面庆功、傅园慧在比赛结束后表示要吃方便面、陈艾森夺冠后吃方便面，他们吃的都是康师傅方便面……

其实早在 5 月份，傅园慧去澳洲训练，就发过关于"康师傅"方便面的微博，从微博的内容中我们可以看到，家乡的方便面味道好又抢手，再后来的一段小咖秀视频中，也出现了"康师傅"。

8 月 4 日，傅园慧在女子 100 米仰泳决赛后，自曝比赛太累没有零食，特别想吃方便面。

8月5日，康师傅里约面馆开业。

8月13日，央视主持人，田径、篮球解说员杨建发微博推荐康师傅里约面馆。

8月13日，郎平女儿在康师傅里约面馆亲自为妈妈下厨。

8月15日，万博宣伟公关中国区董事总经理刘希平在微博上宣传康师傅，而万博宣伟正是康师傅的公关公司。

8月19日，冠军主厨第三期邀请了世锦赛冠军、伦敦奥运会冠军、里约奥运会体操季军得主张成龙。节目中张成龙在康师傅里约面馆，亲手为大家烹饪。

8月20日，郎平发微博吃方便面的视频成为热门话题。

随着运动员的推广，粉丝们也追随着偶像的脚步吃起了方便面。大家在国外吃有家乡味道的康师傅，一系列的营销使得康师傅的形象更亲切自然，虽然是营销，但却是大家需要的，康师傅的营销贯穿着整个奥运会。

通过阅读上述案例材料，请思考以下问题：

1. 以上活动具备广告的基本特征吗？请详细说明。

2. 以上活动对产品的推广发挥哪些作用？

第二章　广告发展史概要

【学习目标】

1. 了解中国广告发展的三个阶段
2. 了解外国广告的发展

第一节　中国广告简史

广告业在我国虽然年轻，但广告在我国历史悠久。研究我国广告的发展过程，是推动我国广告事业发展的基础之一。改革开放以来，广告史的研究越来越受到人们的重视，但目前仍比较薄弱。广告史是现代广告学的一个组成部分，它的研究对于广告业的完善与发展起着重要作用。

一、中国广告的起源和发展

（一）中国广告的起源

中国广告萌芽于 3 000 多年以前。据《周记》记载，当时凡做交易都要"告于士"。殷商时代有个格伯，把马售给棚先，这笔交易以铭文的形式刻于青铜器，后来在殷墟发掘出土。这可视为最早的广告。

（二）中国广告发展的最初阶段

从战国时期到唐朝可视为我国广告发展的最初阶段。由于商品交换的需要，广告从形式、内容到传播手段都有了一定程度的发展，特别是销售现场广告。

战国时期，农业、手工业、冶铁业都有很大发展。农业、手工业的发展，促进了商品交换，各地的特产如北方的马匹、南方的鱼、东方的盐、西方的皮革等都能在中原市场买到。随着商品交换的发展，广告似乎成了不可缺少的手段，由此便产生了广告的最初形式——销售现场广告，具体形式有声响广告、实物广告和幌子广告等。

（1）声响广告。《韩非子》中提到的自相矛盾的故事，反映了当时卖矛和盾者的声响广告宣传。这种原始的声响广告，随着经济的发展得到相应的发展。声响广告发展到后来，加上了吹打乐器，表现力更为丰富，例如：击音叉是修刀剪或者理发师的广告宣传；吹小号是卖儿童玩具的小商贩的广告宣传；击小铜锣是专门向妇女出售针头线脑的小贩的广告宣传。

（2）实物广告。古代人们在卖物品时常在物品上插上草标，以示出售。

（3）幌子广告。《韩非子》中记载："宋人有沽酒者，升概甚平，遇客甚谨，为酒甚美，悬帜甚高著，然不售。"这种高悬的旗帜，当时称"望子"。升旗为有酒出售，降旗为无酒出售，顾客远见便知。

这一时期，人们对广告的"宣传技巧"和"心理效果"也有了探索。据《战国策》记载："人有卖骏马者，比三旦立市，人莫之知。往见伯乐，曰：'臣有骏马，欲卖之，比三旦立于市，人莫与言，愿子还而视之，去而顾之。臣请献一朝之贾。'伯乐乃还而视之，去而顾之，一旦而马价十倍。"同样一匹马，在伯乐来看之前，在市场上拴了三天卖不出去，而伯乐一看之后，不仅卖出去了，而且价格涨了十倍。看来，广告的名人效应早已有之。

（三）中国广告的变革

在中国漫长的封建社会中，广告发展到了宋代才发生了很大变化。

宋代是我国封建社会承前启后的转折时期。自唐中叶开始的封建社会结构的演变，到宋代已基本形成格局。土地制度、赋税制度、政治结构、阶级关系、文化意识等诸方面，都呈现出与封建社会前期不同的时代特征，并为元、明、清所继承。宋代的商品交换关系已得到了很大发展，特别是农民与市场联系的加强，使国内市场不断扩大。农村中定点定期的交易场所，随着贸易的发展，逐渐成为固定的集镇。商品交换的发展，对广告提出了新的要求。这一时期，造纸术的大量应用，活字印刷的发明与应用，是社会进步的又一重大标志，也促成了中国广告的变革。

自宋代至鸦片战争前，我国的广告形式大致可以分为以下六种：

(1)灯笼广告。即以灯笼为媒体的广告形式。宋代吴自牧在《梦粱录》中写道："酒肆门首，排设权子及杈子灯等，盖因五代时郭高祖游幸汴京，茶楼酒肆，俱如此装饰，故至今店家仿效成俗也。"权子及杈子灯，即为当时酒店的灯笼广告。明代《北关夜市》图中也有这种灯笼广告的描绘。

(2)悬物广告。一般是指把商品悬挂起来做广告。据《梦粱录》所记载，当时杭州酒店有"挂草葫芦、银马勺、银大碗"的。到了明代，已有悬酒瓮、鱼肉、羊头做广告的。

(3)招牌广告。招牌广告在宋代已极为盛行，形式多样，有的单用文字表示，有的图文并茂，表现内容由行业决定。例如，铁铺招牌除画钳、刀以外，还要写"铁铺"两个大字；笔墨店挂有"湖笔徽墨"的招牌；药材店挂有"神农遗术"的招牌等。

(4)印刷广告。这种广告是以商品命名或用制作者姓名和商号为内容的。上海博物馆收藏的北宋济南刘家针铺的广告，是我国现存最早的铜版印刷广告作品。这张铜版广告刻版四寸见方，上面雕刻着"济南刘家功夫针铺"，中间是白兔抱铁杆捣药的图案，左右刻有"认门前白兔儿为记"八个字。

(5)插图广告。我国明代已出现了资本主义的萌芽，手工业的发展促进了工商业的迅速繁荣。当时，书商十分活跃，雕版印刷相当盛行，各地书商同绘画者、雕刻者合作，利用各类书籍的插图做广告，以达到推销各种刊本的目的。

(6)年画广告。清代的年画别具一格，其中产量大、影响广的要属天津的杨柳青、苏州的桃花坞、山东潍坊的杨家埠。年画的表现方法单纯、明快，其内容丰富，形式多样，色彩绚烂，具有浓厚的装饰趣味。如桃花坞出品的"四时名点"的装饰画中，绘印着《失街亭》的戏文，戏曲和年画两者都是广大群众喜闻乐见的传统形式，做起广告来不仅效果好，而且传播甚广。

二、中国近代广告概况

中国近代主要是指从鸦片战争到中华人民共和国成立前这段时期。广告在这一时期的特点突出地表现为对报纸和广播电台的利用。这是中国广告史上的又一次变革。

（一）广告媒体的发展

1. 报刊广告

伴随着中国沦为半殖民地半封建社会，西方国家加大了在中国的商品倾销力度，为适应"经济扩张"的需要，以沟通中外商情、促销商品为主的商业报纸应时而生。首先兴起的英文商业报纸出现在香港，如《中国之友》《德臣报》等，刊载行情、航运等信息以及其他广告内容。继而中文商业报纸纷纷创刊，创刊于 1853 年 9 月 3 日的香港第一份中文报刊《遐迩贯珍》除经营广告业务外，还率先宣传广告对商业的作用。19 世纪中期，主要以香港、广州、上海为中心，商业报纸的创办方兴未艾，有专以刊登船期、商品价格为主的《孖剌报》，专业广告报刊如《东方广告报》《福州广告报》《中国广告报》等，另外，还有一些综合商业报刊如《字林西报》《申报》《上海新报》等。这些报纸上登载的广告多数是将国外洋行、商行的拍卖告示、商品介绍直译过来，插图也是西洋风格的。

进入 19 世纪 80 年代，随着金融广告、书籍广告、药品广告的增加，广告的表现形式也发生了变化。西洋式的插图及直译文字逐渐被中国风格的插图与说明文字所取代。同时，与一般市民生活有密切关系的广告也逐渐多了起来。辛亥革命以后，全国报刊数量激增。革命者办的报纸也开始刊登广告。

五四运动时期的革命报纸，除了宣传反帝反封建的革命思想外，也大量刊登民族工商企业的广告，以提高国货的信誉，配合抵制洋货运动。五四运动前夕创办的《新青年》上的广告，多数是出版广告，用以宣传反帝反封建思想。李大钊在北京创办的《每周评论》，毛泽东在湖南创办的《湘江评论》，周恩来在天津创办的《天津学生联合会报》等，都十分重视广告的作用，而且体现出对广告客户高度负责的诚实精神。

2. 广播广告

1923 年 1 月 23 日，美国商人奥斯邦创办的中国无线电公司与《大陆报》合作，办起了中国第一家广播电台，在上海开始播音，此后又出现了美商新孚洋行和开洛公司开办的广播电台。广播广告从此在中国出现。中国人自己设立电台是在 1927 年，同时播送广告。

3. 霓虹灯广告

霓虹灯经制作可形成广告文字和图形，即霓虹灯广告。最先在我国使用霓虹灯广告的是上海的外国公司，如英美烟草公司的红锡包香烟霓虹灯广告。

4. 交通工具广告

交通工具广告在当时非常盛行，包括电车广告、汽车广告、轮船广告、火车广告等。交通工具广告具有制作简便、收费较低、传递信息面广的优势。

5. 橱窗广告

随着所谓环球百货店如永安、先施、新新、大新、秋林等在我国出现，橱窗广告也渐渐出现，并且宣传作用越来越大。

（二）广告业的发展

在这一时期，我国广告业发展较快，民族工商业中的许多大企业都设立了广告部，例如生产美丽牌香烟的华成烟草公司、信谊药厂、上海新亚药厂、生产三星牌牙膏的中国化学工业社等。广告公司迅速增加，在上海大大小小的广告公司有近 20 家，其中以联合广告公司的规模最大。另外，外国人在我国也开办广告公司，如上海克劳广告公司和美灵登广告公司等。

这时也出现了一些广告画师，如擅长水粉画广告的胡伯翔、以专攻漫画广告著称的张光宇等。

为了争取共同的利益、解决同行业之间的纠纷，1933 年上海市广告业同业会成立，1946 年更名为上海市广告商业同业会，会员有 90 家。

（三）广告的研究和管理

在这一时期，关于广告的教学和研究也开始了。1919 年 12 月，由北京大学新闻学研究会出版了徐宝璜所著的《新闻学》一书，其中涉及广告研究。1920－1925 年，上海圣约翰大学、厦门大学、北京平民大学、燕京大学和上海南方大学都开设了广告课。

随着广告业和广告学的兴起，对广告的管理和社会监督也提上了日程。许多报馆的广告简章规定"有关风化及损害他人名誉，或迹近欺骗者，概难照登"。当时全国报界联合会还通过了《劝告禁载有恶影响于社会之广告案》。此外，当时还产生了一批有一定水平的专业广告公司和广告人才。

三、新中国成立以后广告业的发展

新中国成立后，我国广告发展比较缓慢。1956 年 6 月，刘少奇视察中央广播事业局，对轻视广告的思想提出了批评，并肯定了广告对社会主义经济建设的积极作用。1957 年，商业部派视察员赴布拉格出席了有 13 个国家参加的国际广告工作者会议。这是新中国成立后我国第一次与外国广告界的业务交流。1958 年，我国召开了专门会议，归纳我国社会主义广告的特点为：政策性、思想性、真实性、艺术性。"文化大革命"期间，我国与国际广告界的接触几乎断绝，广告事业受到前所未有的破坏：许多老字号被取消，霓虹灯广告被砸毁和拆除，多种广告媒体被取缔或受到限制，我国广告几近灭绝。

党的十一届三中全会以后，我国广告业进入快速发展的时期。1979 年 1 月 28 日，上海电视台播出了上海药材公司的参桂补酒广告，这是"文化大革命"后的第一条电视广告；同年 2 月 10 日，《文汇报》开始刊载广告；4 月，《人民日报》刊登了汽车、地质仪器等商品广告。全国各地的广告公司如雨后春笋般地出现。1979 年 8 月，北京成立了北京广告公司。1980 年 2 月，湖南创办了长沙广告公司。1981 年 2 月，中国广告艺术协会筹备委员会在北京成立。1983 年，中国广告协会成立。

我国广告业在这个阶段的发展速度在世界上都是罕见的。1981 年底，我国广告费用投入达 1 180 万元，到 1989 年毛广告费用投入接近 20 亿元，1990 年底一跃为 25 亿多元，1996 年达到 366.6 亿元，2003 年底突破千亿元，达到 1 078.6 亿元，是 1990 年的 43 倍。

目前，全国有 70 多家院校开设了广告课。厦门大学、中国传媒大学、中国人民大学和深圳大学等都设置了广告专业。《中国广告报》《中国广告》《国际广告》等刊物也相继创办。有关广告研究的书籍大量出版。广告研究不断深入。

1982 年 2 月，国务院正式发布了《广告管理暂行条例》，1987 年 10 月 26 日正式颁布了《广告管理条例》。1988 年 1 月 9 日发布了《〈广告管理条例〉施行细则》。国家工商行政管理局还设立了广告司，在全国逐步建立了较完整的广告管理机构体系，并不断充实和完善。1995 年 2 月，我国开始实施 1994 年 10 月 27 日第八届全国人大常委会第十次会议通过的《中华人民共和国广告法》，这标志着我国广告业有了法律保障。

我国广告界与国际广告界的联系与合作也日益密切。1984 年 10 月，我国广告界首次派代表出席了在东京召开的第 29 届国际广告大会，并相继参加了第 30、31、32 届国际广告大会，被选为理事，同时参加了各地区广告大会及各种研讨会。中国在国际广告组织中的作用已越来越明显。

四、21 世纪我国广告业的发展

进入 21 世纪，我国经济社会飞速发展，带动广告经营额年均递增 20% 左右，使广告业成为经济发展最快的行业之一。2013 年，全国广告经营单位、广告从业人员和广告经营额分别比上年增长 17.78%、20.39% 和 6.85%，广告经营额占国内生产总值的比重达到 0.9%，广告市场总体规模已跃居世界第二位。但与发达国家相比，我国广告业仍处于较低发展水平，存在专业化和组织化程度不高、创新能力不强、高端专业技术人才匮乏、综合竞争力偏低等问题，广告经营额占国内生产总值的比重、占社会消费品零售总额的比重明显偏低。

深入实施广告战略是实现我国由"广告大国"向"广告强国"转变的重要举措，只有通过大力提升广告企业竞争力，优化广告产业结构，推动自主创新，扩大对外开放，促进我国广告业科学发展，才能实现到 2020 年把我国建设成为广告创意、策划、设计、制作、发布、管理水平达到或接近国际先进水平的国家的目标。

第二节 国外广告的发展

一、国外早期广告发展概况

(一)原始广告阶段(15 世纪以前)

广告最早源于何时何地，目前仍有争论。广告史学家普遍认为，石碑是最早的广告媒体。

人们现在能看到的最古老的广告实物，是英国博物馆收藏的公元前 1000 年的一张草纸广告："一个叫谢姆的男奴隶，从善良的织布匠哈甫家逃走了，首都特贝一切善良的市民们，谁能把他领回来，将会得到奖赏。谢姆身高 5 英尺 2 英寸，红色脸膛，茶色眼珠，如提供他的下落和去向，将赏给半个金币，如能把他送到技艺高超的织布匠哈甫的店铺来，就赏给一个金币。"这是利用广告传单作为媒体进行的寻人广告。

古代雅典的一首化妆品的叫卖诗，可称为最早的广告艺术表现。诗是这样写的："为了两眸晶莹，为了两颊绯红，为了人老珠不黄，也为了合理的价钱，每一个在行的女人都会购买埃斯克里普托制造的化妆品。"

公元 79 年被维苏威火山熔岩所掩埋的庞培城，经过考古发现，当时城内的招牌已经非常先进。店外围墙上种有常春藤的店铺是油店；画有牛的是牛奶厂；画有骡子拉磨的是面包坊；画有水壶把的是茶馆等。

公元 1141 年，法国的贝里州由 12 个人组成了口头广告的团体，经法国国王路易七世的特许，在州内进行口头广告。他们与特定的酒店签订合同，在酒店里吹笛子，招揽顾客，让顾客一边喝酒，一边听宣传。

（二）广告萌芽阶段（15世纪至19世纪中期）

公元1445年，德国人约翰·古顿伯尔格（J. Gutenberg）发明了金属活字，从此活字印刷技术被广泛应用，广告业开始进入了一个新的阶段。15世纪末，在英国墙壁上贴着叫"喜求斯"的手抄广告传单，"喜求斯"是拉丁文，意思是"如果谁喜欢的话"。1610年，德国出现了最早的广告代理店。1666年，《伦敦报》正式开辟了广告专栏，各家报纸竞相效仿，广告从此占据了报纸版面的一席之地。

到了19世纪，报纸的发行数量越来越大，这意味着广告数量的激增。这时美国的广告业也得到了飞速发展。1841年，美国费城第一家广告公司成立。1865年，广告批发代理出现，他们向100家报纸预订固定的广告版面，再将它们分售给不同的买主，价格由广告代理自定。广告代理实际成了报刊独家广告经纪人。

（三）广告大发展阶段（19世纪中期至1945年）

1868年，在美国宾夕法尼亚州的费城，成立了第一家专业广告公司，即艾尔父子广告公司。到了20世纪，杰·沃尔特·汤姆森公司、洛德一托马斯公司、艾尔父子公司和佩顿吉尔公司开始制作广告。

随着广告公司的健全和发展，广告业务的范围也不断扩大，每个公司都配备一定数量的编辑、写作和美工人员，专门负责广告的制作。广告公司的收入也逐年增加。现在美国广告公司共有8 000多家。

美国1926年出现了全国性广播电台，自此广播电台便成了前所未有的主要广告媒体。1928年，美国无线电广播广告的费用已达1 050万美元。

电视出现以后，广播广告的地位有所下降。1986年，美国广播广告只占现代四大媒体广告收入的6%，而电视广告占60%左右。

世界上第一架霓虹灯广告是由法国的克劳特安装在巴黎皇宫上的。后来又逐步扩大到法属殖民地和英属殖民地，1923年进入美国。霓虹灯广告的普及是在20世纪30年代。

二、现代国外广告发展状况

1976年全球用于广告的费用是595亿美元，1980年全球广告费用支出为1 114亿美元，1986年为1 800亿美元，1999年为2 900亿美元。2013年达5 250美元，比2012年增加了4.6%，其中美国在全球广告费用支出中占比为29%，居世界第一位。

从广告自身的发展情况来看，目前世界广告业普遍出现如下的发展趋势。

（一）传播媒体多样化，广告形式不断创新

纽约有多家超级市场把广告做在地板上；一些大型旅游公司利用飞机喷出的彩色烟雾组成自己广告的图案和文字；由计算机控制的超大屏幕彩色广告屏在国际上非常盛行；充气模拟广告，把人物和动物的真实形象扩大数倍；体育广告更是引人注目。近年来，国际互联网广告开始受到企业重视，2017年全球互联网广告支出增长15.1%，而传统传媒广告支出仅增长2.3%。表2-1列出了2001—2017年以来美国网络广告市场收入的变化情况。

表 2-1 美国网络广告市场收入的年度数据(2001—2017 年)

年份	收入/亿美元	年增/%
2001	9.07	—
2002	19.20	112
2003	46.21	141
2004	80.87	75
2005	71.34	−12
2006	60.10	−15
2007	72.67	21
2008	96.26	32
2009	125.42	30
2010	168.79	35
2011	212.06	26
2012	234.48	11
2013	226.61	−4
2014	260.41	15
2015	317.35	22
2016	365.70	15
2017	427.80	17

(二)广告服务趋于全方位化

由于大规模应用现代通信技术和计算机信息处理技术,广告活动正朝着为广告主提供完善的信息服务的方向发展。现代广告公司不仅为生产企业在市场调查、产品设计、生产和销售以及售后服务等方面提供全面的咨询服务,而且帮助企业进行决策分析。随着这种形势的发展,20 世纪 70 年代后,国外相继出现了一些大规模的调查公司。世界十大调查公司中,美国有六个,德国、英国各有两个。这十大调查公司的调查费用占世界调查费用总额的 30%。

(三)广告理论研究的深入化

1900 年,美国学者哈洛·盖尔(Harlow Gale)写成《广告心理学》一书;1903 年,美国西北大学校长、心理学家瓦尔特·狄尔·斯柯特(Walter Dill Scott)写成《广告原理》一书,为广告学的建立奠定了基础。20 世纪中叶,营销学、传播学这两门新学科形成,很快就被引入广告实践中。经著名的广告大师大卫·奥格威、克劳德·霍普金斯、雷蒙·罗比凯在理论和实务上的艰辛努力,现代广告学的构架和体系得以建立。广告理论分支越来越细,如广告心理、广告动机、广告主题、广告策划、广告媒体、广告环境、广告标题等,都成了专门的研究对象。

广告学研究越来越综合化。广告学成了一门综合性学科,其范围涉及心理学、管理学、美学、伦理学、经济学等学科。一个好的广告制作人要求有多方面的才能，并要有较高的文化素养。

一些新理论被提出，如美国威雅广告公司的"全蛋经营"的概念，美国奥美广告公司的"行销合奏"理论等。

(四)广告管理日趋严格化

对广告行业的管理越来越严格，各国政府通过立法，或通过行业协会的自律行为，对广告加强管理，从而规范广告行业，使其健康发展。英国先后制定了《广告法》《商标法》《医药治疗广告标准法典》和《销售促进法典》等法律。美国广播事业协会1975年订立了《美国电视广告规范》。在美国，还成立了美国广告检查委员会。1963年，国际商会通过了《国际商业广告从事准则》。

(五)广告活动全球化

随着现代工业的发展，全球市场向统一的市场发展，出现了大量的国际广告活动。互联网为广告国际化提供了高效、廉价的媒体，电视节目通过卫星可以同时在许多国家播放。

(六)广告宣传国际化

1938年，国际广告协会创立，并在各大洲相继成立了广告协会。这些国际性广告组织积极开展国际合作活动，举办各种会议和展览，并经常举办各种培训班，为一些国家培养广告专业人员。同时，由于商业贸易的国际化，各国的广告公司或广告组织也经常组织国与国之间的合作。当代世界上比较著名的全球广告性组织是国际广告协会、国家ABC组织和世界广告行销公司。

通过对国外广告史的简单回顾，我们大致可以归纳出以下几点：

(1)商品交换的需要是广告产生的根源。

(2)广告对现代经济生活的影响越来越大。广告业已成为世界上第一大无烟工业，其在经济生活中的作用越来越大。

(3)广告对企业经营的作用是不可忽视的。广告作为信息传递和促销手段，发挥着巨大的作用，它已成为现代企业营销策略的重要组成部分。

(4)广告对社会生活的影响越来越大。

(5)现代广告经过半个多世纪的发展，已经从"术"的阶段走向"学"的阶段。一方面，广告学的分支越来越多，分类越来越细。另一方面，广告学融众多学科为一体，其综合性越来越强。特别是计算机的应用，使广告的理论研究和运用都进入了一个新阶段。

思考与练习

1. 简述新中国成立后我国广告的发展历程。
2. 请概述国外早期广告发展状况。
3. 结合广告史，谈谈你对广告及其发展趋势的认识。

【案例研究】

可口可乐自开始生产销售，始终受到美国乃至全世界广大消费者的普遍欢迎，而这一切，除了与时代背景和产品有关之外，与其广告的成功运作是分不开的。

以下是几条可口可乐在不同年代具有代表性的广告语：

1886 年：请喝可口可乐

1929 年：世界上最好的饮料

1943 年：美国生活方式的世界性标志——可口可乐

1952 年：你想要的就是可乐

1982 年：这就是可口可乐

1993 年：永远是可口可乐

1996 年：这是可口可乐

2000 年：可口可乐，节日"倍"添欢乐

2001 年：活出真精彩

2002 年：激情无限——可口可乐

2004 年：要爽由自己

2006 年：每一个回家的方向都有可口可乐

2010 年：你想和谁分享新年第一瓶可口可乐

2011 年：可口可乐，爽动美味

2013 年：开启快乐

案例讨论：

请对可口可乐广告语的发展进行评价。

第三章　广告学原理

【学习目标】

1. 明确什么是市场营销，了解营销活动为什么要做广告；
2. 认识到广告活动要运用哪些营销理论；
3. 掌握在促销活动中从哪些方面去把握广告的角色；
4. 能从传播的角度正确认识广告的活动过程；
5. 能从文化的角度正确对待广告。

第一节　市场营销与广告

一、广告在市场营销中的地位和作用

(一)市场营销的概念

市场营销一词译自英语 Marketing，最早出现在 1902 年的密执安大学学报，五年后，宾夕法尼亚大学开设了市场营销课程。"Marketing"一词有着相当广泛的含义，无论是用"销售"还是用"推销"来表达，都不能恰如其分，所以在非英语国家很难找到统一的翻译名称。日本早期曾译为"市场销售""分销"，后来统一使用英语译音。在我国，也曾有过"市场营销""市场行销""市场推销""市场经营"等多种译法。目前，"市场营销"一词已逐渐获得公认，并被广泛使用。

市场营销的定义，虽然有过许多不同的表述，但有一点是比较一致的，那就是认为市场营销是围绕市场而全面开展的企业经营管理活动。例如，1960 年美国市场营销协会定义委员会对市场营销所下的定义："市场营销是为引导货物和劳动从生产者流转到消费者或用户而进行的一切企业活动。"

这个定义表现出市场营销的两个重要思想：其一，市场营销是"从生产者流转到消费者或用户的活动"，所以，必须把消费者作为这个活动过程的中心和目标所在，依据消费者的欲望、需求来考虑流通和销售。其二，市场营销活动不是单向运动，而是一个循环往复的综合系统。生产者向消费者发布信息、向消费者提供商品或劳务，并从中得到相应的利润。同时，生产者也从消费者那里收集信息，形成一个信息反馈系统，组成一个循环结构。一般来说，企业在生产某产品之前，已经开始调研、预测、设计以产品开发为核心的市场营销活动；产品生产出来之后，企业又要开展一系列以销售为目的的市场营销活动；产品的销售并不是营销活动的终点，企业还要进行售后服务、消费反馈等市场营销活动。如此周而复始，循环往复，形成企业市场营销活动的一个综合复杂的系统(见图 3-1)。

目前，人们普遍把市场营销划分为宏观和微观两个部分来理解。从宏观角度出发对市

场营销进行定义，其代表是 1985 年美国市场营销协会的表述："市场营销是个人或组织对商品、劳务或观念的构想、定价、促销和分销的计划执行过程，以实现个人或组织目标的交换。"从微观角度，或者说从企业的角度来看市场营销，是指"企业为实现一定的目标，主动适应和利用外界环境，通过市场达成交易，满足现实或潜在需求的综合性经营活动"。

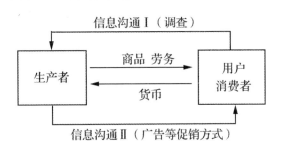

图 3-1　市场营销活动系统图

（二）市场营销理论的演变

自从市场营销概念产生以来，出现了许许多多有关市场营销的学说和理论。其中流传最广、对现代广告影响最大的，是 20 世纪 50 年代末出现的"市场营销管理理论"。这个理论着重从市场营销管理决策的角度来研究企业（卖方）的市场营销问题，带有鲜明的"管理导向"特征。市场营销管理理论的代表人物约翰·霍华德在 1957 年出版的《市场营销管理：分析和决策》一书中，首次提出了"市场营销管理"的概念。他指出，市场营销管理的实质就是企业"对于动态环境的创造性适应"。他认为，在企业生产经营过程中，外界环境即社会、政治和经济环境，对于企业而言是不断变化的，是不可控的因素；同时，企业在适应外界环境的过程中，也有自己可以控制的因素，比如产品、营销渠道、定价、广告、人员推销、商店地点等。市场营销管理的任务就是运用这些可以控制的手段来实现对环境的最佳适应，外界环境不断地变化，企业也必须采取相应的策略措施来主动适应这种变化。霍华德的理论成为当时市场营销管理的核心思想。以此为基础，1960 年，尤金·麦卡锡在《基础营销学》一书中，提出了更加完整的市场营销管理体系。首先，尤金·麦卡锡把消费者看成一个特定的群体，称为目标市场。企业在市场运作过程中，一方面要考虑各种外部环境，另一方面要制订市场营销策略，组合各种内部的可控因素，通过策略的实施，适应环境，满足目标市场的需要，实现企业的目标。

具体而言，市场营销体系的中心是某个消费者群，即目标市场，而不是全体消费者。针对目标市场，企业可以利用 4 个可控因素，来开展营销策略的实施。这 4 个可控因素即4P 组合。它们是：

（1）产品（Product），指企业提供其目标市场的商品或劳务，包括产品的质量、样式、规格、包装、售后服务等。

（2）价格（Price），指顾客购买产品时的价格，包括折扣、支付期限等。

（3）分销（Place），指产品进入或到达目标市场的种种活动，包括渠道、区域、场所、运输等。

（4）促销（Promotion），指企业宣传介绍其产品和说服顾客购买其产品所进行的种种活动，包括广告、宣传、公关、人员推销、销售推广活动等。

4P组合属于企业可控的因素，所以，企业可以根据目标市场的特点，决定产品、产品价格、销售渠道和促销手法，在市场营销中称这些选择和决定为"营销组合战略决策"。然而，4P组合不仅受到企业本身资源条件和目标市场的影响和制约，还受到企业外部"市场营销环境"的影响和制约。这些外部市场营销环境，包括人口环境、经济环境、自然环境、技术环境、政治和法律环境、社会和文化环境，等等。这些社会力量是企业的不可控因素，会给企业带来市场机会或造成威胁。美国营销学学者杰瑞·麦卡锡教授认为，市场营销管理的核心是密切监视"外部环境"的动向，善于组合4P，使企业的"可控因素"与外部"不可控因素"相适应。这是企业经营管理能否成功，企业能否生存和发展的关键。杰瑞·麦卡锡教授的这一思想成为现代市场营销学最基本的核心理论。

20世纪80年代以来，4P组合理论又有了新的发展，其中最有代表性的是菲利普·科特勒在1984年提出的"大市场营销"理论。菲利普·科特勒解释说，在生产过剩、竞争激烈、各国兴起贸易保护的状况下，企业的市场营销战略除了4P组合之外，还必须加上两个P，即"政治力"(political power)和"公共关系"(public relations)，在战略上运用经济的、政治的和公共关系的技巧，以赢得更多参与者的合作。菲利普的"大市场营销"理论与麦卡锡4P组合理论相比较，企业能够在更大的范围内进行运作：其一，在对待外部市场环境方面，4P理论所强调的是如何调整可控的内部因素，千方百计适应不可控制的外部环境；而大市场营销理论认为，企业可以影响外部环境，而不仅仅是依从它和适应它。其二，在企业的市场营销目标方面，4P组合理论是千方百计调查研究、了解和满足目标消费者的需求；大市场营销理论则强调，为了满足目标者的需求，采取一切市场营销手段，打开或进入一个新的市场，创造或改变目标消费者的需要。其三，在手段方面，前者强调的是4P组合，而后者则新增了两个用以改善外部环境因素的手段，即用6P组合打开和进入市场。

随着科技的发展，大众媒介由盛而衰，分众倾向日益明显。消费者能够获得更多的信息，开始要求特别的产品、特别的配销系统和特别的沟通渠道。不同的生活形态、种族背景、地域差异、教育、收入、性别以及其他可以显示个人与众不同的因素，造就了成百上千个细分市场。于是，以人数众多、同质性强而差异性弱的目标市场为营销基础的4P组合理论开始过时，在新的形势下，诞生了"4C理论"。这4C是：

(1)消费者(Consumer)：研究消费者的需要，卖消费者确定想要购买的产品，而不是卖自己所能制造的产品，以消费者代替产品(Product)。

(2)成本(Cost)：了解消费者为满足其需要所愿意支付的成本，以成本代替定价(Price)。

(3)方便(Convenience)：要考虑如何使消费者方便地购买到产品，以方便代替分销(Place)。

(4)沟通(Communication)：重要的是沟通而不是促销(Promotion)。

很明显，4C理论把企业营销的重点放在消费者身上，真正以消费者为中心，使得市场营销活动有了更加广阔的空间。

进入20世纪90年代，世界各地的营销传播业者以及专家学者，无不以新的角度探索和诠释营销趋势。美国西北大学著名教授舒尔兹(Don Schultz)与人合作出版的《整合营销传播》(IMC——Integrated Marketing Communications)起到了里程碑的作用。美国4A协会对整合营销传播的定义是："一种作为营销传播计划的概念"。确认一份完整透彻的传播计划有其附加价值存在，这份计划应评估各种不同的传播技能在策略思考中所扮演的角色——例如广告、宣传、公关、人员推销、销售推广活动，等等——并且将之结合，透过天衣无缝的整合以提供清晰、一致的信息，并发挥最大的传播效果。如果把各种营销工具比作具有不同特点、音色各异的乐器，那么"不同的乐器，必要时能够一起合奏，并且演奏出悦耳的和谐之音"的"交响曲"即为所谓的整合营销。

20世纪90年代末，基于90年代初迅速发展起来的因特网（Internet），使得人们可以实现营销学长期梦寐以求的目标，即通过全球网络平台，开展针对每一位消费者的互动营销，此时的消费者不仅是产品或服务的接受者，重要的是他可以参与企业的生产和营销活动。

（三）广告在市场营销中的地位和作用

广告在市场营销中占有不可忽视的地位和作用。在4P组合的基本要素中，企业是通过产品、价格、分销、促销的组合展开市场活动的，而4P组合的每个基本要素又是由许多更小的组合要素构成的。在市场营销组合中，广告与人员推销、宣传、公关、销售推广活动等组合要素处于相同地位，都是促销要素的一个组成部分。广告只有与其他的组合要素相配合，才能发挥其促销的作用，见图3-2。

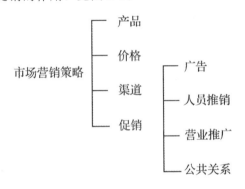

图3-2 广告在市场营销中的位置

在生产力高速发展，科学技术不断进步的今天，商品的种类和数量已经有了惊人的增长，市场竞争越来越激烈，企业也越来越重视市场营销活动，而促销在市场营销活动中日益发挥重要的作用。作为非人员推销的促销手段，广告在企业的市场营销中占据着举足轻重的位置，发挥着无可替代的功能。可以说，广告是企业营销的尖兵，它不但可以满足4P组合理论的内部可控制性，还完全能胜任大市场营销理论所强调的影响外部环境和打开新市场、创造目标消费者需要的功能。在这一点上，广告具有其他依靠人员推销的促销手段所无可比拟的优势。具体说来，广告在营销中的作用主要表现在以下几个方面：

（1）广告可以增加知名度。知名度是企业营销活动的基础，是广告活动的起点。增加知名度是广告营销功能中最原始的一种功能，可以为企业的营销活动搭建良好的平台。

（2）广告可以区隔产品身份。产品广告作为企业广告活动中最基本的形式，可以塑造产品个性，增加消费者对产品的识别，在营销活动中，发挥区隔产品身份的作用。

（3）广告可以帮助产品流通。这也是产品广告的基本功能，它通过向消费者提供有关销售地点、销售热线等信息，促进了产品在零售环节的流通。同时，诚征经销商类的广告又可以推进产品的铺货，帮助企业争取到经销商、代理商，促进产品在中间环节的流通。

(4)广告可以增加产品使用量。广告通过向消费者介绍新的使用方法、开创新的用途、推广科学的使用频率来增加消费者的使用量，如某品牌润肤霜的广告，由"美丽肌肤，一天一次"到"早晚使用，肌肤会更美"，以此来促进消费量的增加，带动产品的销售。

(5)广告可以增加新顾客。产品广告可以吸引消费者进行试用，从而为企业带来新顾客。广告有助于提高产品的试用率，试用率是增加新顾客的基础，而新顾客对于产品和企业来说，意味着销售的增加、利润的增长。

(6)广告可以拉回老顾客。不同的广告有不同的目的，有的广告将目标对准新顾客——未使用者，而有的广告将目标对准流失的老顾客——曾经使用过，但现在不使用的人。针对老顾客流失的不同原因，如被其他新品牌吸引，使用不满意，长期使用产生厌烦等，可以有针对性地制作解决上述问题的广告，以拉回老客户，促进销售量回升。

(7)广告可以增加产品的附加价值。附加价值是经由市场营销活动而增加的，在其有形实态及价值之外附带加上或额外加上的价值。它既可以通过改进配方、更换包装等物质性的革新手段来达成，也可以借助广告这一非物质性变革的手段来实现。消费者有不同的欲望以及不同的满足方式，而满足的方式与消费心理有关，因此，广告可以通过引起消费者对产品特性、功能的注意，或者通过加强消费者对产品主观的、非物质的需求来增加产品的附加价值。对消费者行为的一系列调查已经证明了广告增加心理价值的能力，它反映出人们看待产品满足自己偏好的价值。有些消费者希望做时尚先锋，因此，对于购买名牌服装所付出的额外价钱，他们是乐意接受的。

(8)广告可以增强排他性。商品日趋同质化的今天，广告在塑造产品个性，区隔产品身份的同时，也在培养着消费者对产品和品牌的偏好，增强产品的排他性。这是在激烈的竞争环境中生存的一种必然选择。"广告能增加消费信息，提高产品质量，拓宽可供选择的范围，促进消费者偏好与消费者购买之间的更佳吻合"。通过广告增强排他性，在竞争中突出个性与优点，既保护了自己，又利于在竞争中取胜，扩大市场占有率，提高品牌知名度。

(9)广告可以培养品牌忠诚。维系一个老顾客的费用是开发一个新顾客的费用的15%～25%，因此品牌忠诚的顾客是企业营销的核心和基础。广告通过促进消费者产生对特定产品—品牌的亲近感和信任感，来建立产品—品牌—企业与消费者之间的关系。通过培养、巩固这种关系，促使消费者养成固定的使用习惯，成为自己品牌的忠诚顾客，实现产品持续稳定的销售。

(10)广告可以降低销售成本。广告可以使做广告的企业比不做广告的企业更快地达到生产和分销的规模经济，同时，广告还可以降低寻求消费者的成本。通过帮助产品流通、增加产品使用量，以及增加新顾客、拉回老顾客等营销功能的发挥，广告促进了销售量的增加。而大量销售带来大量的流通，广告加快了流通的速度，拓宽了流通的范围，提高了分销成本效益，带来了包括销售成本在内的产品成本的降低。

市场营销的实践证明，广告的作用往往是巨大的、决定性的，但不一定总是最有效的，而是有一定层次的。促销的几个要素——广告、宣传、人员推销、销售推广活动具有一个共同点，就是要向消费者或用户介绍、宣传产品或服务的特点，通过信息传播使消费者产生印象、好感、理解以至于引发购买、使用行为。在信息传播活动中，消费者从一无所知到产生行动会有一个心理变化过程。根据心理变化四阶段模式即感知—理解—确信—行动，广告、宣传、人员促销和销售推广活动，这些"促销"的组合要素对消费者的心理作用会产生不同的效果。例如，在"感知阶段"，广告的作用最大，但随着阶段的推进，广告的推销作用就会减弱，而人员推销的作用却在逐步加强。同样，促销组合也会因商品类型的不同而有所不同。就生产资料和一般消费品而言，对于前者，人员推销的作用相当重要；而对于后者，广告的效果则会更好。

市场营销的实践表明，广告的作用不能简单地说成"广告无用"或"广告万能"，重要的是了解和掌握广告在不同产品、不同目标的市场营销战略中所发挥的不同作用（见图3-3）。

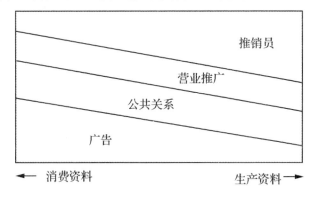

图 3-3　促销组合与商品类型

二、市场营销理论在广告中的运用

（一）市场细分、目标市场与广告对象

在现代广告活动中，市场营销理论的运用相当普遍，尤其在广告活动的前期阶段，利用市场营销的方法，分析环境和确定广告战略，可以说已经成为一种惯例。

1. 市场细分

在实践操作中，确定"目标市场"和明确"广告对象"经常采取"市场细分"的方法。所谓市场细分，就是调查、分析不同消费者在需求、资源、地理位置、购买习惯等方面的差别，然后把基本特征相同的消费者归入一类，使整体市场变成若干"细分市场"。最早的市场细分是依据性别、年龄、职业、收入、教育程度等人口统计学的分类指标进行划分的，由于市场情况日益复杂，分析手法不断发展，后来又加入了心理特征、生活态度和生活方式等高级的分类指标。

市场细分，对于确定目标市场和把握广告对象都是非常有益的。但市场细分不是目的，只是手段和过程，真正的目的在于从细分的市场中，找出对于产品销售和广告活动都非常重要的主要用户。主要用户也称重度消费者，是某个产品或服务的主要使用者和消费者。许多消费研究表明，对于某个产品或服务，经常会出现这样一种情况，即大量使用者占少数，少量使用者占多数。例如对饮料市场的调查表明，某品牌的饮料，不购买者占总人数的42%，其使用量为零；少量使用者占总人数的29%，其使用量占总量的9%；大量使用者（主要用户）占总人数的29%，其使用量高达总量的91%。因此，在确定目标市场或把握广告对象时，应考虑寻找和重视主要用户，可以说，抓住主要用户才是市场细分的目的。

2．目标市场与广告对象

企业的某个产品投入市场，一般都希望市场越大越好，甚至希望所有人都成为它的消费者。但实践证明，企业只能根据消费者的需求状况把整个市场划分成许多分市场，然后选择其中适应自己的一个或几个分市场作为营销开发的对象。这种做法，市场营销学称为"目标市场营销"，此观念对广告活动影响很大。以前，人们从"广而告之"的观念出发，片面追求"大而全"，希望广告的受众越多越好，传播范围越大越好，然而，实际的效果并不理想。于是，广告活动借鉴了目标市场营销的观念，产生了做广告首先要明确广告对象的意识。广告是一种信息传播活动，广告活动在确定内容、选择传播媒介时，必须首先明确谁是广告对象。也就是说，在广告活动过程中要解决的"对谁说""说什么""如何说"几个问题当中，首先要着重解决广告"对谁说"的问题。

市场营销中所确定的目标市场与广告活动中所寻找出的广告对象之间，既相互区别又相互联系。在多数时候，目标市场与广告对象是一致的，即产品所瞄准的消费群体也正是广告宣传的对象。但有些时候，目标市场与广告对象并不一致，例如儿童食品、营养保健品等，使用者和购买者往往不是同一个人。广告是针对作为购买者的母亲，还是针对作为使用者的儿童；是针对作为购买者的晚辈，还是针对作为使用者的长辈，这不能一概而论，需要进行深入细致的调查和分析来确定。

此外，对于目标市场的确定，一般是比较抽象、较为宽泛的，而关于广告对象的考虑则要求尽量具体，尤其在广告创意制作阶段，有必要将广告对象明确化、具体化。正如业界经常说的那样，好的广告就像一封好朋友的来信，写信者熟知对方、了解对方，并处处关心对方，因而内容贴切自然、独具魅力。

（二）广告生命周期及再循环

广告是整个营销策略中的重要一环，它本身不但是一个复杂的综合性的活动过程，而且还是一个动态的活动过程。这个过程虽然会随着客观环境的变化而呈现出多变性与复杂性，但是，它的活动过程总是呈现出一些周期性，呈现出一种周而复始的螺旋式上升的历程。这个历程，就是广告的活动周期或广告的生命周期。

广告，特别是商业广告，是以商品性能为基础，以商品的生命周期为依据的。因为，广告主要是以表现商品的特性、促进商品的销售为目的与宗旨，如果广告离开了表现商品的特性这一核心，广告本身也就失去了存在的意义。

1．广告生命周期

（1）导入期。这是商品生命周期开始的广告阶段。这时新产品刚刚进入市场，产品处于试销阶段，销售额很低，产品本身也不完善，成本居高不下，市场上少有竞争对手。对于这个时期的广告来说，消费者与潜在消费者不知道新产品或知之甚少，没有形成需求的欲望，没有大量购买者。这个时期的广告属于开拓性广告，面对一个对新产品一无所知的市场，它需要打开消费者需求的大门，此时广告费投入量最大、任务最重。这个时期的广告不仅要告知新产品的存在及其特性、功能，更重要的是开发消费者的需要，培养他们对该产品的需求，建立新观念、新习俗。因此，处于导入期的广告是广告生命周期的初始阶段，也是最关键的阶段。广告人必须花费大量人力和物力去调查市场的环境，研究消费者的心理与需求，了解商品或服务的特性，只有这样，才能确定广告的对象和广告的诉求点，创作出有创意、有魅力的广告。

（2）成长期。进入成长期后，由于商品投入期广告的大量宣传，产品品牌和商标已经被相当数量的消费者所接受，产品销售量开始以较快速度增长，利润也相应提高。此时，有一些厂商开始注意到新产品的魅力，开始有新的竞争厂商加入进来。这一时期应该扩大广告投入费用，利用更多的宣传媒体，采用更加丰富的广告形式，提高刊播频率，扩大该产品在消费者中的影响，使消费者认同自己企业的产品，压制和排挤竞争者的生存空间，努力增加自己的销售额，逐步扩大势力范围，使企业在同类产品的市场竞争中始终处于有利地位。

（3）成熟期。成熟期的特点：产品品牌形象已经被广大消费者接受，产品销售量大而且稳定；由于利润丰厚，出现了大批的仿制品竞争者。此时应该适当降低广告费用以降低成本，同时应加强广告的质量和创意形式，突出产品的优越性，充分利用统计数字和顾客的赞誉信任等，巩固消费者的使用习惯，强化在消费者心目中的形象；处于老大地位的企业，居高临下，会采取进一步压制和排挤众多竞争企业的策略。同时，企业的经营者应该保持清醒的头脑，要认识到此时市场已经趋于饱和，发展空间有限，销售的高峰也是销售量下降、产品逐渐退出市场的起点。当然，根据产品的特点或不同的经营方式，有些产品的成熟期可能很短，有些则很长。

（4）衰退期。产品销售量下降幅度逐渐加大，替代产品开始大量进入市场。这个时期就好像一场战役的结束阶段，如何保持已有的胜利或维持骤减的市场销售，并迅速改弦更张，重新发起新的攻势是此阶段的关键问题。此时的广告重点应放在延缓销售量下降，千方百计利用产品的特点和一部分老顾客的怀旧心理，达到预期的销售目标，减缓产品退出市场的过程。

2. 广告周期的再循环

随着旧商品在其衰退期的结束，新产品必然取而代之，进入商品的新的循环周期，也就是新产品广告的导入期。商品要更新，广告也需要演变，这样才能符合商品经济发展的需要。随着商品周期的循环，广告也要跟着循环。这时的广告就要为发动新的攻势重新进行策划，造成新的循环：制订新的投入计划，使更多的人需求该商品；开始新的竞争，使更多的人购买新广告推荐的新商品；与原有的顾客保持联系，充分利用这些老顾客对品牌的忠诚度和怀旧的心理，使之成为长期稳定的消费者群。

在观察商品广告的循环周期时，可以看到，由于各种商品的特性不同，消费者的需求心理不同，商品在各个地区销售的时间不同，消费者接受的程度也有所不同。因而，有时同一类商品，在不同的地区和不同的消费者中，可分别进入商品周期的几个不同阶段。至于这些阶段如何把握和确定，要根据市场调查以及销售结果的反馈进行分析，然后才能制订出切实可行的广告计划。因此，在广告策略方面，就要根据这种实际情况制订出面对各个市场的广告计划，无论从创意还是表现手法上，都要适应各个不同市场的需要，以取得良好的广告促销效果。

例如养生堂"农夫山泉"作为国内瓶装水市场的后起之秀，观其成长过程，1995年在导入期，为了与娃哈哈、乐百氏等品牌相区别开来，通过投放电视广告，诉求来自千岛湖无污染的活性水，以"好水喝出健康来"吸引消费者，在市场上取得了一席之地。1998 年在成长期，为了提高产品的市场占有率，通过"农夫山泉有点甜"的电视广告，采取口感定位，进一步增强人们对农夫山泉品牌的亲近感受，一举使品牌进入国内瓶装水前三甲。而 2002 年以后，随着进入成熟期，通过关注公益事业，开展品牌＋公益性的广告，传播关注健康与生命的主题，不断强化市场的占有率。

此外，由于消费者的需求心理不同，同一种商品对不同消费者处在不同商品生命周期阶段，因而广告策划也必须顺应这种状况。在一般消费者心理需求仍处于开始的广告投入期时，一些新商品的领先使用者就可能已经进入商品的成长或成熟期了，这时，不同阶段广告策略的选择就很重要了。一般来说，对商品广告生命周期阶段的判断，就是要根据大多数消费者处于商品生命周期的哪个阶段而定。但是，也要对商品生命周期阶段的演变随时予以足够的重视，以便随时改变新的广告周期阶段的策略。由此可见，广告活动过程是个有规律的周期性的循环过程。随着每一个循环过程的演进，商品得到了更新与发展，广告策略与广告表现方式也得到了更新与完善，这就是广告生命周期的实质。

第二节　广告与消费者行为

一、消费者行为过程与广告

（一）什么是消费者行为

从理论上讲，消费者为满足其需要必须去选择、获取、使用或处置某种产品或服务，在这个过程中，消费者所表现出来的种种心理活动和外在行为，总称为消费者行为。美国营销协会对消费者行为的定义是："人类在进行生活中各方面的交换时，表现出来的情感、认知、行为和各种环境因素的相互作用的动态过程。"从这个定义中我们可以看出，消费者行为具有以下几个特点。

1. 消费者行为是动态的

无论是个别消费者还是消费者群体，或者是全体社会，总是处在不断的发展变化中，这种变化对于制订营销策略和广告战略都具有重要的意义。消费者行为不但受传统文化的影响，固定的消费者群体有着大致固定的消费观念，而且这些消费者群体还会随着时代的发展而不断改变消费观念。因此，对消费者行为的研究必须注意分析最新的调查结果，而不能过分套用程式化理论。从制订营销策略和广告战略的角度看，消费者行为的动态属性，意味着营销策略和广告战略必须不断适应当前的消费者行为特点，不能用同样的营销策略或广告战略去套用任何时间、任何产品、任何市场与行业；或者说，在某一市场取得成功的策略，在另一市场上可能会遭到失败。因此，营销者必须采取不同的营销策略和广告战略以适应不同的市场、适应动态的消费者行为。

2. 消费者行为是综合性的

消费者特定的行为总是在各种不同的人或社会因素的综合影响下发生的，总的来说，它是消费者情感、认知、行为和环境诸因素之间相互作用的结果。这意味着要了解消费者，制订切实有效的营销、广告策略，就必须了解消费者的所想、所感、所为，以及影响消费者这些行为的环境因素。只有对这些因素进行综合的分析，才能深刻地把握消费者行为的真正动机和动力，从而采取、制订相应的营销或广告策略。

3. 消费者行为是一个过程

消费者行为不仅仅是购买商品的某一瞬间、某一片刻的事情，它是一个内容丰富、复杂的一个过程。从外在行为来看，消费者行为就包括购买前、购买时和购买后三个阶段，如购买前的信息收集、向朋友咨询了解、购买地点选择、购买决策的制订等；购买中的与销售人员交谈、现场促销活动的鼓动、售点广告（POP 广告）的吸引、包装的影响，等等；以及购买后的使用、维护、投诉、包装处理，等等。而完整的消费者行为包含了更为丰富的内容，包括内在的复杂心理过程（认知处理、情感变化、情绪和意志、态度改变等）和上述的外在可观测行为的过程。

4. 消费者行为往往有众多的参与者

消费者在进行消费活动的过程中，往往会涉及许多不同的参与者，尤其是在家庭购买或组织购买中，通常会涉及发起者、信息收集者、影响者、决策者、购买者和使用者等不同角色，购买者不一定是使用者的情况十分常见。即使在完全独立自主的购买活动中，消费者行为依然不是完全个人化的，要受到众多参与者的影响。消费者在使用产品时会经常受到周围人的评价，这些人的评价可能对消费者的购买心理产生较大影响，从而介入该消费者的消费行为之中，成为消费行为的参与者。

5. 消费者行为本质上是理智行为

消费者的选择权是巨大的。事实上，消费者的每一次消费活动都有其明确的目的性和自觉性。作为具有独立支配权的消费者，他知道自己需要什么，需要多少，并自主地做出购买决定，这种个人决策有时很冲动，或是让人觉得不可思议，但是在购买的时刻，消费者本人有一个清醒的判断标准，即他所得到的大于或等于他所付出的。这种判断可能是错误的、不真实的，或者是非常冲动的，但只要消费者认为符合标准，就会促使他做出购买决定。

6. 消费者行为是有意识地尽量逃避风险的行为

对于消费者来说，每一次消费行为都有风险，可能是价格太高——财政风险，或者是功能达不到要求——功能风险，也许是买完某种产品后得不到其他人的肯定——社会风险。这使得消费者在购买时，自然而然地选择他认为综合风险最小的产品或品牌，表现出尽量逃避风险的趋向。例如，我们发现很多消费者常常选购名牌产品，这就是对名牌产品的一种信任，即他认为名牌产品一般具有合理的价格、完备的功能并能得到社会的认可，选择名牌产品就是消费者尽量逃避风险的具体表现。

（二）消费者行为分析

在实际的消费活动中，真正了解和把握消费者的行为是困难的，因为，消费者采取购买行动时，往往带有很大的盲目性。有时，仅仅是因为商场的一次促销活动，就买回一大堆东西。而且，性别、年龄、职业、兴趣、爱好等因素对消费者的消费行为也有很大影响。可以说，消费者的行为经常处在变化之中，很难对之做出准确的预测。

尽管消费者的消费行为复杂而且易变，经济学家和心理学家通过研究，还是找到了一定的规律性，并提出了各种理论和阐释。

将消费者采取消费行为可能受到的影响因素归纳起来，有以下几个方面：

1. 经济因素

消费者的购买能力如何，直接决定其购买行为。因此，消费者目前处于什么样的消费状态——是追求基本的需求，还是进入选择需求，表现个性化的阶段；以及市场供求关系如何，商品是否充足，物价水平怎样，这些经济因素是产生消费动机最基本的因素。

2. 文化因素

文化是人类在社会发展过程中所创造的物质财富和精神财富的总和，是人类社会历史的发展水平、程度和质量的状态。文化因素对消费者行为有着广泛而又深远的影响。

文化是人类的欲望和行为最基本的决定因素。人在成长过程中，通过家庭和社会，接受一定的文化教育，形成了相应的价值观、信仰、态度、道德和习俗等，并由此产生一定的喜好和行为。文化的变迁，如文化的相互融合，也会影响到消费方式的变化，如我国部分消费者对"洋货"的偏好，外国消费者对中国民族特色商品的喜爱等。文化的认同感，会直接影响到消费者对产品、对广告诉求的接受程度。

每种文化都是由众多的亚文化组成的，亚文化既包括民族、宗教、种族、地域等宏观向度上的区分，也包括性别、年龄、婚姻状况、教育程度、职业等微观向度上的区分。亚文化对于消费者行为的影响更为明显，为细分市场和广告目标、广告内容提供了重要的依据。

3. 社会因素

影响消费者行为的社会因素主要有参照群体、家庭、社会角色与地位等一系列因素。

(1)参照群体。群体是指在追求共同的目标或兴趣中相互依赖的两个或两个以上的人。个人的行为会受到各种群体的影响，对个人的态度和行为有直接或间接影响的群体即为参照群体，它又可以分为直接参照群体和间接参照群体。此外，在参照群体中，还有个人期望归属的群体，即向往群体，如各种明星人物、权威人士等，他们会对消费者个体产生较大的影响，因此广告有时会选择名人出演，从而产生名人效应。与之相反，还有一种是个人讨厌或反对、拒绝认同的群体，即厌恶群体，广告传播要注意目标消费者的厌恶群体，避免引起他们的反感和排斥心理。

参照群体在展示新的行为模式和生活方式，宣扬对产品、企业的态度和看法等方面对消费者产生影响。参照群体还会形成对个人的压力，促使人们行为趋向一致化，在产品、品牌等的实际选择中发挥作用。因此，对消费者行为进行分析，要能准确判断出目标消费者的参照群体，从中发掘观念指导者，有重点地与他们进行沟通和交流，以使参照群体能发挥更大的正面影响。

(2)家庭。家庭介乎于社会和个人之间，它包容了个人，组成一个消费群体。特别是在我国，家庭在人们生活中占有重要的位置，因此要对现有家庭的模式和家庭对消费的影响进行深入的探讨研究。

一般来说，我国父母和子女一起生活的情况比较多，在传统家庭结构中，往往以多代同堂为荣耀。尽管现代的家庭结构发生了一些变化，但子女成年后仍然与父母共同生活的现象还比较多，而由妻子管理家政财务的情况也比较普遍。此外，家庭生命周期也是影响消费行为的一个重要因素。这些，都要在广告决策时予以认真考虑。

（3）社会角色与地位。每个人在社会中都扮演着一定角色，拥有相应的地位，这些都会对购买决策和行为产生影响。不同社会角色和地位的人，其消费行为也往往不同。通常，人们会选择与自己的社会角色和地位相吻合的产品及服务，而产品和品牌也有可能成为地位的象征。

社会阶层是影响消费行为的一个重要因素。所谓社会阶层，是指一个社会中具有相对的同质性和持久性的群体。每一阶层的成员都有类似的价值观、兴趣和行为。在消费领域，各种社会阶层对产品和品牌有着不同的喜好，对信息传播和接触的方式也有明显的差别。

4. 个人因素

消费者的个人特性，如年龄、性别、受教育程度、职业、经济状况、生活方式、个性和自我观念等，都会对消费行为产生一定的影响。

5. 心理因素

心理因素，如消费者的动机、感觉、学习以及信念和态度等也会对消费行为产生影响。

（1）动机。每个人都因生理上或心理上的紧张状态而有许多需要，当需要累积到足够强度的时候就成为动机，动机能引导和驱使人们去探求满足需要的目标。消费动机的产生比较复杂，对它的深入分析有利于更准确地把握消费者的购买行为。

（2）感觉。感觉是个人通过选择、组织并解释输入信息来获得对世界有意义的描述的过程。对于相同的事物、同样的情境，人们往往会产生不同的感觉，这主要是因为3种感觉过程在起作用。

①选择性注意。生活中人们会接触到大量的信息刺激，如铺天盖地的广告信息，这会使人应接不暇。据统计，西方发达国家和地区，人们平均每天要接触1 500多条广告，但实际上绝大部分信息并没有引起人们的注意，而是被过滤掉了。选择性注意的这种特点要求广告诉求要尽可能引起消费者的注意。

②选择性理解。引起消费者注意的信息，并不一定就被接受。通常，人们以所受信息刺激是否与自己先前的观念相吻合来决定是否接受它。

③选择性记忆。对于接触到的信息，人们一般只记住那些符合自己的态度和观念的信息，而忘记与此无关的其他信息。

（3）学习。学习是指由经验所引起的个人行为的改变，人类的行为大多来源于学习。在广告传播过程中，消费者由于需要，通过主动学习而获取相关的消费信息，从而改变对某些商品的态度，最终产生购买行为，这即是主动学习类型。此外，人们通过实践和学习，形成了自己独特的信念和态度，这些反过来会影响人们的消费行为。因此，对于广告策划来说，研究消费者的信念和态度也是非常重要的。

（三）消费者行为研究在广告活动中的作用

任何一个人既是社会的一分子，又是一名地地道道的消费者。20世纪科学技术的不断突破和发展，使得整个社会先后进入了机械化时代、电气化时代和信息化时代，世界的物质生产能力得到空前提高。而随着物质财富的日益增长，市场竞争日趋激烈，形成了以买方市场为主体的市场格局，此时的消费者拥有很大的购买选择权，即今天的市场已经进入了"消费者至上"的时代。也就是说，首先，企业生产什么、生产多少的决定权不在企业的手中，也不在政府的手上，而是掌握在消费者手中。企业只有生产出消费者需要的产品，即满足消费者的需求，才能把产品销售出去，从中获得利润。这是现代营销的基本观念。其次，不同消费者对于不同的产品拥有自主的决策权，他们可以根据自己的消费能力、消费习惯和个人爱好，自行安排自己的消费。他们能够选择和处理那些从广告或促销活动中获得的信息，保留自己感兴趣的内容，去除与之无关的部分。由此可见，在"消费者至上"的时代，对消费者行为进行研究具有重要意义，它对于广告活动有很大影响。

从广告受众的广告信息处理模型来看，消费者接触广告以后首先对广告产生知觉，然后认知品牌的属性或者产生对广告的态度，其结果会引起消费者的购买意图，最后在这些购买意图的驱使下去购买产品(见图3-4)。

消费者对广告信息的处理受到各种中介因素的影响，因而对广告反应的效果也是不一样的。图3-5概括了消费者对广告反应的中介因素与行为及结果因素，这些因素在不同的情况下，会影响广告活动的成效。

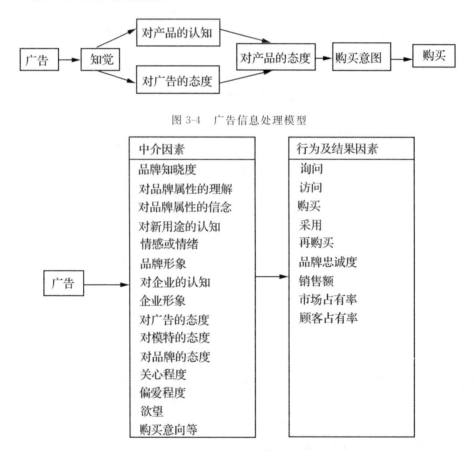

图 3-4　广告信息处理模型

图 3-5　广告、中介因素与行为及结果因素

综上分析，消费者行为研究在广告中的作用表现在以下方面：

首先，消费者行为研究是有效开展广告活动的保障。广告活动的目的在于找出恰当的信息，在恰当的时机，通过恰当的媒介来传播，以改变特定消费者对产品、品牌或企业的认知、情感、态度，进而改变消费者对特定产品、品牌的具体选择和购买行为。显然，在变幻莫测的市场环境下，了解并预期消费者行为的变化对制订正确的广告策略具有非常重要的意义。换句话说，广告活动要实现信息传递的有效性，就必须了解其目标对象是谁，目标对象的个性特征是什么，对某产品或品牌的已有认识是什么，有怎样的媒介接触习惯等一系列问题。只有这样，才能使广告活动有的放矢、有目标可循。

其次，消费者行为研究也是社会营销的重要参考。除了企业营销和商业广告活动之外，消费者行为研究在社会营销中也起到重要的作用。社会营销通过制定恰当的营销策略，使人们接受某一观念，促成对个体或社会具有正面影响的行动。社会营销多运用公益广告和公益活动的手段来实现其目标。尽管公益广告、公益活动没有商业利润作为衡量，但他们也要讲求社会目标、社会效益的实现。因此，将消费者行为研究运用于社会营销中，有助于提高公益广告、公益活动的针对性和有效性。例如，关于吸烟对人体的危害，常被作为主题用于公益广告和公益活动中。但是，对于那些已经习惯吸烟的人来说，这个主题的效果并不好。相反，美国一家组织经过研究发现，吸烟者最关心的不是吸烟的危害，而是自己的吸烟行为能不能被他所关心的人接受，于是改进后的广告运用了一些吸烟者情场失意、被同伴奚落或疏远的情节，收到了非常明显的效果。

此外，有关消费者行为的研究，不仅能够在营销与广告活动中发挥重要作用，还有助于政府部门制定相应的法规政策，以创建一个公平的消费环境，保护消费者的利益；可以使消费者的消费行为更加明智，对企业的营销策略有所把握，不至于被过度地操纵。

二、需要、动机与广告诉求

（一）消费者的需要和特征

需要是个体对内外环境的客观需求的反映，是产生行为的原始动力。人类的需要依据指向的对象，可分为物质需要和精神需要两大类。物质需要是实体性的，诸如衣、食、住、行；而精神需要是非实体性的，如求知、交往、审美、道德等。这两大类需要是相互交叉的。

社会中的每个人都有需要，有一些需要是天生的，另一些需要是后天产生的。天生的需要是生理需要，包括人们对食物、水、空气、衣服、住所和异性的需要。这些因素是维持生命所必需的，所以生理需要被认为是第一性的需要。后天产生的需要是我们对文化或环境作出反应时的需要，包括对尊重、声望、金钱、地位、权利以及学习的需要。由于后天产生的需要是心理上的需要，所以被认为是第二性的需要。它们是由个人主观的心理状态以及在社会中与其他人的关系而产生的。

在消费行为的领域里，消费者的需要特征往往表现出多元性、主导性和动态性。多元性是指消费者在购买某一种商品时，不只追求一个方面的满足，如购买皮鞋会有舒适、美观、耐穿、价格四方面的要求。而在多元性需要中，哪种需要起主导作用呢？也就是消费者在选购商品时首选的标准或关心点，如是价格还是美观？促销策略的制订和广告的诉求点，就要与消费者的主导需求相一致，如果错位，就会导致促销策略的失败。而需要的动态性，表现在随着社会的发展变化，人们的消费需求也会发生变化。

(二)马斯洛的"需求层次论"

人的需求和动机是复杂的,不少心理学家和社会学家对此做了深入的探讨。其中较为流行的观点是美国心理学家马斯洛的"需求层次论",他把人的需求划分为 5 个层次,这一理论包括 4 个方面:

(1)人类有 5 种基本需求,这 5 种需求是生理的、安全的、爱或归属的、尊重的以及自我实现的需求,并且按照由低级到高级的顺序排列着,形成金字塔的形状,最底部就是最基本和最低级的需求。

(2)上述 5 种需求是相互联系着的,并且每一种需求相对地形成层次,由低级(生理性的)需求向高级(心理和社会性的)需求递进发展;需求的层次越高,越不容易得到满足,也就越能吸引人去追求。

(3)未满足的需求将支配人的意识,并调动有机体的能量去获得满足;较高级的需求只有在较低级的需求得到满足后才会成为占主导地位的需求。

(4)已满足的需求不再是活动的推动力,新的需求会取代已满足的需求,成为待满足的需求。

(三)消费者的购买动机

需要是人的身心缺乏某种东西时的一种主观状态,它是一种内驱力,并不能直接推动行为发生。只有当有机体发现了目标以后,需要才会转化为动机。

动机是消费者某种消费行为的主观原因,它可分为内在动机和外在动机两类。内在动机是个体的本能;而外在动机是以外界刺激为诱因。广告就是一种动机的外界刺激的诱因。

人的行为,尤其是复杂的消费行为,往往不是一种动机在起作用,而是多种相互关联的动机同时起作用,它们构成了消费行为的动机体系。

1. 动机的构成形式

动机的形式有兴趣、信念和意图 3 种。

兴趣是人积极探索某种事物的认识倾向。兴趣的产生不但取决于客体的特性,也取决于个体的特性。对广告而言,当一个人对广告及广告内容产生兴趣时,他就能积极思考和感知广告中的细节,并进行有意的记忆。兴趣虽然是动机的重要方面,但不是主要的。

信念是行为的稳定而主要的动机,信念的形成来自于个体对客体作出的肯定认知,信念的形成能够推动人们按照自己的观念行动。

意图是动机的初级形式,是对需要的模糊反映,它推动人们进一步明确需要的对象,并产生相应的愿望。

根据上述不同的动机形式,对广告活动有以下几点启示:

①信念是购买动机的核心,广告要成为消费诱因,广告受众对广告内容能够充分理解并对广告产生信任是很重要的。如品牌形象的广告活动要针对目标受众的信念来展开。

②由意向变成购买愿望,依赖于需要对象的明确。因此,广告传播中要有目标消费者对产品或服务需要的信息,而且,广告所推荐的产品或服务是必需和有价值的。否则,受众的意识仍停留在意向状态,难以推动消费者的更高层次的动机。

③外界对象的特点能够引起个体的兴趣,广告如何才能引起目标受众的兴趣呢?新颖

性与兴趣存在密切的关系，广告的新颖性直接关系广告受众对广告信息产生的关注程度。所以，广告创意和表现要有原创性和新颖性。兴趣与信念的结合，将会引发购买活动的动机，因此是促销策略和广告策略的"真经"。

　　2. 动机的表现形式

　　一般来说动机的表现形式可以分为3类：

　　①感情动机。它包含情绪动机和情感动机两种。凡是由于好奇、高兴、快乐、好胜以及感激等情绪引起的购买动机，都称为情绪动机。这类购买的特点一般具有冲动性、即景性和不确定性。消费者的需求状态有两种可能性：低级的消除痛苦的需求和高级的自我愉悦的需求。这类动机是最为复杂的，广告的主题和诉求点也最难确定。但是，追求愉悦、消除痛苦以及满足好奇都是人的本性，因而广告的激发动机点应从以上几个方面入手，并注意现场环境的刺激作用。

　　情感动机是人的道德感、美感、集体感等社会因素引起的。例如，人们为了美的追求而购买艺术品，为了友谊而购买鲜花等。这类购买的特点具有稳定性，是人类高级需要的产品，广告的主题应注意把这种高级的动机追求与一般的低级需要区分开来，否则，会产生适得其反的效果。

　　②理性动机。这是建立在认知基础上的动机，一般与自身的生理、生存和提高生活质量有关，购买经过深思熟虑，一般比较注意商品的功能、价格、质量、技术以及维修等特点。针对理性动机的消费者，广告主题应以信息为主，提供消费者自我分析的资料，诉求点应根据不同的需要状态来选择，激发具体的动机。例如，商品房和个人电脑的购买都是理性动机驱动的行为，由于需求情况不一样，具体的动机也是完全不同的，前者可能是追求生活质量的提高，后者可能是追求个人的发展和自我实现。这里，虽然广告内容都应以信息为主，但诉求点却是不一样的。

　　③信任动机。信任动机是基于感情和理智的经验，对特定的品牌产生了偏爱和信任，使消费者习惯性地进行购买。这类动机往往也十分微妙，并不能很清楚地说明消费者的真实且具体的动机。多数情况下，这类商品对消费者的生活和工作的影响不是太大，价格也未必高，消费者往往借助商品特点表现自己的个性。所以，在这种情况下，广告对树立品牌的特定形象是非常重要的，可以说，形象是偏爱的基础，同时，也只有具有形象的产品才能体现人的个性。例如，有的人抽烟、穿衣就偏爱一种牌子，一方面是习惯，另一方面就是为了体现个性。所以，香烟或服饰的品牌也应该有一个具体的形象，这样有利于销售。

第三节　广告与传播

　　广告活动最基本的功能是传播功能。也就是说，广告是一种典型的传播行为，广告主和广告策划者是广告的传播者，广告信息是广告传播的主要内容，各种刊播广告的媒介是广告的传播媒介，而接触这些媒介广告的受众则是广告传播的受众。广告信息通过各种媒介传播给受众，并对他们产生不同程度的影响和作用的过程，就是一个完整的传播过程。广告与宣传报道、公共关系活动、人员推销活动以及促销活动一道，成为传播产品、服务、观念和树立形象的一种重要手段。因此，了解传播在广告活动中的作用是十分必要的。

一、传播的概念

(一)广告传播的概念

传播一词源于拉丁文 Communis，本义为"共同的"，也就是说，传播是一种人类活动，是信息发送者与接受者之间思想"达到共同"的过程。因此，从传播的角度来看，广告主与广告代理公司、广告媒介三方的合作，并不意味着广告活动的完成，只有当消费者以广告受众的身份参与进来之后，广告传播才能成为完整的活动。即只有当发送者与接受者双方共享传播的内容，传播的意义才算完整。

在广告传播过程中有一些核心概念：经验、思想、符号与标志，了解这些概念成为理解广告传播的基础。

经验泛指个体的全部生活经历。在信息发送者与接受者之间，共同的经历越多，相互分享的思想越多，交流就越顺畅。如在广告活动中，广告媒介代理和广告公司在谈到 POP（店面广告）广告时，由于他们拥有共同的经验，因此他们可以很好地交流。而对于那些不熟悉广告术语的人来说，POP 只是 3 个字母，是非常抽象的东西。经验的范围又称为知觉范围，为了达成有效的传播，广告传播者必须对消费者的经验范围有所了解，在此范围之内，选择和运用字形、图案、色彩、音响等手段进行广告创作。否则，脱离了接受者的经验，广告做得再有创意也不会得到认同，甚至无法获得广告受众的理解。

思想不会直接在传播中交流，只有当思想对于信息发送者和接受者都意味着同样的东西时，思想才能传播。由于信息符号可能对任何两个人都不具备完全相同的意义，因此，当彼此的经验没有重合时，传播常常无法进行。

在广告传播中，字形、图案这类符号至少具有三重含义：指示义含义、内含的含义和背景的含义。随着个人经验范围的变化，社会的发展，符号的含义也会发生变化。一般说来，同一语言的人所理解的指示义含义大体一致，他们从小就从生活中学会了字形、图案等代表的指示义含义。内含的含义是对"符号——物体"关系的个别的、特殊的理解，它比指示义含义更主观、更具有模糊的特点。比如，对广告中的"高档"一词，不同人有着不同的理解，这在很大程度上取决于他们各自的消费观念。受众接受信息时所处的背景也会产生背景的含义。在广告活动中，广告本身的背景特点及其借助的媒介都会影响人们对信息的理解。例如，在西方，人们总是把啤酒与棒球联系起来，所以对播出棒球节目时插播啤酒广告，人们已司空见惯，广告也比较有效。

从静态的角度来理解广告传播的概念，可以认为，广告作品是多种符号的综合。作为传播者，广告人的工作就是制造符号。他们根据自己的经验和调查结果来选择视觉的或听觉的符号，以此向消费者传达广告信息。而广告信息能否引起消费者的兴趣，以及消费者是否会感到广告能给他带来好处等，不仅取决于传播者的水平和能力，更取决于受众的心态、背景、经验、认知能力等。也就是说，传播者的主观意图仅仅是广告传播的一个方面，客观效果如何，更取决于受众接触到广告之后的反应，这就是广告传播的核心概念。

(二)广告传播流程

广告不是静态的展示，而是动态的过程。

从动态的角度来看，任何一种刺激都会引起反应，这就是心理学中所说的刺激反应模式(S—R 模式)。(见图 3-7)

图 3-7 S—R 模式

把这个模式应用于人类的传播活动，将传播视为一种刺激形式，那么必然会有相应的反应(反馈)产生，由此形成一个传播系统。(见图 3-8)

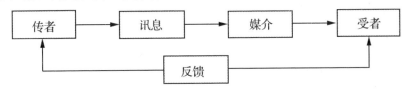

图 3-8 "S—R"模式在传播流程中的运用

传者将信息通过媒介传递给受者。假如你想星期天上午邀请一位朋友打羽毛球，在这个信息传播过程中，你就是传播者，信息内容即"星期天上午到某体育馆打羽毛球"，你用来通知朋友的电话就是媒介，你的这位朋友就是受者。最后通过反馈，你可以知道你的朋友是否接受了邀请，这样，当你用电话或信函来邀请朋友打羽毛球时，你就有意无意地在运用基本的传播模式了。如果这个模式的范围扩大，就形成了大众传播(见图 3-9)。

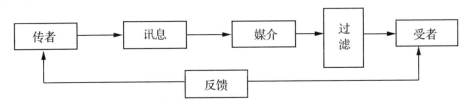

图 3-9 大众传播流程

在广告活动中，人们曾经认为，广告播放的频率越高，传播面越大，刺激越强，消费者的反应也就越强烈；然而，事实并非如此，大量的调查表明，人们在传播过程中并不像人们所认为的那样无能为力，只有那些极少接触世面的人才容易被大量的信息所操纵。研究证明，多数人有能力筛选、过滤那些不需要的或无用的信息；此外，传播过程也并非是不受干扰的，在传播过程的每个环节都可能出现"噪声"的干扰。

(三)广告传播流程中的要素

上面我们简单介绍了广告的传播流程，概括地说，其基本构成要素有信源、编码过程、信息、传播渠道、译码过程、受众、反馈和噪声等。信源和受众是传播过程的参与者，信息和传播渠道是参与者借助的传播物体，编码、译码和反馈是传播过程的功能，噪声是妨碍传播效果的因素。

1. 信源

信源(又称传播者、发送者或编码者)，因为要与另一个人、一小群人或一大群人分享观念或思想，因而处于传播过程的第一环。在广告传播活动中，信源，也就是广告的传播者，主要由广告客户、广告代理公司、广告制作公司、广告设计公司等构成。

每个传播信源都有各自不同的传播环境，广告的信源识别是个特殊的范畴。一般说来，广告制作者和广告代理公司不会被当作真正的信源，即使是广告客户，也常常不被当作信源，而只有他们的品牌、产品名称才被消费者认为是信源。信源越可靠，广告也就越有说服力。

2. 编码和信息

为了实施传播，信源必须将观念或思想变成信息，这个变换过程就称为编码。编码需要进行符号创造。而信息，则是信源对某一观念或思想进行编码的具体结果，它是传播，特别是广告传播的核心。实例表明，广告信息的质量比负载广告的媒介或广告背后的资金更重要。每条广告信息都由两方面组成："说什么"（内容）和"怎么说"（表现方式）。信息的质量主要由编码过程来决定，无论是广告的内容还是表现方式，不同的编码过程会形成不同的信息，使广告的效果大不相同。

3. 媒介

媒介是将经过编码的信息传达给受众的渠道。媒介到达预定目标市场的能力是选择媒介的前提，而广告传播中的媒介选择还必须考虑费用、时间与媒介的背景及产品自身的特点等多方面的因素。不同的广告主会根据各自特定的市场营销情况以及企业自身不同的营销战略来选择适合自己的媒介组合。

4. 受众与译码

受众是信息传达的目标。正如美国消费行为学家威廉·威尔姆所说："受众是实际决定传播活动能否成功的人。"当受众将信息译成对他们有意义的形式时，传播才算真正开始。由于受众是传播过程的主动参与者而非被动接受者，因此，传播活动的成功与否，牵涉两个相关的调查领域，即受众行为和消费者行为。

从调查中得知，广告受众带入信息所处背景中的全部生活经验会影响到他们的译码活动。有时，受众是一些头脑清醒、逻辑严密的译码者；有时，他们又沉湎于享乐，不受理智支配，全凭感情行事。在整个译码的过程中，每一种驱使受众译码的因素都是由社会、经济、文化和心理等多种因素组合而成的，即使可以精确地界定和预选受众，他们的译码效果和随之采取的行为也是很难预测和控制的。

5. 反馈

反馈是指传者对接受者的信息的反应或回应。反馈能告诉信源，传播实际上完成了多少。反馈可以是即时的，如面对面的人际交流，也可以是延迟的，如信件、广告等。测评反馈的技术虽然还不够完善，但却是广告策划的基础。

6. 噪声

噪声是干扰信息传播过程，妨碍传播效果实现的各种因素。噪声可以是物理的，也可以是人为的。它只能尽可能地被减少和避免，但不可以完全消除。通常，噪声分为3类：

(1)环境噪声，指信源和受众在交换信息时的外部干扰。当你看报纸时，周围人的谈话就是一种环境干扰。

(2)机械噪声，指交流过程中由机械问题而引起的干扰。如双方正在打电话，突然电话中途掉线没声了。

（3）心理噪声，指由于信源和受众的编码、译码错误或疑问而引起的干扰。如，表达意思时选错了词，或选用的词有歧义。心理学研究表明，人在进人广告传播时就带着先人为主的自我防御意识。他们知道那"不过是广告"，他们可以轻而易举地避开它，完全不接受，或者曲解广告的本意。要克服这种先人为主的心理噪声，广告必须在设计、制作和安排上抓住受众的注意力，减少误解，便于他们记忆。

我们认识了噪声的存在，它可能出现在传播的各个环节。既然在实际广告传播中，我们无法完全彻底地清除噪声的干扰，那我们就应该尽可能避免它。因此，对于广告主和广告公司来说，应该从受众的角度来看待产品与广告，预测传播过程中可能遇到的噪声，并采取相应的对策，使广告传播取得更为理想的效果。

二、广告传播的功能

传播功能是广告最基本的功能，作为一种独特的传播形式，广告具有 4 种基本的传播功能：促进功能、劝服功能、增强功能和提示功能。

（一）促进功能

广告的促进功能使消费者从未决定购买状态进入某种购买行为状态。广告的促进功能就是加强消费者现有的需求和欲望，使他们感知和了解广告信息。这种形式的广告最具有信息性，此时，做广告的产品一般正处于其生命周期的导入期，产品正被引入市场。

（二）劝服功能

广告的劝服功能也可以使消费者从未决定购买状态进入某种购买行为状态。广告不仅要加强消费者现有的需求和愿望，使他们感知和了解信息，还要增强他们的感觉和情感，使他们偏好于某一产品。劝服性广告常用于产品生命周期的成长阶段和成熟阶段，这时，市场竞争激烈，消费者已经感知并了解了产品所提供的利益。

（三）增强功能

广告的增强功能和提示功能出现在消费者的购买行为之后。增强性广告用来保证消费者的购买决策，常用来确保对某些产品或服务的少量购买，如保险、汽车、计算机、电信服务等。

（四）提示功能

提示性广告触发消费者的习惯性购买行为，一般用在产品生命周期的成熟阶段和衰退阶段，往往是消费者常买的产品。广告画面一般处理得简单、明了、易认，通常不使用太多的广告语言。

对广告而言，要实施任何一种传播功能，都需要一系列的传播活动。这种"系列的传播活动"实际上就是"说什么"和"怎么说"，以及发布策略上的"排列组合"。而这种"排列组合"方式不管如何变化，其传播功能所带来的广告传播效果层次是相对固定的，即广告传播效果层次是由浅入深的，这 3 个方面为：①认知（感知和理解）层次；②情感体验（喜爱和偏好）层次；③行为（尝试和购买）层次。

第四节 广告文化

一、文化的概念及特征

（一）文化的概念及内涵

文化（culture）是一个非常广泛和颇具人文意味的概念，给文化下一个准确或精确的定义，也是一件非常困难的事情。文化，就词的释意来说，文就是"记录、表达和评述"，化就是"分析、理解和包容"。文化的特点：有历史、有内容、有故事。文化是一种社会现象，它是由人类长期创造形成的产物，同时又是一种历史现象，是人类社会与历史的积淀物。确切地说，文化是凝结在物质之中又游离于物质之外的，能够被传承的国家或民族的历史、地理、风土人情、传统习俗、生活方式、文学艺术、行为规范、思维方式、价值观念等，它是人类相互之间进行交流的普遍认可的一种能够传承的意识形态，是对客观世界感性上的知识与经验的升华。文化通俗表达是指长时期大群人的一种"公共生活"，而个人生活则只是一种"私生活"。中国文化就是中华民族经过长时期变化蕴积而到今天所成的"公共生活"。中国传统文化包括思想、文字、语言，其次是礼、乐、射、御、书、数，而后是书法、音乐、武术、艺术、民俗、节日、娱乐等。如中国传统文化中"仁义礼智信"的"五常"之道，是讲做人的道德标准和伦理原则，以此道处理人与人的关系，达到沟通、谐和与感通。"忠孝廉耻勇"倡导人的信守，是为人处事的原则。一些人对中西方文化进行对比，认为中国文化是向内的，西方文化是向外的；中国文化是静的，西方文化是动的；中国文化讲心，西方文化讲物；中国文化讲道德，西方文化讲规则。凡此种种，说明文化与人类文明的演变密切相关。文化中有糟粕也有精华，比如中国儒家文化中"君君、臣臣、子子""君要臣死，臣不得不死"，这和其中几千年的封建专制下，皇权天授（封禅），而个体之生命如草芥有关系。

19世纪下半叶英国著名学者 E. B. 泰勒在《原始文化》中的解释是文化是作为社会成员的人类所取得的知识、信念、艺术、道德、法律、惯例及习惯的复合总体"；人类学者林顿将文化定义为："作为学习的行为和行为结果的结合体，它们的构成要素由特定社会的成员共同拥有并流传。因此，文化是特定社会的成员为适应周围环境而设计自己人生时所产生的独特的生活方式及一种社会性遗产。即若社会是器皿，那么文化就是器皿里的内容。"

一般认为，文化应有广义与狭义之分。广义文化是指人类创造的一切物质财富和精神财富的总和；狭义文化是指人类精神活动所创造的成果，如哲学、宗教、科学、艺术、道德等。由于我们主要关注的是文化对消费者行为的影响，所以我们将文化定义为一定社会经过学习获得的，用以指导消费者行为的信念、价值观和习惯的总和。

（二）文化的特征

为充分理解文化的内涵和外延，弄清文化的特征很有必要。文化概括起来有这样一些特征：

1. 文化的习得性

每种文化都是人们通过学习而得到的。学习有两种形式：一是"文化继承"，即学习自己民族(或群体)的文化。正是这种学习,保持了民族(或群体)文化的延续,并且形成了独特的民族(或群体)个性。中华民族由于受几千年传统儒家文化的影响,形成了强烈的民族风格与个性,仁义、中庸、忍让、谦恭的民族文化心态表现在人们的消费行为中就是随大流,重规范,讲传统,重形式等。这同西方人重视个人价值,追求个性消费的生活方式正好形成了鲜明的对比。二是"文化移入",即学习外来文化。在一个民族(或群体)的文化演进过程中,不可避免地要学习、融进其他民族(或群体)的文化内容,甚至使其成为本民族(或群体)文化的典型特征。例如,中国人现在已经习惯了穿西装,就是学习借鉴西方服装文化的结果。

2. 文化的共享性

构成文化的东西,必须能为社会中绝大多数人所共享。显然,共同的语言为之提供了基础,任何执行社会化任务的机构,都为文化的共享起到了作用。在现代社会里,大众媒体在传播文化中更是有着无与伦比的地位,而媒体中的广告,则不时地向受众传递着重要的文化信息:怎样穿着才合适;怎样装饰住宅才体面;拿什么样的食品招待客人才不落伍等。

3. 文化的无形性

文化对消费者行为的影响和引导就像一只"看不见的手"。文化对人们行为的影响是自然而然的,因此人们根据一定文化所采取的行为通常被看作是理所当然的。例如,要理解有的社会中,人们每天使用各自喜爱的牙膏刷两次牙是一种文化现象,就要知道另外一些社会中的人根本就不刷牙,或者以非常不同的方式刷牙这种现象。

4. 文化的发展性

为了实现满足需要的功能,文化必须不断改变,以使社会得到最好的满足。导致文化变迁的原因很多,诸如技术创新、人口变动、资源短缺、意外灾害,在当代,文化移入也是一大原因。文化的变迁,最明显的表现为风尚演变,这是营销者应当密切关注的。比如在现代,当人们健康意识增强的时候,街头一下子出现了许多跑步者、散步者和步行者,一些厂商便看准时机,迅速推出各种舒适的适于运动的产品,结果大获成功,而反应迟钝的有关厂商则错失机会。

(三)亚文化

亚文化,是指某一文化群体所属次级群体的成员共有的独特信念、价值观和生活习惯。每一亚文化都会坚持其所在的更大社会群体中大多数主要的文化信念、价值观和行为模式,同时,每一文化都包含着能为其成员提供更为具体的认同感和社会化的较小的亚文化。例如企业文化也是由许多亚文化构成的,包括部门文化、职业文化等。同一亚文化群体的成员具有某些共同的信仰、价值观念、爱好和行为习惯。因此,营销人员往往可以根据各亚文化群体所具有的不同需求和消费行为选择不同的亚文化群体作为自己的目标市场。

亚文化有许多不同的分类方法,目前,国内外营销学者普遍接受的是按民族、宗教、地理、性别、年龄等人口统计特点来划分亚文化的分类方法。

1. 民族亚文化

大部分国家由不同民族构成,不同的民族,各有其独特的风俗习惯和文化传统。民族亚文化对消费者行为的影响是巨大、深远的。比如我国是一个统一的多民族国家，除汉族外，还有 50 多个少数民族，其中人口超过百万的就有 10 多个。各个民族在宗教信仰、崇尚爱好和生活习惯方面都有独特之处，尤其要注意的是他们还有着不同的禁忌。

2. 宗教亚文化

不同的宗教群体，具有不同的文化倾向、习俗和禁忌。如我国有佛教、道教、伊斯兰教、基督教等，这些不同宗教的信仰者都有各自的信仰、生活方式和消费习惯。宗教能影响人们行为，也能影响人们的价值观。

宗教因素对于企业营销具有重要意义。宗教可能意味着禁用一些产品，如印度教禁食牛肉，犹太教和伊斯兰教禁食猪肉。这些禁忌往往一方面限制了一部分产品的需求，另一方面又会促进另一些产品特别是替代品的需求。伊斯兰教对含酒精饮料的禁忌，使碳酸饮料和水果饮料成了畅销品；牛奶制品在佛教徒中很受欢迎，因为他们当中很多人是素食主义者。宗教也可能意味着与一定宗教节日有关的高需求、高消费期，如基督教的圣诞节。

3. 地理亚文化

地理环境上的差异也会导致人们在消费习俗和消费特点上的不同。长期形成的地域习惯，一般比较稳定。自然地理环境不仅决定着一个地区的产业和贸易发展格局，而且间接影响着一个地区消费者的生活方式、生活水平、购买力的大小和消费结构，从而在不同的地域可能形成不同的商业文化。比如我国历来有南甜、北咸、东辣、西酸的食品调味传统。最简单的区分方法是把全国分成两大部分，即南方和北方。在我们的印象中，南方人聪明机灵，北方人热情直爽；南方人喜欢吃米饭，北方人爱吃面食；等等。

4. 性别亚文化

性别亚文化不仅是一种生理的现象，也是一种文化的现象，至少在任何文化中对不同性别都有着不同的规范要求，那么，在某种意义上可以说，不同性别的人有着不同的亚文化。尽管在医学和心理学上，学者们对性别的划分近来有着不同的看法，但在消费者行为研究上，区分为男女两大性别也就可以了。例如，女性消费者一般在消费行为中有着以下特点：第一，利用直观，追求美感；第二，购买中常含情感；第三，注重实用，考虑周全；第四，注重别人的评价。

5. 年龄亚文化

不同年龄段的人，实际上也构成一个亚文化。尤其在现代社会，代与代之间的差距（代沟）越来越大，这与从其他角度来看的文化越来越接近和趋同，形成鲜明对照。例如，少年儿童、青年、壮年、中年、老年这 5 个年龄阶段的消费者各有不同的消费特点。

二、广告文化的概念及特征

(一)广告是重要的文化现象

广告是经济和文化的结合体，它在推销商品的同时也传播着文化。这种文化带着明显的时代文化的痕迹。早在 1927 年，戈公振在《中国报学史》中就说过，"广告为商业发展之史乘，亦即文化进步之记录"。无疑，广告在追求商业目的的同时，还蕴藏着某种文化观念和文化价值，而这些文化价值和文化观念对人起着潜移默化的教化功能。成功的广告往往有其深厚的时代文化内涵，它是时代进步文化的一面镜子。

1986年5月，在芝加哥举行的第30届世界广告大会上，美国广告界的知名人士迪诺·贝蒂·范德努特认为当今的广告活动不仅影响了世界文化，而且广告工作日益成为当代文化整体中的一部分，广告活动是文化的传播者和创造者。"的确，虽然广告活动离不开推销的本质和商业性的目的，但广告的表现形式却是文化性的，它是一定社会文化的产物。

由于广告主、广告人、广告受众是具有一定社会文化习俗的人，因此不同民族社会的哲学观念、思维模式、文化心理、伦理道德、风俗习惯、社会制度乃至宗教信仰等，都不可避免地会对广告产生影响，从而形成了某个民族或国家的广告风格和流派，任何一个社会的广告无不带有该社会文化斧凿的痕迹。反过来考虑，广告本身也是一种文化。广告除了具有商业性外，其内涵还体现了广告主及广告制作者对生活的理解及其价值观念。广告能否被认同、接纳，关键看广告本身能否体现传播对象的共同经验、价值取向。如某品牌的手表广告说出手不凡的某某表"，它传递的是该手表所代表的身份；而某牌子表的广告则说把握时间，走向未来"，它体现的是一种对时间的珍惜及节奏感，展现进取向上的精神。尽管这两种广告体现了不同的价值观与诉求方式，但它们都表达了不同人群的追求与观念。由此可以看出，广告在宣传商品或服务的同时，也在自觉不自觉地输出着某种文化意识，改变着人们的思想和价值观念，引导着人们的行为与生活方式，在刺激物质需求的同时也刺激人们的精神需求。广告的生命力在于创新求异，具有现代气息和催化作用的广告宣传必然或多或少地改变着一些传统文化，推动了文化的发展。广告正在成为一种特殊的社会文化现象，它是指广告信息传播过程中整体价值观念的体现与对群体行为模式的引导。

（二）广告文化的特征

1. 广告文化与文学结合日益紧密

广告文化性的体现，首先表现在广告的形式上呈现出与文学艺术结合的趋势。现代广告具有极大的包容性，它吸收了几乎所有的文学形式来为其服务。它的文体涉及多种形式：说明体、论说体、诗体、散文体、故事体、歌曲体、相声体、戏曲体……还有各种各样的修辞格式，总之，凡是能够吸引消费者眼球的手段和方法都在被广告人挖空心思地使用。其次，广告文化性体现在推销动机上反映了推销是有不同层次的。推销动机可以分成3个层次，即推销产品、推销服务和推销观念。推销产品是广告最基本、最直接的目的．它主要介绍产品的功能、特点、用途、款式等；推销服务比推销产品更进一层，它不只把产品推销出去，还要考虑消费者在使用产品过程中的满意程度；推销观念是推销中的最高层次，它采用劝服消费者接受一种观念的办法来达到销售目的。比如随着人们生活水平的提高，在饮食上人们追求吃得好，这时菜肴的色、香、味、造型都成了饮食的需要；在穿着上，追求穿得美观、高雅，而服装的款式、色彩、质地成了考虑的主要内容。这些充分说明了人们在追求商业消费的同时，也在追求文化消费。随着推销层次的提高，广告的商业性在逐步减弱，广告的文化性却逐步加强。

2. 广告文化对现代社会具有巨大的影响和流行导向作用

改革开放以来，我国封闭多年的国门再次打开，人们接触到更多的新鲜事物，包括外来事物，促进了多元化的文化交流。大量的外来文化、思想、观念涌入中国人的头脑，影响、改变了人们的生活方式，也促进了商业的繁荣。比如把圣诞节引进中国，只是商家的一种促销手段。圣诞节是一种宗教、文化观念，每年的圣诞节对众多商家来说无疑又增添了新的商机，圣诞树及各种圣诞礼物的出售为商家带来了良好的收益。麦当劳、肯德基的快餐文化，使人们看到了我国民族餐饮业在质量、卫生、管理方面的不足。许多有良好创意的广告在创造着大众文化，引导着人们的消费潮流。如儿童用品广告"妈妈，我要喝——娃哈哈果奶"；雀巢咖啡"味道好极了"；在冬天告诉您"果珍要喝热的"。不少消费者和经销商都有这样的感觉：今天广告宣传什么，消费者就会紧跟着去购买什么，商业繁荣和文化传播是互动的关系。对于广告策划者来说，可以借用中外文化的传播，对人们施加某一方面的影响，激起人们的购买欲，也就带来了经济与商业的更加繁荣。

3. 广告文化极大地促进了各地区间的文化交流

广告文化一经产生，或多或少地对人们的社会行为和价值观念起了某些冲击作用。特别是电视广告中五彩滨纷的世界，使农村群众认识了城市的生活方式，产生了各种各样强烈追求现代文化的欲望。开放的传播网络促使封闭的自然文化解体，从而形成了文化民主意识。对广告中宣传的生活方式的模仿，形成了人们心理、文化变迁的动力。随着现代科学技术的发展，个体与整个人类共同分享信息的愿望成为现实。不同文化的人们心理距离在缩小，差异性日渐模糊，共同点日渐增多，人类文化的融通性大大增强。广告信息的跨文化传播越来越多，广告信息的共享度越来越高，这已经成为当今世界广告文化的一个发展动向。

4. 广告文化受到当地文化的制约

文化制约着广告的诉求和表现策略，也制约着受众对广告信息的接受和理解。处于某种文化背景中的受众，有其特定的价值观念，在这种价值观念的制约下，受众对于什么是对自己有价值的信息有着鲜明的判断和选择。因此，广告应该以符合受众的价值观念、能够引起受众兴趣的信息为诉求重点。同时，在文化的制约下，受众有其特定的审美观念，因此，广告表现应该与受众的审美观念相契合，而不应该将传播者的审美观念强加给受众。

5. 广告文化具有强烈的示范效应

在文化传播日益多样化的今天，名人广告、名人效应被更多地应用于广告活动。现代的通俗文化不断演绎着各种爱情、神奇、未来、情感、困惑等。这一切通过广告的强大传播攻势，就会决定现代的年轻人今天做什么、想什么。在当今信息时代，消费者被形形色色的信息所包围，面对如潮水般涌来的信息，人们总是首先对熟悉的、有权威的、典型的人和事发生兴趣并作出反应。当广告中的文化与产品或品牌代言者相关联，广告信息源的可信度便能有效增强。中国著名篮球明星姚明曾经成为麦当劳的形象大使，这就会带动众多的球迷去模仿他。同样，一个明星在广告中使用了某种化妆品，也同样让追星族兴奋不已，从而带来巨大的消费。今天，广告文化已经和当代的电影、电视剧、网络及网络游戏等一起相互渗透，相互融合，共同促进发展。

思考与练习

1. 广告在市场营销中占有什么样的地位？
2. 影响消费者消费行为的因素有哪些？
3. 目标市场与广告对象有哪些区别和联系？
4. 广告传播具有哪些基本功能？
5. 文化对广告有哪几方面的影响？
6. 广告文化的基本特征有哪些？

案例讨论

雀巢咖啡

20 世纪 80 年代，两大速溶咖啡品牌麦斯威尔和雀巢共同进入中国市场。而如今雀巢咖啡在中国市场的销量远高于麦氏咖啡，为什么呢？

一、明确目标客户，洞察客户内心需求

在刚进入中国市场时，两家世界速溶咖啡巨头分别委托不同的公司对上海市场进行了市场调查。麦氏委托调查的结果是中国虽然人均收入不到 100 元/月，但与西方人一样，向往西方的生活方式，内心追求时尚与品位，随着中国从国门封闭走向开放的全球环境和经济的发展，人们的收入会增加，物质生活会从温饱走向小康，而首先富裕起来的文化人（如教师、医生、律师、公司职员等都市白领）会成为中产精英阶层，其追求时尚休闲的生活会变成现实。因此，把潜在的目标客户定位为知性的文化人。于是有了一句非常文雅的广告语：麦氏咖啡"滴滴香浓，意犹未尽！"

相反，雀巢公司发现，20 世纪 80 年代初上海的市场调查，女大学生最喜欢嫁的职业对象是什么？结果出乎人们意料，女孩子第一希望嫁的人是出租车司机？！因为那时候，出租车在中国刚刚兴起，拥有自行车都是了不起的身份象征，而小轿车更是遥不可及的奢侈品，拥有出租车就象征富裕阶层，出租车司机的收入往往是其他工作收入的十几倍甚至几十倍。而且，他们还发现一个特殊的现象，人们喝完以后会把雀巢咖啡的玻璃罐子用作喝水的工具，甚至成了炫耀其富裕生活的标志。雀巢公司预见 80 年代的中国还出现不了大量的中产精英阶层，而买得起才是关键。因此，其目标消费者绝对不是大学教师、知识分子或都市白领，而是靠市场空隙、敢于冒险、靠政策致富的生意人。这些人有钱以后，会标榜风雅，尝试新鲜事物。

二、广告诉求明确

在今天看来，喝速溶咖啡这样极其平常的生活方式，在中国当时却是代表比较高档的消费并成为炫耀身份的行为。雀巢公司洞察到市场的现实状况，了解到人们需求的真实想法。于是，有了让目标消费者最容易理解的广告语："雀巢咖啡，味道好极了！"这句广告语的语境，不仅是称赞其味道，而且暗示 20 世纪 80 年代买得起的年轻一族冒险家，雀巢咖啡既是张显品质的生活形象，又标榜炫耀购买的能力。

于是，两个不同的广告所带来的广告效应产生了。"意犹未尽"虽然能够有更多的联想，但这类文化人味道的语言不能一语言中现实客户的心声，尤其以茶为主饮的茶文化大国的中国人，更不容易轻易改弦更张。相反，对城市中年轻一族，一句"味道好极了！"更好记好用。这句话天天都在暗示，习惯成自然，雀巢成了 20 世纪 80 年代后期到 90 年代中期人们标榜生活档次和速溶咖啡的代名词，抢占了速溶咖啡市场第一品牌的位置。这个概念在人们的心目中一旦形成，就很难改变。

三、在成长期和成熟期及时调整目标对象

随着时代的发展，人们的生活水平和生活方式已经有了很大的改变，城市中产精英力量逐渐形成，速溶咖啡成为 20 世纪 90 年代城市白领青年的标志饮料，雀巢咖啡也不断调整其目标对象，将广告对准都市白领一族，在电视广告、杂志广告中推出以下广告语：

每刻精彩瞬间，每杯雀巢咖啡。

香醇体验，随时拥有。

再忙也要和你喝杯咖啡。

雀巢咖啡，与你迎接每一个新日子。

每时每刻，都有雀巢与你相伴。

我的灵感一刻，我的雀巢咖啡。

随着速溶咖啡市场的成熟，麦氏咖啡虽然也在不断通过广告进行市场的竞争，但由于错失了营销的机会，在中国市场上始终无法与雀巢咖啡抗衡，屈居于雀巢咖啡之下。而且由于雀巢品牌已经深入人心，随后其品牌延伸到冷饮、奶粉等行业中。

第四章　广告媒体

【学习目标】

1. 了解广告媒体的内涵及功能，知晓广告媒体的类型、特点和作用；
2. 重点掌握电子媒体广告、印刷媒体广告的特点、优势；
3. 了解广告媒体的选择方法、选择技巧和选择程序，以利于正确、科学地选择适用的广告媒体进行广告信息发布。

第一节　广告媒体概述

在现代广告活动中，广告信息必须借助于广告媒体进行发布和传播，研究各类广告媒体的特点、功能，恰当地选择有效的广告媒体进行最佳的优化组合，对于增强广告效果意义重大。

一、广告媒体的定义

媒体又称媒介，是指将信息传递给社会大众的工具。广告媒体是指实现广告主与广告对象之间联系的物质或工具。凡是能刊载、播映、播放广告作品，在广告宣传中起传播广告信息作用的物质都可称为广告媒体。例如，大众传播媒体（包括电视、广播、报纸、杂志）、路牌、交通工具、互联网、手机、霓虹灯、商品陈列、橱窗、包装物以及产品说明书、企业名录等。

二、广告媒体的沿革

广告媒体有着悠久的历史，在人类社会出现广告之后，广告媒体也就与之密不可分地联系在一起，广告业的发展历史实际上就是广告媒体的发展历史。随着经济、文化和科学技术的发展，广告媒体也经历了一个由简单到复杂的历史过程。

（一）古代广告媒体

在人类社会发展的早期所采用的广告媒体都比较原始和简单，其形式多种多样。最早的叫卖广告的媒体实际上就是以卖主之口以及能发出各种声响的工具，如卖布商的拨浪鼓、卖油商的油梆子、卖麻糖者敲击的铁板、货郎担主的小铜锣等。后来，又出现了幌子、门匾、灯笼、招牌之类的广告媒体。

古代的广告媒体，从其主要特点来看，广告的内容和形式都比较简单，广告的传播、影响范围也非常有限。时至今日，古代的许多广告媒体仍在使用。

（二）近代广告媒体

进入近代社会之后，随着资本主义经济的逐步发展，大规模工业生产的兴起，商品市场的扩大，自由竞争的激烈，为广告业的发展提供了契机。对于广告媒体而言，最大的特点就是媒体的大众化，这一特点的形成标志是报纸、杂志这两种大众传播媒体的兴起。

1609年，人类第一张印刷报纸出现之后，报纸与随后出现的杂志一同登上了广告媒体的舞台。报纸、杂志广告由于传递迅速、内容丰富、影响面广泛等优势，一举成为广告媒体最重要的支柱。

报纸和杂志这两种广告媒体的出现，使广告业从观念到实质都发生了根本的变化。无论是广告主还是广告商，都不再囿于以往狭小的经营圈子，而把目标定向为一个更新、更大的空间，期望着通过广告把自己的经营范围扩展到世界的每一个地方。

（三）现代广告媒体

19世纪末20世纪初，在经济和科技的推动下，广告媒体得到了空前的发展，越来越多的物质和工具被开发和利用，成为广告的传播媒体。20世纪以来，随着无线电和电视的发明，为广告媒体开辟了新的领域。它们以其自身的优势，异军突起，与报纸、杂志一起垄断了广告市场，成为四大广告媒体。目前，霓虹灯、灯箱、电动广告牌、电子显示屏、幻灯、摄影、气球、激光、飞机、火箭等各种新型的广告媒体层出不穷。随着卫星通信、计算机网络和信息高速公路的开通和发展，广告媒体正向电子化、网络化方向发展。可以看出，广告媒体日趋多样化和科技化已成为现代广告媒体的一个显著特点。

人类的追求永无止境，广告媒体的探索和运用也永无止境。有人预言，随着广告业的发展，人类一切能看到的、听到的东西，只要允许，只要需要，都有可能成为广告媒体。

三、广告媒体的分类

（一）按媒体的传播方式划分

（1）视觉媒体：视觉媒体包括报纸、杂志、邮递、海报、传单、招贴、日历、售点广告以及户外广告、橱窗布置、实物和交通广告等媒体形式。其主要特点是通过对人的视觉器官的信息刺激，影响人的心理活动中的感觉过程，从而使人对广告的内容留下印象。

（2）听觉媒体：听觉媒体包括无线电广播、有线广播、宣传车、录音机和电话等。其主要特点是通过对人的听觉器官的信息刺激，激发人的心理感知过程，使人留下印象。

（3）视听两用媒体：视听两用媒体是用语言、音响、文字、形象、动作、表情等方式，通过刺激人的视觉和听觉器官来激发其感知过程，完成其信息传递的媒介，包括电影、电视、表演性媒介等。

（4）嗅觉媒体：嗅觉媒体包括各种香味广告媒体。例如，美国香水厂商在各种杂志中埋设"香水地雷"。当人们翻阅杂志，触及"香水地雷"时，名牌香水的芬芳就扑鼻而来，引起人们的购买欲。现在，美国人也把香味广告推广到其他行业。制造商将巧克力、水果、鸡肉、咖啡、皮革等的味道制成味浆，然后掺进印刷材料中印成广告，附在如《小姐》《男人世界》《建筑文摘》等杂志中，以招徕更多顾客。还有将酒类、食物和调味品的香味"注入"杂志里的嗅觉广告。

（二）按媒体的传播途径划分

（1）印刷媒体：印刷媒体是指以文字为传播符号，以印刷品为符号载体的媒介。印刷媒体主要包括报纸、杂志、小册子、传单、商品目录和说明书、年历、包装纸等。

（2）电子媒体：电子媒体（又称电信媒体）是一种光电性能的媒体，包括电视、广播、电影、霓虹灯、电子显示屏幕等。因其与当代科学技术联系紧密，所以具有极强的时代特征。电信媒体传播信息迅速、广泛、适应性强、感染力佳，在各类媒体中后来居上，独领风骚，越来越被人们所看好。

（3）邮寄媒体：邮寄媒体是通过邮寄信函的方式传递信息的媒体。它包括广告信函、商品目录、产品说明书、征订单等。邮寄媒体的针对性强、形式简单、效果明显，在现代广告战略中使用较多。

（4）销售现场媒体：销售现场媒体，是在销售场所开辟的传播媒介，如橱窗等。

（5）户外媒体：户外媒体是室外露天的各种广告媒体的总称。它包括招贴、路牌、屋顶、霓虹灯、灯箱等形式。户外媒体具有周期长、美观醒目、成本低等特点，也是常用的广告媒体。

（6）交通媒体：交通媒体是指利用移动的交通工具和交通场所的建筑物传递广告信息的媒体。它包括汽车、轮船、火车等交通工具和交通宣传车以及车站、码头、机场的建筑物、墙壁等。

（三）按广告传播的规模划分

（1）大众传播媒体：大众传播媒体主要指报纸、杂志、广播、电视等受众比较广泛的传播工具。

（2）其他传播媒体：其他传播媒体则是指邮寄品、传单、橱窗、包装纸、招贴、路牌等。

（四）按媒体与受众的关系划分

（1）通用媒体：通用媒体以一般公众为受众对象，没有特定阶层或群体的受众。这类媒体传播信息面广、普及程度高，适合于一般性、大众性使用商品的广告宣传，但引起注意的效果不明显。

（2）专用媒体：专用媒体，是指广告信息以特定的对象为宣传目标而选用的特定媒体。例如，《中国妇女》杂志以妇女为主要对象；《老年人》杂志以老年人为主要对象。某些特定场所的广告也属专用媒体，如母子候车室的广告以妇女、儿童用品为主要广告内容。专用媒体相对集中、稳定，是发布专业性商品信息的主要媒体。

（五）按媒体和广告主的关系划分

（1）自办媒体：自办媒体是指广告主自己所拥有的媒体，如销售场所、橱窗、柜台、货架、商品包装等。广告主可以按照自己的要求自主使用媒体，但传播面比较狭窄。

（2）租赁媒体：租赁媒体是指非广告主所拥有、需要付费租用的媒体，如报纸、杂志、电台、电视、公共交通工具等。租用媒体多属大众传播媒体，租用媒体在使用时需要付出租金，且有一定的限制，但是传播面比自办媒体要大。

（六）按传播广告信息时间的长短划分

（1）瞬时性媒体：瞬时性媒体是指那些传播广告信息的时间短暂、快捷的媒体，如电视、广播、电影等。这些媒体特点决定了信息传播的转瞬即逝，不易记忆，因而在运用这类媒体时，首先要力求表现形式上别出心裁，引人注意；其次，要注意诉求重点的明确、单一，切忌信息繁杂，避免事倍功半；再者，在一段时间内要连续发布广告，进行周期性地反复传播才能达到较为理想的广告效果，否则容易前功尽弃，浪费钱财。

（2）短期性媒体：短期性媒体是指在一段时期内使用的媒体，如报纸、杂志、传单、橱窗、POP、网络、手机广告等，人们对在短期内广告媒体发布的广告信息有较充裕的时间细细阅读，品味广告内容，增强记忆，同时，由于短期性广告媒体可以较长地作用于人的视觉，因而在某种程度上可对产品作较详细的介绍和较复杂的说明。

（3）长期性媒体：长期性媒体是指那些具有较长使用时期的媒体，如霓虹灯广告、路牌广告等。还有能伴随产品进入流通或经销售进入用户或最终消费者甚至家庭的媒体，如产品有销售包装、专用运输包装、产品说明书、产品自身上的厂牌和商标、专业性杂志或书刊等。长期性广告媒体一般具有使消费者主动或被动地保留、收藏和使用的价值，因而具有潜在的极大的重复宣传的功能，这要求此类广告媒体自身的广告设计必须根据产品特征，或注重美观，或注重实用，或注入其文献的留存价值，或使其具有艺术品般的欣赏和保留乃至收藏价值。

（七）按广告媒体的属性划分

（1）综合性媒体：综合性媒体是以大众传播为主的媒体，广告信息只是其传播的内容之一，如一些报纸、杂志、广播、电视、网络等。综合性媒体易受其他内容的干扰，因而加强广告本身的注意度和吸引力尤为重要。

（2）单一性媒体：单一性媒体是指把广告信息的宣传作为唯一内容的广告媒体，如路牌广告、售点广告、橱窗广告、包装广告、交通广告等。这类广告信息媒体内容单一，可充分发挥广告的视觉冲击性；但这类媒体的缺点是影响范围受视野、地理位置和能见度的限制，广告的内容更换周期较长，设计制作技艺性较强，难以引起顾客注意并产生兴趣。

四、广告媒体的功能

广告媒体是广告宣传得以实现的物质手段。它既是传播广告信息的物质技术手段，又是沟通广告主与消费者的信息桥梁，它是把有关商品、服务、观念、企业等组织的表象记号传送到广告对象的渠道和具体形态。没有广告媒体，广告信息就不能迅速传播。无论哪一种广告媒体，在传播广告信息过程中，一般都具有以下基本功能：

（1）传播功能：美国著名传播专家施拉姆在《传播学概念》中写道："媒体就是在传播过程中，用以扩大并延伸信息的传播工具。"可见广告媒体具有筛选、加工、扩散信息的功能。由于广告媒体不受时空的限制，它所传播的范围和对象具有广泛性和渗透性，不论受众在什么地方，广告媒体都会发生作用。

（2）吸引功能：广告媒体是传播一定信息或宣传特定内容的工具与手段，因而广告媒体自身就具有一定的特色和吸引力。这种特色和吸引力，会强有力地吸引特定的消费者。因此，如果能将符合这种媒体特色的广告刊登其上，其宣传效果就会成倍增长。

（3）服务功能：广告媒体可以根据自身的特点，为广告主、广告经营机构、媒体受众提供有用的、真实的信息，满足不同层次的需要。对广告主来说，可以将企业的经营特色、产品等方面的供给信息提供给目标市场；广告经营机构可以通过广告媒体发布供求两方面的信息；广大受众可以通过广告媒体了解各种品牌产品方面的信息，为他们的购买决策提供依据。

（4）适应功能：广告媒体多种多样，可以适应不同广告信息的传播性质与要求，因而就可以满足不同广告主与广告公司的信息传播需要。不同广告主的广告商品具有不同的广告对象、发布地区和宣传形式，同时也受广告主自身经费与周围环境(社会、市场、竞争等环境)的限制，因此就产生对广告媒体各自不同的要求。广告媒体的这种高度灵活和适应能力，能充分满足广告信息的这些特定需要，更好地为广告宣传服务。

五、广告媒体的特点

(1)大众性：现代工业的大量生产，导致行销领域的不断扩大，而为行销服务的媒体也必须是面对大众传播的，因而广告媒体就具有消费大众性的特征。

(2)可控性：商业广告是一种投资行为。投资行为的本质是以较少量的投入换取较大量的回馈。因此，在投资上必须具有可控制性，以求达到预期的回馈，然后以回馈检验投资的正确性。

(3)商业性：广告是媒体盈利的主要来源，特别是私营媒体更是主要靠广告费来维持自己的生存和发展，因而媒体具有商业性，需要付费。媒体的价格主要是根据其对大众的影响力来确定。

六、广告媒体的作用

(一)承载信息，传达信息

它是指广告媒体可以承载广告信息，并且可以把它传达给目标受众。当然，不同的媒体承载的广告信息在数量、内容等方面是有差异的，同时，在传播的速度、范围等方面也是有差别的。

(二)吸引公众，接触公众

它是指广告媒体可以吸引不同的公众，使他们接触媒体，进而接受媒体传播的信息。各种广告媒体都拥有一定数量的接触者，如报纸、杂志的读者，电视的观众，电台的听众等，但是，在吸引能力方面各种媒体也是有差别的。

(三)适应需求，满足需求

它是指广告媒体可以适应、满足不同广告主在利用广告媒体传播广告信息时的不同目的和需求，并设法满足这些要求。例如，传播时间的要求、信息容量的要求、信息表达方式的要求等。当然，不同媒体适应需求的能力也是有差别的。

(四)充当中介，做好中介

广告媒体是连接广告主与广告受众的桥梁，它所起的作用是通过这一桥梁，把广告信息由广告主一方传递到广告受众一方，一旦信息到达广告受众，它的使命即告完成。广告媒体不是广告信息本身，"媒体(媒介)"的字面含义充分表现了这一点。

第二节 电子媒体广告

电子媒体广告主要由广播广告、电视广告、网络广告等所组成。

一、广播广告

(一)广播广告的优点

(1)传播迅速,覆盖面广。从传播速度这一点来看,广播广告的优势是其他任何一种广告媒体无法比拟的。广播利用语言传播广告信息,加工广告信息的过程简单,可随到随发。广播媒体最适合发布时效性要求高的广告。同时,广播的电波信号覆盖范围广,在信号覆盖范围内因地理因素影响传播的可能性小,听众只要有接收设备——收音机,即可收到广播信息。由于广播是听觉媒体,对听众的文化水平要求低,几乎任何人都能理解广播的信息。广播通俗易懂,效果好,凡是有正常听力的人都可以成为广播广告信息传播的对象,包括盲人。

(2)收听便利,渗透力强。由于收音机体积小,便于移动携带,可以在任何地方、任何地点,随意进行收听。居家、外出、走路、乘车、旅游、休息,收音机都是好伴侣,收听十分方便灵活。

由于广告大多穿插于各种广播节目之间或节目中间,听众只要收听节目,必然要接触广告,所以广播广告到达听众的次数和机会比较多,特别是一些受众比较稳定的广告栏目,如"交通之声""天气预报""新闻联播""国际新闻"等,广告效果更为理想。

据美国的一家调查公司的调查材料表明,"有5类人群每天使用收音机的频率超过电视机:男性专业人员与管理人员(超过42%)、18~24岁的成人(超过40%)、成年单身打工族(超过34%)、高收入男性(超过33%)和高收入家庭中的成年人(超过14%)。"在我国,住单身宿舍的职工、工人、打工族、出租车司机,或住集体宿舍的大、中学生以及广大农民等,使用收音机的频率也比较高。

(3)制作简单,成本低廉。广播广告是通过播音员的叙述,有时加上音响效果、背景音乐来播放,有时则以文艺节目的形式来出现,因此,制作起来简便、灵活。与电视媒体、报刊媒体相比较,广播广告的制作工序比较简单,因而广播媒体相对于其他媒体而言,节目制作成本费用低廉,一般广告主都能承担。

(4)激发联想,形式多样。广播广告可以激发听众的想象力,产生美好的联想。因为广播广告是用声音进行传播的,不同的语言、音响、音乐会唤起听众不同的联想,会引导受众按照自己的记忆、经验、价值取向、审美情趣去加以想象,形成自己心目中的完美形象。美好的想象也是形成消费欲望的基础,是促进听众消费者购买决心形成的重要诱因。

(二)广播广告的缺点

(1)时间短暂,稍纵即逝。广播广告有声无形,形象记忆率低,难以留下深刻印象。播音时间短暂,稍纵即逝,信息难以保存。一般来说,广播广告对复杂的事物难以说清,新奇之处没有形象可以表明,产品外观造型的特征优势体现不出。因此要在广告节目制作中扬长避短,注意文字的形象性、联想性,科学、合理安排播放计划,提高播放频率,提高播音水平，加强广播广告的质量与力度。

（2）听众分散，针对性差。广播广告的听众比较分散，听时往往心不在焉，无法针对性地进行宣传，同时广播广告给人的印象不如视觉媒体深刻和容易理解。一般来说，复杂、新奇、外观引人和使用较难的商品，不适于在广播媒体上做广告。在选择广播广告时，要注意节目编排情况、确定时间、次数和播音水平等。

（3）只听其言，不见其物。广播广告，作为纯听觉性媒体广告，不具备其他视觉媒体广告那种有形感。看不见，摸不着，只闻其声，不见其形，留给人的印象不如电视广告那样深刻具体，时间一长，容易淡忘。

（三）广播广告的作用

（1）传递信息。广播广告具有传播、告知信息的作用，而且有它自己的特点，它可以将各种信息大量地传播出去，并迅速地告知听众。

（2）刺激引导。广播广告是有声音的艺术，声音本身就带有很强的感情色彩，人的喜、怒、哀、乐都能通过声音表达出来，而语言则是人的情感的集中表现。语言能弥补无视形象的缺陷。通过绘声绘色的语言描述，可以造成由听到视的联想，从而达到创造视觉形象的作用。

在广播广告中，伴随人的声音（语言）的是音响。音响可以增强广告的逼真性和可信度。音响对广播广告有着更重要的作用，直接关系到广播广告的成功与失败。既有娓娓的话语起主导作用，又有真实可信的音响陪衬，二者完美的结合，更能给人以亲切动听的感觉。它的现场感受极强，对刺激消费，引导消费，有着重要作用。

（3）丰富生活。广播广告通过语言和音响效果，诉诸人的听觉，充分发挥声音的抑扬顿挫、轻重快慢以及节奏感、感情色彩等方面的特点，使听众听懂、爱听，唤起人们的联想和想象，丰富人民的文化生活。我国电台广播遍及城乡各个角落，为传播各种经济信息创造了有利条件。

（4）陶冶情操。广播广告还具有陶冶情操、欣赏艺术的作用。广告是传播商品信息的艺术，在体现经济价值的同时，还极具欣赏价值，它能在听觉艺术的氛围中带给人以美的享受。

（四）广播广告的要素

广播广告由语言、音响、音乐三大要素组合而成。语言是广告信息的主要传达手段；音响辅助用以加强语言表现的真实性和形象性；音乐可强化气氛，渲染情绪。三大要素在广播广告中配合运用，使广播信息传播显得生动有趣。成功的广播广告能紧扣消费者的心理需求，突出产品特点，表现形式别致，富有品味情趣，主题表现透彻，广告印象深刻。

（1）语言。语言有口头语言和书面语言之分，口头语言又称有声语言或听觉语言，与书面形式的无声语言是有很大差异的，作为广播广告要素之一的语言是影响人们听觉的有声语言。广播广告的有声语言诉诸人的听觉，是让听众通过听觉来接受广告信息；印刷广告诉诸人的视觉，是让受众通过视觉来接受广告信息。广播广告虽然也要先写文稿，但文稿最终要以声音的形式来传播。

广播广告主要是利用语言传播，声音必须易于听觉感知和辨析，使听众能准确理解广告意义，而不至于感觉模糊，产生歧义，造成误解。所以在撰写广告文稿时要注意"适口悦耳"的原则。受众是看不到文稿的，他们只能听到文稿，广播广告的文稿是为了听而写的，而不是为了阅读，这就要求在写文稿时要注意语音、语调以及语言组成的音韵感，既要简单易懂，又要优美动听，准确无误地将信息传播出去。广播广告也是语言的艺术，掌握语言的技巧是制作广播广告的要诀之一。

（2）音响。广播广告中的音响，也就是广播中的音响效果。运用真实声音或者以音响来辅助说明环境特点、具体情节、时间，营造想象的环境氛围，可以弥补听觉局限所造成的不足。音响的适当运用还可以增强广播广告的吸引力，用音响模拟环境气氛的真实感，增强广告的感染力，使听众有兴趣听下去。音响在广播中是一种特殊的表现手段，目的是产生一定的听觉心理效果。有声响是效果，在一定的条件下无声响也是一种效果，在戏曲和音乐中，语言台词与旋律可以产生效果，静场也是一种效果，一种令人深思的效果。音响运用是一门学问，不能随意配置或直接将生活中的各种声音简单搬来使用，如果这种真实的声音过于杂乱，反而会给人以不真实感，影响语言的表达和主题的表现。

（3）音乐。音乐是一种特殊的声音系统，它有自己的独特个性。音乐反映社会现实生活的方式是间接的、非确定性的。在广播中，音乐具有通用性，同一种音乐可为不同广告所配用，音乐还有融合性，它一旦进入了广告，就能和语言、音响水乳交融地结合在一起。

音乐具有很强的表现力，它能成功地表现广告主题。人们利用音乐可以塑造产品形象，还能赋予产品不同个性，也能突出产品某一方面的特征，可使听众通过音乐了解产品。音乐还具有强烈的感染力，它可以依靠感情的因素，征服听众的心灵。音乐的基本构成要素是旋律和节奏，和广播广告的表达要素相同，因此可以使音乐艺术与语言艺术有机地结合起来，增强广播广告的艺术魅力。

（五）广播广告的形式

（1）直陈式广告。直陈式广告是由一两位播音员直接介绍商品信息的广告宣传方式。直陈式广播广告的表现手法简单，制作简便，给人平铺直叙的感觉。直陈式广播广告的编播形式多种多样：有录音报道式，即利用现场的音响、现场人物的讲话，加上记者对现场所见的描述，经录音制作后，予以播放；有现场转播式，即在广告活动的现场实况转播广告活动的情况；有播音广播式，即播音员在播音室朗读广告，等等。

（2）对话式广告。这种广告是把广告内容编成对话，或者将日常谈话一字不漏地制成广告词，然后由两位或更多的播音员以对话的形式播出广告信息。这种形式的广播广告易给人一种亲切感和信任感。

（3）情节式广告。情节式广播广告是运用一定的故事情节，贯穿广告内容进行宣传的广告形式。情节式广告赋予广告生活的气息，避免了简单说教。情节式广告创造出一种家庭气氛，或者一种工作环境，可以是亲朋好友见面的场景，随着故事情节的发展，自然而然地介绍广告内容，使广告与大众的生活密切地联系在一起。

（4）访问式广告。根据广告的目的，把消费者的声音录下来，然后制成广告进行播放，或者由两位播音员以采访形式播出广告内容。

（5）歌唱式广告。这是一种特殊的广播广告艺术形式。广告主采用精练的歌词、生动的旋律，通过对某种商品形象的描述、赞美，给人以美感，唤起人们对商品的兴趣。不仅如此，许多广告歌曲在赞美商品的同时，还表达了对美好生活的向往，反映了创造商品的主人——劳动者提高产品质量、奋发赶超先进水平的雄心壮志。

歌曲广告的创作同样需要认真深入地体验生活和严谨的艺术构思。它要求歌词形象、高度概括。有些歌曲广告形象苍白、语言生硬；有些商品不适合歌唱式广告，这是需要在创作中注意的。

(6)快板式广告。快板式广告是以快板这种为听众所喜欢的曲艺形式，来传播广告信息。快板，又称"顺口溜""练子嘴""数来宝"等。首先需将广告内容写成快板词，一般以七字句为基础，可根据需要增删，要押韵，间插说白。然后，让演员自打竹板按节奏说诵表演。快板分单口、对口和群口几种形式。群口快板又称快群，伴之以锣鼓等打击乐，又称"锣鼓快板"，形式非常灵活，气氛热烈，深受听众欢迎。听众可在娱乐中接受信息，消除抵触心理。

(7)相声式广告。它以相声这种为广大群众喜闻乐见的曲艺形式来传播广告信息。它以说、学、逗、唱为艺术手段，以风趣、诙谐、引人发笑为艺术特色，善于讽刺幽默，也善于歌颂新生事物。采用这种形式做广告，事先应写出相声小段，再请相声演员演播，使听众于笑声中接受信息传播。表演形式有单口相声、对口相声和群口相声三种。其中对口相声最为普遍。

(8)诗歌式广告。诗歌式广播广告，是以诗歌朗诵并配以音乐的方式进行的广告宣传。诗朗诵将广告内容化为诗情，辅以音乐起烘托气氛的作用。诗朗诵有男声、女声和男女配合三种。配乐诗朗诵式广告对文稿有特殊的要求，不但要言简意赅，还要合辙押韵。配乐朗诵式广告具有制作简便、感染力强、容易记忆等优点。

(9)戏曲性广告。它通过不同的人物构成富于戏剧性的情节，有开端，有结局，形成一个相对完整的事件、生活片断或小故事，类似广播剧，以此体现广告内容，传播商品(或服务)信息。戏曲性广告可以根据真人真事加工，也可以虚构人物和情节，通过演员表演出来。其特点是短小精悍、内容集中、主题鲜明、情节动人、生动活泼、语言诙谐幽默、感染力强。戏剧式广告种类很丰富，包括生活片断(正剧)、喜剧、神话剧、寓言剧、讽刺和幽默剧等多种形式。这类广告形式容易调动听众的欣赏兴趣，引人入胜，因此，广告效果一般都比较理想。

(10)任意式广告。任意式广告是播音员并不朗读广告文或广告词，而是以闲谈的形式，讲述广告信息的主要内容。这种播放广告形式对播音员要求较高。播音员一定要口齿伶俐，声音有特色，并且有经验、有技巧，才能把广播广告播活。这种广告做好了，效果较好。

(六)广播广告的种类

广播广告主要有下述几种类型：

(1)普通广告。就是广告客户没有特殊要求，电台播出也不作特别处理的一般广告。它通常由电台按常规在固定的广告时间或各类节目之间进行插播。普通广告通常是按广播的"黄金时间""非黄金时间"和"随时插播"三种不同情况，分别列为甲、乙、丙三种等级。不同等级收费标准也不同，分别按甲、乙、丙依次降低费用。

(2)特约广告。特约广告是在特定的时间段内，在特定的节目前后，受广告客户委托发布广播广告。一般在新闻节目、天气预报等节目前后安排特约广告。播放特约广告时，播音员会说："本节目由××特约播出。"

（3）专题广告。专题广告是广播电台根据广告主的要求专门制作的节目广告。此类广告时间较长，短则 3～5 分钟，最长可达 10 多分钟。专题广告针对性强，制作精美，故在各种广播广告中效果较好，冲击力强。例如，某省人民广播电台播出《××企业改制的报道》《××牌商品投放市场》专题节目等即属此类。

（4）专栏广告。专栏广告就是电台在节目中为某种信息设置专门栏目的一类广告。它可分为经常性专栏广告，如寻人启事等；临时性专栏广告，如招领启事等。其特点是针对性强，有固定的专栏名称、内容范围窄、播出时间长、周期长等。

（5）赞助广告。赞助广告就是由广告客户出钱或出物赞助电台举办某些节目或组织一些有意义的社会活动，从中插播他们产品的广告或广播赞助单位名称。其具体形式有三种：①某个企业或产品的特约赞助广告；②几个企业或单位共同特约的赞助广告；③由多个单位联合举办的赞助广告，如出资赞助大型文艺晚会的演出等。

（6）公益广告。公益广告最显著的特征是公益性而非商业性。公益广告是纯粹的公益服务广告，其中不应含有任何商业目的。公益广告虽然也是在从事一种诱导性传播，但是其广告信息均围绕公众利益，而不是广告主利益来进行的广告。

二、电视广告

在四大广告媒体中，电视的发展历史最短，但作为人类物质文明的最重要发明之一，其地位之显赫，作用之巨大，功能之突出，是其他媒体不可替代的。由于电视媒体的崛起，使大众传播活动进入了一个全新的阶段。20 世纪 40 年代电视机逐渐普及，电视不仅使新闻报道、文化娱乐的传播得到了很大发展，而且为广告的传播提供了声形兼备、生动逼真的宣传条件，成为迄今为止大众传播媒体中仅次于报纸的第二大广告媒体。电视广告具有传播面传播快捷的优势，又有彩色图像生动逼真的类似电影诉求的优势，集音乐、美术、文字、摄影、戏剧、电影等方面的艺术表现特征于一体，能完整地表达形象和意义，形成强烈的视听冲击力，被称为"爆炸式的媒体"。自从 1979 年 12 月我国开播电视广告以来，电视广告迅速发展，广告营业额已上升为所有广告媒体之首。

特别是 20 世纪 90 年代以来，随着与电视广告相关的摄影机、计算机、电子声音合成器、剪辑机等高新科技设备和技术的飞速发展，电视广告的制作工艺越来越精良，艺术想象的空间无限宽广。通过蒙太奇思维和蒙太奇剪辑技巧，可以充分发挥电视时空自由转换的潜力，打破时间和空间的界限，天上地下，月球海洋，大到宇宙太空，虚到心灵意识，上下四方纵横驰骋，把人类无限的想象力形象地展现在屏幕上，使电视广告产生神奇的视觉冲击力，艺术感染力越来越强，广告效果越来越理想。

（一）电视广告的特点

（1）传播迅速，影响广泛。电视广告覆盖面广，属家庭收视型。由于表现力丰富，形象生动，语言障碍小，渗透力强，传播迅速，成为每个家庭日常休闲的重要内容。由于声光同步，画面艳丽、生动，既能看又能听，不同于其他广告媒体，适应性很强，不受年龄、职业、文化等因素限制，广告观众队伍庞大。广告信息在电视收视黄金时段的播放，几乎能达到家喻户晓的效果。特别是近几年来运用卫星传送电视信号，传播覆盖面更宽广。电视机也朝多元方向发展，超大屏幕，高清晰度图像，高保真立体声音响，使电视传播更具魅力。超小型液晶彩色掌上电视机也越造越精致。飞机、轮船、汽车、小轿车上也可以安装闭路电视设备或卫星电视接收设备，拓宽了电视的收视范围。电视广告在播放时属于插人型，也可以称为闯人型媒体传播方式，不管接收者喜欢与否，都会直接闯人人们的视听感受中。由于电视广告时间短，所以一经播放，基本上都能造成广告影响。

(2)形式多样，潜移默化。电视传播声画结合，形式多样，制作技术手段丰富。立体信息场的传播使电视广告形象具有直观性、生动性和感染力。以家庭为单位接收，面对面地交流，能够产生身临其境的真实感，容易引发观众的情感体验，对产品产生认同，促成购买行为。同时，广告主可随节目收视率的高低及观众对象的差别，灵活选择播出时段，使广告更具有针对性。同一个电视广告可以在不同的时间闯入电视观众的视野，从而使电视观众被动接受电视广告信息，久而久之强化电视观众的记忆，潜移默化地影响消费者或潜在消费者，实现理想的广告目标。如果电视节目的收视率高，广告密集安排播出，可以收到快速传播的效果。

(3)真实生动，感受力强。电视广告是一种综合艺术广告形式，直观而生动。能够以演员的丰富表情和语言动作，富有情感地进行广告诉求，也可以逼真的形象来展现商品的个性，还可以进行具体消费使用指导，并能充满说服力地向消费者揭示广告宣传的消费利益。电视广告通过音乐与动感画面的结合，配以适当的音响，充分运用镜头的拍摄技巧以及编辑技术等电视艺术的特殊手段，将其他广告媒体难以表现的广告内容及言辞诉求的情感加以说明和传递，将抽象或乏味的广告诉求内容化为生动、直观的视听画面，使人产生身临其境的感觉。特别是计算机图像制作在电视中的运用，更加强了电视广告的视觉直观语言的表达能力。电视广告制作集文字、动作、画面、音乐等艺术综合表现手段于一体，从情节到内涵，从形式到技巧都能比较准确而集中，巧妙而富有美感地来表达广告的主题，在美的享受的瞬间给人留下深刻的广告印象。

(二)电视广告的缺点

(1)稍纵即逝，播放短暂。电视广告的传播受时间的制约，信息呈现于屏幕的时间十分短暂。一般广告只有5秒、10秒、15秒、20秒、30秒、45秒等几种，1分钟的广告就算是长的了。因此，镜头一般都比较短，剪辑速度快，画面变化迅速，有时不易看清，即被下一个广告所取代，给人的印象不深，而且信息刚一出现，便即刻消失。播映期一过，便无从查找，容易被淡忘。要克服这一局限，必须从提高广告制作质量入手。

(2)制作复杂，费用高昂。电视广告摄制不是哪个人能够独立完成的，而是各种人才集体智慧的结晶。编、导、演、摄影、照明、布景、舞美、音乐、音响、录音、剪辑等，缺一不可，需要大量的人力、物力，制作工艺十分复杂，技术难度很大，费时费力，必须以高额资金投入为前提。至于电视播出费用更是昂贵得惊人。美国黄金时间的每分钟广告费用高达几十万美元。中央电视台1996年黄金段广告招标，山东秦池酒厂以66 666 668.88元夺得此届广告招标会的"标王"，秦池酒以每秒1 333万余元人民币的巨额单价出现在中国媒体上，在当时超过了国际上最发达国家、国际上最黄金时段、国际上最热门媒体的广告单价。当然，能拿得出巨额经费做广告，是广告主经济实力的一种体现，对提高企业形象有积极意义，但巨额广告费的支出，无形中也增加了消费者的负担。另外，电视广告的制作时间长，应变能力较弱，一经摄制便不易更改。

(3)强制收看，观众厌烦。绝大多数观众看电视不是为了看广告。大多数情形下，观众既不想看广告，也不喜欢广告，甚至讨厌广告。在观看电视时，电视广告对观众是一种强制性的灌输。由于电视是时间和空间的艺术形式，既然是时间的，它的存在就具有顺序性和不可逆转性，这一点任何人的意志都无法改变。观众在收看电视节目时，就不得不被动地、不情愿地收看该节目前后或中间插播的广告。处在这种情况下的观众总是会有意无意地想办法逃避广告，或起身干别的事，或聊天等待，或者去洗手间，或转换频道暂时看别的节目等，以逃避"讨厌"的广告宣传。

（三）电视广告的分类

电视广告从不同角度可以进行各种划分。

（1）按播出方式分。按播出方式的不同，可将广告分为：

1）节目型广告。这类广告是由众多的单条广告编辑组合成一个节目，一般有固定的时间和片长。节目型广告内容集中，信息量大，播出时间较长。但由此也容易使观众产生厌烦心理，信息含量大，观众难以承受，各广告之间也会相互影响，从而有可能降低广告的传播效果。

2）插播型广告。这是指穿插于播出的节目与节目之间，或某个节目中间的广告，这是目前电视广告的一种常规形式。根据电视观众的欣赏习惯和对电视广告收视承受能力，电视节目的长度与电视广告时段的长度应有合适的比例，广告主可以自由地选择不同广告时段插播自己的广告。插播广告播出费用要比专栏节目广告费用少得多，因此，为了加大广告播出效果，广告主的同一个广告可以选择在不同时段播出。

3）赞助型广告。这类广告是广告主出资对电视台某一个收视率较高的电视节目进行赞助，提供节目的制作经费，然后，在节目播映期间，穿插播映自己的广告。广告播映时间和期限的长短，依据赞助费用的多少和节目的长短及播放期限而定。节目停止播放，广告也随之停止。

4）转借型广告。这一类型广告也可以称之为隐性电视广告，它是指其他媒体的广告（主要是户外广告）出现在电视的非广告节目的画面中，最突出的形式就是在重大体育比赛的赛场上，如足球、篮球、排球等球赛赛场的四周都有许多广告牌。转借型广告成本远低于一般电视广告，传播效果却相同甚至优于一般电视广告。

（2）按制作材料分。按制作材料的不同，可将广告分为：

1）影片型广告。这是指以拍摄电影的方式拍摄的电视影片广告。一般是用摄影机将广告内容拍摄在35毫米或者16毫米的电影胶片上，然后再转录到电视磁带上播放。35mm的胶片广告不必转成磁带，可直接在电视上放映。这种广告利用电影的拍摄技术和各种表现手法，具有理想的视觉效果，艺术感染力强。一般电影胶片广告制作费用比较昂贵。

2）录像型广告。这是指用专业摄像机将广告内容拍摄在录像磁带（1英寸、3/4英寸、1/2英寸、1/4英寸录像带）上，再转到电视台的播出磁带上播出的广告。这类电视广告，前期拍摄简单，还可通过电视屏幕，随时监控、观察拍摄效果，发现不妥之处，可及时补拍、修改，而且不必像胶片那样冲印，就可进行后期编辑制作，拍摄过程简单、快捷，制作时间少，成本也比胶片低得多，只是画面效果比胶片广告差些。但由于现代电子摄像、录像技术的日新月异，录像带广告的拍摄质量也在不断提高，因而被广泛采用。

3）直播型广告。它是在拍摄棚或转播室等电视节目现场，或电视剧拍摄现场，直接拍摄、制作、转播的广告。早期的电视广告由于设备条件的限制，大多采用现场直播的方式。但如今，真正的现场直播广告已经很少，多为在节目现场直接拍摄的广告片或录像带，穿插在该节目中播出。这种广告的特点是：①可以请该节目的主要演员现场作广告，也可以让广告主直接介绍广告内容，具有真实感和现场感；②节省时间，成本低廉，画面效果也比较理想；③广告时间限制不十分严格，因为广告主多为节目赞助者。

4）幻灯型广告。它是用专业照相机拍摄广告内容，制成幻灯片，在电视台播出。其画面是静止的，叠加字幕，或配音乐，有画外音解说。幻灯片广告也可利用计算机和电视编辑机的相关处理技术来制作。这类电视广告简便灵活，投资较少，播放及时。一般在设备条件比较差的地方才采用这种制作方式。

5）字幕型广告。它是将广告内容以字幕方式叠印在正在播映的节目画面下方映出。这类广告伴随节目的进程随时播映，比较灵活方便，使观众在观赏节目的同时也了解了广告信息。因为它没有声音，节目画面不至于中断，不太影响观众对节目的欣赏，所以不至于造成抵触心理，因而时效性较强，广告效果也比较好。但广告内容需高度简洁凝练，字数不能太多，否则效果就会大打折扣。

6）合成型广告。这是指采用计算机制作技术制成单纯的二维或三维动画广告转录到电视磁带上播出；或把计算机制作的动画与电视摄录画面合成到一起制作成合成的电视广告。计算机动画的虚构与电视画面的真实相结合，使计算机合成广告具有极大的魅力。

（四）电视广告的表现形式

电视广告有各种表现方式，具体表现为：

（1）推荐式。在电视广告中，名人推荐式广告可以充分利用电视的声画同步直观效果，增强广告信息诉求的可信度与知名度。知名人士、明星、专家、权威在电视广告中对商品的评价、宣传，使消费者不仅能听到他们富有说服力的言谈话语，而且还能看到他们的具体形象，满足消费者的偶像崇拜心理，使消费者在感情和观念上乐于接受。名人推荐广告还能利用名人、明星的社会知名度来提高商品的知名度和美誉度，提高商品的品位和档次，利用社会上追星、慕名效仿的心理诱发某种消费的流行。广告镜头中的明星、名人增加了广告吸引力。但选择对象要与宣传商品的性能、用途、质量有密切的联系，要与社会地位等因素相匹配。明星与美容有关系，可以做高级香皂广告。普通洗衣粉广告请明星就不如请家庭主妇有说服力，请洗衣店的经理或洗涤剂厂的专家也很恰当，否则非但不能提高商品的品位，反而贬低了明星在消费者心目中的形象，会产生明星是被广告主收买，广告不可信任等负面影响，容易令人反感。名人、权威人士在广告中言行举止也要注意维护自己在公众心目中的形象。评论语言要客观、理性，减少感情用语；仪态要自然、亲切，不做作；要贴近生活，贴近消费者，不要有商业气息；重科学，要有凭有据；态度要严谨，阐述要深入浅出，以权威结合亲和，以优越结合沟通，以说理赢得最终的信任与好感，使消费者心悦诚服，坚定购买的信心。当然除了名人推荐的广告形式外，理性诉求广告还可以普通消费者的经验之谈来推荐商品，充分说理，平等交流，使消费者心理上更具有亲近感，容易沟通。建立在同等生活基础上的诉求与说服，容易达成共识，产生认识上的共鸣，促进购买欲望的形成。

（2）新闻式。它是以类似新闻报道的形式进行广告信息传播，充分运用新闻报道的五要素来突出新产品的名称、良好的性能、使用方法、适用对象、生产企业以及销售地点等，以新闻报道的简明、快捷形式组织广告市场攻势，迅速将新产品推向市场。新闻报道型广告结构简单，制作方便，成本低廉，说服力强。通过电视画面，直接进行商品形象和性能宣传，并以语言与文字结合的方式展示进行讲解，树立新的消费观念。新闻式电视广告利用电视媒体在消费者心目中的权威性来树立商品、品牌、企业的良好形象，增强企业的知名度与美誉度，运用新闻报道的快捷优势，促进市场的消费形势向积极的方向发展。这种形式的特点是：

1）新闻性。它是指产品或服务本身要具有一定的新闻性。比如，新近推出的新产品，或老产品改型换代有了新特色，以及新企业开张等。解说员可以手拿产品边介绍边演示，也可以站在商品旁边，进行讲解。

2）写实性。它是指要善于捕捉具有说服力的新闻事实，及时向受众传递与产品（及服务）有关的信息。比如，新产品上市后的销售盛况，新企业开张后顾客盈门的景象等，就可以采用现场采访方式，让顾客谈谈对产品或服务的看法和感受等。

3）现实性。它是指这种形式既是新闻，又是广告，既采用现场同期录音，又可以配上画外音解说和背景音乐。画面富于变化，往往全景、中景、近景交替剪辑，给人以临场感和现实性。

新闻式广告，也是早期电视广告常用的表现形式，比较受欢迎。随着电子技术的发展，计算机制作技术的引入，电视广告的画面更加富于变化，观众的审美需要随之发生变化，日常性的新闻式广告逐渐减少，目前，多出现于专题节目或特定的商场栏目中。

（3）解说式。广告中以演员解说为主，演员用热情亲切的语言向受众介绍产品的性能、特点、用途及用法等，有时甚至是现身说法来说明产品能给消费者带来的好处或利益。在这种广告中，演员是关键。解说式首先要使受众对演员有好感，演员的形象、衣饰、气质、语言等都要让受众乐于接受，要想使受众信任广告产品，首先要使观众信任这个演员。在很多广告中，演员就是公司的形象代表，反复出现于很多场合。

（4）悬念式。电视广告可以设置巧妙的悬念，促使消费者萌发好奇心，产生惊奇和疑惑，以调动消费者强烈的求知心理，从而凝聚消费者对广告诉求的浓厚兴趣，在释疑的期待中层层揭示广告宣传的主题，促使消费者对广告信息加深了解，加强印象。因此，在电视广告的前几秒内要以最精彩的画面语言、最吸引人的音响、音乐和语言迅速设置一个悬念，诱导消费者进行积极思考，激化其释疑的渴望情绪，将广告的谜底在消费者情绪的高潮之巅最后挑明。整个设疑、释疑的过程，构思要巧妙，要有情有节，要有提供消费利益之情，有科学认知秩序之节，层层深化，紧扣广告主题，突出诉求重点，情感真挚，引人入胜。设疑要符合生活情理，富有乐趣，虽是故意设置，但不露痕迹；要善于创新，立意高尚，故意卖弄就显得情趣低俗。悬念设疑型创意应注意认知心理的把握与情趣的调节，这是一种较高层次的创意制作技巧。设疑要合乎生活现实的逻辑。释疑要紧扣广告商品的性能与特点。悬念为的是引人注目，设疑是深入解答广告诉求利益的逆向形式。目的是经过疑问的注意与回答，在消费者的浓厚兴趣中奠定理智消费的信念，并留下深刻的广告印象。生活趣味浓，广告说服要深入浅出，在满足消费者心理的同时达到广告的目的，在消费者心目中形成一种直接问答式的逻辑性消费习惯。

（5）动画式。用动画形式做电视广告也是常用的形式，这种广告有以下几个特色：

1）有些用言词或真实画面难以说明的问题，用动画形式来表现却能达到效果，如产品的性能、科学或技术原理等。

2）产品的商标用动画形式表现可给观众留下更深刻的印象。

3)可以利用动画形式制造夸张但又不失真的效果,使广告生动有趣,如让产品拟人化,像人一样动作或说话,也有的厂家花巨资制造宣传产品的动画片,如美国的《变形金刚》等。

(6)情节式。电视广告围绕广告宣传商品以及广告宣传主题编织故事情节,按情节发展组合认知逻辑,深化广告诉求,创造生动的广告人物形象,设置典型的环境气氛,传达相应的商品信息。这是电视广告常用的一种表现形式,它符合一般观众与消费者收看电视节目的习惯心理。电视广告中有令人注目的人物,有可看性强的故事情节,配以相应的场景设计,还能了解一些商品的发展历史、生产工艺、产品性能,重现一些历史典故、民间传说、神话故事,既有知识性,又有娱乐性。广告诉求形象不仅生动有趣,而且有益。通过完整的故事情节的表现,有助于消费者对广告主题的理解,加深对广告的印象,使宣传物质消费的广告富有文学艺术的审美情趣,寓广告诉求于娱乐、科普教育之中,扩大了商品信息宣传的广度和深度。不少传统文化素材被挪作广告故事的情节载体,西方有用"佐罗""蝙蝠侠"来做广告的,也有用"阿里巴巴""埃及女王"的故事来做广告的。中国也有用神话故事和文学名著如《红楼梦》《三国演义》来做广告的,如用西游记中孙悟空与猪八戒过火焰山来做空调机广告。不少白酒都有用历史传说做广告的。自从电影《火烧圆明园》《垂帘听政》上映后,用皇帝、太后的传说做广告的也不少。国际上有的甚至不惜投入大量资金创作卡通故事,用卡通人物配合企业形象树立大中企业的品牌——卡西欧用"阿童木的故事",三菱重工用"森林大帝"的故事,在宣传商品的同时,宣传了文化,使广告增加了情趣,更具可看性。电视广告的篇幅受时间限制,在30~60秒的时间里叙述一个商品故事,要求画面语言有高度的表现力,要精练,情节要简明,不宜太曲折,但要有吸引力,取材立意是关键。

(7)生活式。生活式广告中提出的问题也是生活中的热点,广告作出的承诺正是消费者生活中所期盼解决的问题,具有浓郁的生活气息。因此,容易引起心理上的共鸣。成功的生活情趣型广告,往往在日常生活中及时提供广告信息,为消费者排忧解难,解决问题,提高生活质量,增加消费情趣。生活情趣型电视广告,由于采用最熟悉和了解的生活情景,所以诉求面广,只要不使用太专业化的言语,无论老人、儿童,或是文化水准不高的消费者都看得懂、听得懂。富有情趣的生活情景都会给他们留下深刻的印象,可能形成潜在的购买力。生活情趣型广告中表现的情节必须与广告宣传的商品有密切的关系,主题要明确,情节要真实感人,环境的设置与人物的表现都要生活化,要合情合理。广告重点要突出,表达语言要精练、紧凑,创意要求新求异,避免生活情节的简单模仿。越是大家熟悉的情节,越是难以突破,要善于对生活进行观察分析,在常情中发掘最感人的情节,在常理中寻找最富有哲理的启迪。

(8)歌唱式。这是以一首广告主题曲贯穿统帅整个电视广告。运用歌唱式要注意的是:

1)歌曲要通俗化,歌词简明易学,旋律明快简洁。

2)歌曲要简短。

3)歌词以围绕一个主题为宜,一定要突出品牌。

(9)特技式。特技在广告中经常被用到,其最大的特点就是能够吸引观众的注意,让观众得到超现实的享受,从而加深对广告产品的认识与记忆。特技式广告有着与动画式广告相同的特色,但表现力要强于动画式广告。

（10）答疑式。答疑式也称为解决问题式，通过使用某种产品或服务的前后对比进行广告宣传。一般药品、化妆品、家用电器以及其他日用品比较适合采用这种形式。通过对比的方法，说明使用某种产品会解决生活中的某些难题，解除某种病痛，或带来某种便利和愉悦。这是目前电视广告中较为常见的一种，因为它传达的广告信息直接明了，产品或服务能立刻解决消费者遇到的困难，所以这种形式较容易被消费者所接受。采用这一形式须注意的是：

1）产品或服务能解决哪方面的问题，就突出这一方面的优点，不宜面面俱到，罗列各种优点。

2）不宜过分夸大优点，以免消费者怀疑。

电视广告的表现形式各种各样，难以一一列举。但形式必须服从于内容，不论采用哪一种表现形式，最终都是为了向消费者推销产品或企业形象。

三、网络广告

网络广告是指广告主为促进交换，主要以付费的方式，通过网络（如互联网等）媒体所进行的双向的营销传播活动。

网络广告的传播活动是一个互动（interact）的信息传播活动，假如没有受众的参与就无法完成广告信息的传播。受众点击打开广告的过程也是参与的过程。网络媒介与传统大众媒介的最大区别就在于它是以数字技术为基础、以网络为载体的多媒介方式的传播，而交互式广告公司主要是指提供网络广告服务的机构。它是一种双向传播活动，是有目的的传播活动，是可以重复的传播活动，是一种针对目标市场进行广泛劝说的传播活动，也是一种吸引人们注意力的传播活动。与发布在传统媒介上的广告的最大不同点在于，网络广告的受众可以根据自己的喜好和需要，自主选择想接受的广告信息，而不必听从媒介的安排。说简单一点，在一般媒介上，广告找人看，在网络媒介上，人找广告看。

（一）网络广告的特点

（1）信息量大。非线性文本使得网页容量有了极大的扩展，Web上的任何页面上的任意点，都是一个实体点，可以直接导航到其他页面，无数页面链接到一起，网络便成为发布详情广告的好地方。上述特点使得网络区别于其他的广告媒介，是一种全新的宣传渠道。

（2）监测效果强。利用传播媒体做广告，很难准确地知道有多少人接收到广告信息。以报纸为例，虽然报纸的读者是可以统计的，但是刊登在报纸上的广告有多少人阅读过却只能估计推测而不能精确统计。至于电视、广播和路牌等广告的受众人数就更难以估计。而在互联网上可通过权威、公正的访客流量统计，系统精确地统计出每个客户的广告被多少个用户看过，以及这些用户查阅的时间分布和地域分布，这种准确的统计监测有助于广告主（商）正确地评估广告效果，审定广告投放策略。

（3）动态效果好。网络广告的载体基本上是多媒体、超文本格式文件，只要受众对某样产品感兴趣，仅需轻按鼠标就能进一步了解更多，更为详细、生动的信息，从而使消费者能亲身"体验"产品、服务与品牌。它能将虚拟现实等新技术应用到网络广告，让顾客如身临其境般感受商品或服务，并能在网上预订、交易与结算，大大增强网络广告的实效性。

（二）网络广告的形式

（1）电子邮件广告。电子邮件就是通过互联网传递的个人信件。广告主可以利用电子邮件将广告信息发送给个人。电子邮件广告类似于传统的 DM（Direct Mail）广告，即直接信函广告。

电子邮件广告的特点是：成本低，它的邮寄费用远低于普通邮件；传递速度快，它是通过电子线路或光缆进行传递的，只要线路畅通，即使是国际邮件也可立即到达；反馈速度快，用户如果感兴趣的话，可以立刻回复。

制作电子邮件广告的关键是获取用户电子邮件地址，企业可以通过四种途径获取用户的电子邮件地址：

1）从专门出售用户电子邮件地址的公司购买。

2）用户反馈的有关资料。

3）企业加入有关研讨会、讨论组。

4）通过一些免费服务项目获取。在互联网上会提供许多免费服务，例如，http：//www. juno. com 与 http：//www. hotmail. com 都为用户提供免费的电子邮件信箱，广告主可以从中获取用户的地址。

（2）电子公告牌广告。公告牌系统（Bulletin Board System，BBS）是一种以文本为主的网上讨论组织。在这里，你可以通过网络，以文字的形式，与别人聊天、发表文章、阅读信息、讨论某一问题，或在网站内通信等。这里宽松、自由的气氛吸引了很多爱好者。这种站点往往分有许多讨论区，如体育、艺术、社会信息等，包含了丰富的内容，也会有一些关于商业、就业、货品交易等内容的讨论区。目前国内的 BBS 站点多是大学或科研机构开设的，所以其商业信息的比重不是很大，但是 BBS 站点的潜在商业应用价值不容忽视。

现在越来越多的网络服务机构，在一些已经存在的站点上开设了上述讨论区。应用较多的商用 BBS 是一些境外的华语地区的 BBS 站点开设的中国信息服务，如中国香港地区的 goyoyo 广告牌。

（3）USENET 广告。它是由众多在线讨论组组成的自成一体的系统，可在其上发布与主题相关的信息。

（4）www 主页形式。www 主页形式是指广告主独立建立网站，在 www 上构建本企业的网页。主页具有较大的空间，可载入有关企业或产品的大量信息，并且可以充分展示企业的风格。大量实践证明，做网上广告的最根本手段就是建立企业的主页，而其他各种形式的网上广告仅仅是为了提供链接到企业主页的途径，以扩大企业网站的访问数量。

随着计算机网络技术的发展，企业的主页地址就如同企业的名称、地址、品牌、商标等一样，成为企业的标志，并且由于网址的独占性，不同网址传播能力的差异，使得主页网址成为企业的一笔无形资产。

（5）插页广告。它又称弹跳广告。广告主选择在自己喜欢的网站或栏目被打开之前，插入一个新窗口显示广告。用户在上网浏览各网站主页时这个小窗口会弹跳出来，吸引人们去点击。这种类型的广告还指那些在页面过渡时插入的几秒广告，可以全屏显示，但如果带宽不足会影响正常浏览。

第三节　印刷媒体广告

印刷媒体广告主要由报纸广告、杂志广告、邮寄广告所组成，各类印刷媒体广告有各自的特点和优势，也有各自的适用对象和适用范围。

一、报纸广告

报纸是四大传播媒体中历史最悠久的媒体。近代报纸起始于 1609 年德国创办的《关系报》，当然，当时的报纸并没有被人们利用来传播广告信息。随着经济的发展，市场竞争日趋激烈，商人和企业主为了使自己能在激烈的竞争中取胜，开始利用报纸宣传自己的产品和企业，广告正式进入了报纸。到目前为止，无论是发行量大有影响的报纸还是默默无闻的小报，都在刊登广告。一方面报纸刊登广告促进了生产与商业的发展，另一方面报纸也得到了巨大的广告费收入，这又促进了报纸的发展。科学技术的发展，新的传播媒介不断出现，如电视、广播等，但不管新的媒介如何优异，报纸作为古老传统的传播媒介，仍有着旺盛的生命力，其关键就在于报纸的特点与优势为其他传播媒介所无法取代。

（一）报纸广告的特点

（1）传递信息及时。报纸大多是当日发行，出版频率高，读者通常可以阅读到当天的报纸，对于时效性要求高的产品宣传，不会发生延误的情况。

（2）内容详细，稳定性强。报纸广告与其他广告媒体的一个重要区别就在于它能够传递比较详细和完整的信息内容，像电子媒体、户外媒体为了引人注目，一般都尽可能将广告内容简化，这样一来广告受众常常因得不到具体、详细的产品信息而无所适从。报纸广告因为是以纸张文字的形式传播信息，就有可能充分利用版面向广告受众尽量系统、全面地介绍产品特点、性能等各方面的信息。另外报纸上的文字也不像电波那样稍纵即逝，不可追踪，所有的信息读者都可以反复阅读，仔细揣摩，而且还可能保存、传递和复制。

（3）读者广泛，覆盖面大。报纸发行量大，覆盖面广，不受地理条件的限制。报纸拥有的读者多，随着人口素质的提高，阅读报纸已逐渐成了人们的生活习惯。报纸可以传阅，因而报纸广告的影响力远远超过了报纸的发行量。

（4）制作简单，费用低廉。报纸广告既不像电视广告那样需有较复杂的制作工序，也不像路牌广告画要有艺术性。报纸广告制版较为简易、灵活，广告费用比较低。此外报纸有明确的分发地区和读者范围，不同种类的报纸在传播广告信息的作用上有差别。经济新闻类报纸或专业新闻类报纸，能拥有特定的读者和阶层，但发行量较小。地方性的报纸，拥有特定地区的读者，在编辑上富有地方色彩，反映地方新闻快，因此地区性报纸在一个地区的订阅量往往大于全国性报纸，普及的阶层也往往大于全国性报纸。全国性的报纸，发行量大，覆盖面广，阅读阶层广泛。我国全国性报纸以日报为主，并且多是党政机关报。这类报纸威信高，涉及的阶层较广泛，机关团体订阅较多，一般家庭订阅较少。以《人民日报》为例，在北京地区抽样调查，机关团体中有 26% 订阅，而个人订阅只占北京市人口的 0.25% 左右。由于这种报纸全国发行，拥有读者相当广泛，尤其随着经济的发展，全国性报纸涉及的面越来越广，种类越来越多，它对广告信息交流起着重大的影响作用。

（二）报纸广告的缺点

（1）受限于读者群的制约。由于报纸的阅读者较为庞杂，而且转读率高，不容易有针对性地将信息传达给特定的广告受众，所以，在选择的针对性上面不如杂志。为了提高选择的针对性，报纸行业主要应从两个方面采取措施：①出版各类专业性报纸，如财经类报纸（《金融时报》《中国证券报》《股市评论》《广州商报》等）、体育类报纸（《中国体育报》《足球报》等）、教育类报纸（《中国教育报》《光明日报》）等；②在报纸内开设各类不同版面，如时事版、国际版、文娱版、体育版、生活版等。这些措施在一定程度上对于提高读者对报纸的选择性和针对性会产生帮助。

（2）媒体的生命力短暂。报纸出版率高，每天一份。绝大多数媒体受众只读当天的报纸，很少有人读隔日的报纸，因此报纸的有效期较短。它的有效期限也只是报纸出版后读者阅读的那一段时间。对于广告策划者来说，应特别重视广告定位以及广告诉求点的准确把握，即精心思考"说什么"与"怎么说"，要尽可能在有限的时间内给媒体受众以明确和印象深刻的重点信息。

（3）版面单调，内容庞杂。由于技术和成本的原因，报纸的版面比电视画面要平淡得多，就是与杂志广告、售点广告和户外广告相比，无论是构图、画面还是色彩都要逊色一些，因此不容易吸引更多的读者。加上报纸属于一种综合性的新闻媒体，同一个版面往往包含有各种各样的信息，读者的注意力会因此分散，从而会影响广告的传播效果。

（4）印刷质量欠佳。报纸印刷粗糙，往往会影响广告质量，所以在报纸上刊登广告都要以文字为主要表现手段，因为报纸无法印出精美的图画来，即使有的广告用了插图，印刷效果也难以尽如人意。报纸大多是黑白的，会影响广告的表现。

（三）报纸广告的分类

（1）连版广告。它是指用跨两个完整的版面来制作广告。连版广告因占用的版面空间多，信息量大，特别能引人注目，广告效果较为突出，但广告费用相应也较高。

（2）整版广告。它是指用报纸的一个完整的版面来制作广告。

（3）半版广告。它是指用报纸的1/2版面来制作广告。

（4）整版广告。整版广告就是在报纸的第一版上刊登广告。

（5）次版广告。它是指除报纸头版以外各版所登的广告，均为次版广告。

（6）中缝广告。中缝广告就是在报纸的两个版面相连接的空隙上登载广告。

（7）报眼广告。它也称刊头广告，即在报纸的刊头右上角刊登与报名所占版面的面积相当的广告。

（8）特约广告。它是以极其简练的广告内容和图案登载在报纸特约专栏内的小广告，通常用于宣传企业名称、产品商标、经营特色、经营项目等。

企业在选择报纸媒体做广告时，应注意选用合适的报纸类型来登载广告。

（四）影响报纸广告效果的因素

报纸广告效果的好坏，主要受下列诸因素的制约：

（1）广告占据的版面空间。一般来说，广告所占版面越大，所产生的影响也越大，触及率越高，当然需支付的费用也越大。决定广告版面空间的大小除了考虑费用外，还应考虑广告的目标、广告策略、广告时期等因素。如在广告发布初期，为了提高知名度宜用大版面，以后可以用小版面不断提醒公众注意。

（2）广告色彩的运用。报纸广告的色彩也是影响触及率的一个重要因素。单色广告可以利用黑白色调的对比来增强效果，彩色广告效果更好。据调查，彩色广告的阅读率比单色广告高 10%～20%，回忆率高 5%～10%，读者对彩色广告的注视时间是单色广告的 2倍，记忆效果是单色广告的 4倍，不过彩色广告都比较贵。

（3）广告位置的安排。报纸广告的位置安排是指广告的版序，即在哪一版和版面内的位置。位置安排直接影响着广告的阅读率和权威性。一般来说，第一版优于其他版，上半版优于下半版。如果进一步细分，在一版内引人注目的顺序是左上版、右上版、右下版和左下版。

（4）广告表现的形式。报纸广告的表现形式很多，有白描、素描、图片、彩色套印、版面效果等。要想提高读者的注目率，应尽量使广告形象化，在布局上注意将画面的主题、陪衬体、空白等因素巧妙地进行组合，使读者的视觉焦点与广告构图焦点相呼应，引导读者的视线按需要线路移动。

二、杂志广告

（一）杂志广告的特点

（1）读者确定，针对性强。一般说来，杂志所包含的内容不像报纸那样包罗万象，有一定的范围，有的甚至有很强的专业性，这就使得不同杂志所拥有的读者是不同的。从杂志的内容和主办杂志的宗旨可以了解到杂志所拥有的读者群的特点，这对做广告是很有利的。例如，计算机杂志的读者群必定是计算机爱好者，在这种杂志上登计算机广告可以收到好的效果；《青年一代》所拥有的读者主要是年轻人，在这种杂志上做有关老年保健产品的广告就不太适宜。

（2）传阅率高，时效性强。杂志的传阅率高于报纸。杂志上的文章，常常带有资料性，具有一定的保留价值，还可以装订成册，便于长时间保管。这样，杂志上的广告寿命较长，具有相对稳定性和持久性。

（3）印刷精美，内容集中。杂志的印刷比较精美，能逼真地表现出广告产品。杂志一般都是用彩色画面来表现广告，不仅可以用文字来表现广告内容，也可以用插图来表现广告对象，传播广告信息的影响力更大，效果更好。

（二）杂志广告的缺点

（1）传播速度较慢。由于杂志出版周期长，出版频率低，因而不像报纸媒体那样能够迅速、及时地反映市场变化，不适合于时间性要求强的产品广告，也不适合于营造声势较大的大规模营销活动。杂志广告的功效是延缓而不及时的，不易很快使受众产生购买欲望。

（2）灵活性不强。由于组稿、印刷的程序比较复杂，杂志广告一般需提前几个月确定内容，预定版面，而且无法像报纸广告那样可以随时更改、增删广告内容。

（3）广告成本偏高。杂志上刊登广告需要较多的广告制作费和刊物费用。加之杂志的专业性强，影响面窄，一般广告主会认为付出大量的广告费是得不偿失的。

（4）阅读范围较窄。杂志媒体的读者相对少，专业性强，因而接触对象不广泛，影响面相对比较狭窄。

（三）杂志广告的分类

（1）按版面分杂志广告根据版面的位置不同，可分为：

1）封面广告。这是指在杂志的封面上制作广告，封面广告最能吸引人的注意力，使人产生记忆，留下印象。

2）封底广告。它是指在杂志的封底上制作广告，它与封面广告一样，能引人注目，并加深印象。

3）封二、封三广告。它是指分别在封面、封底的背面制作广告，其广告的效果要比封面、封底广告差一些。

4）插页广告。将广告单独印成一页夹在杂志之中发送出去，这种广告在杂志中比较引人注目，容易引起读者的注意，特别是若干插页广告设计印刷得精美，更是会赢得读者的喜爱。许多广告主会利用某些重大节日，将广告印刷成贺卡的形式发布出去，效果很好。

有人做过统计，杂志广告的注意率因版面不同，注意率程度也不同。一般杂志封面的注意程度高于其他版面好几倍。杂志中最引人注目的是封面、封底，其次是封二、封三，随着页码向中间过渡，其注目程度渐差，但中心插页的注目程度相对较强，尤其是在中心插页做彩色跨页广告，效果尤佳。根据专家研究的结果，如封面注意程度为 100 的话，其他版面则为：封底 80；封二 70；封三 65；杂志内页为 50。其中右页高于左页 5 左右。

（2）按所占版面的大小分。杂志广告按广告占据版面的多少，可分为：

1）整版广告。它是指广告画面占据整页，整版广告会产生强大的冲击力，尤其是整版彩页广告会给人留下较为深刻的印象。

2）半版广告。

3）1/4 版广告。

三、邮寄广告

邮寄广告也称直邮广告，是指通过邮政系统将广告直接寄送给广告受众的广告形式。

（一）邮寄广告的特点

（1）具有针对性。广告主可以通过平时积累的顾客资料，或者委托某些专业机构通过市场调查获得顾客资料，或通过向某些专门机构购买各种顾客资料，使邮寄广告能够有的放矢地寄送给选定的广告受众，从而提高邮寄广告的效果和节省广告费用。

（2）可产生亲切感。邮件广告的收件人有种被人尊重的优越感，感觉上具有一些"私交"的性质，因而可在某种程度上产生一些亲切感。

（3）不受时间、地域的限制。从时间上看，邮寄广告既可以作为专门指定在某一时间期限内送到以产生即时效果的短期广告，也可以作为经常性、常年性寄送的长期性广告。例如，一些新开办的商店、餐馆等在开业的前夕通常都要向周围社区的居民寄送或派发开业请柬，以吸引顾客，壮大声势。而有些企业或机构则常年定期性向一些用户或潜在顾客寄送邮寄广告。从空间上看，邮寄广告可以用于小范围的社区、市区，也可以用于区域或全国，甚至可以扩展延伸到国外。例如，一些出版机构常常向国内外一些大学的图书馆、资料室、有关院系，甚至知名的教授、专家寄送书刊目录等邮寄广告。

(4)邮寄征答广告可促成真实信息的反馈。邮寄广告反馈信息快而准确，极易掌握成交情况，有利于产品广告策略的制定和修改。

（二）邮寄广告的技巧

(1)设计精美的信封。在信封反面写上主要内容简介，可以提高开阅率。信封上的地址、收信人姓名要书写工整。

(2)撰写可读性强的正文。仔细撰写信的正文，并在信的开头写上收阅者的姓名，这样可以增加亲切感，对读者产生强烈的吸引力。在写作广告的正文时，千万要对消费者持尊重态度，切忌用命令式口气或生硬地催促其购买，以免产生反感。因而广告词要写得诚恳、亲切，推销手段要灵活，给消费者提供全面服务，如保退保换而且不问理由。

(3)加强联系，加深印象。要使邮寄广告发挥较大的作用，关键是平时要注意积累资料，选好邮寄对象，建立一个邮寄对象的名册。名册的资料应该准确、详细，包括邮寄对象的姓名、出生年月、阶层、职业、兴趣等，要与这些消费对象建立经常性的联系，还可发放问卷，调查目标消费者对商品的期望与建议，保持销售信息交流的畅通、愉悦。

第四节　其他媒体广告

其他媒体广告主要包括户外媒体广告、交通媒体广告、售点广告等，这类广告媒体的合理使用，对于提高广告使用效果具有重要作用。

一、户外广告

户外广告是设在户外，使行人了解商品名称和企业名称的广告物。户外广告是都市的门面，对于现代城市人来说，最多的城市景观是广告。户外广告成为一个城市经济发达与否的外在表现，因而闹市区就成为户外广告集中的地方，这些广告争奇斗艳，充分显示自己，给都市增添了无数耀眼靓丽的景观。

（一）户外广告媒体的种类

(1)路牌广告。路牌广告，是指设在人来人往、车水马龙的马路边或公众聚集的广场，以图画和巨型文字为主的大型广告牌。路牌广告被称为"都市的门面"，它是衡量一个城市经济是否发达的主要标志，是城市经济繁荣的最直接、最外在的体现。

路牌广告的宣传特点是尺幅巨大，画面美观、醒目，传播不受时间、空间的限制，随时随地都可以影响消费者，而且存在时间长，能够进行反复刺激，加深观者的印象。但路牌广告的最大缺点是影响范围狭窄而且时间短，只有路经此地的行人才有可能受到影响，而行人一般是在车上，只能在仓促的一瞬间看一眼广告牌。因此，路牌广告在设计上要力求能够一下子抓住行人的视线，使人一见倾心，难以忘怀。

(2)屋顶广告。屋顶广告，是指置于建筑物上面或墙面上的广告。由于这类广告距观众视线较远，因此要求广告信息醒目，使人能一目了然。屋顶广告只限于广告主的名称和产品的品牌(或商标)。

(3)霓虹灯广告。霓虹灯广告用玻璃管按照图样在煤气火焰上弯制成各种文字及图案，在管内涂上荧光粉，抽去管内空气，充入氖、氩等惰性气体，通电后发出五颜六色的光。

它可以装置在城市中心闹市区或悬挂在高大建筑物上，也可悬挂在室内外和橱窗内，成为现代化城市建设不可缺少的一种点缀。

霓虹灯广告能充分利用夜间的自然条件，以光亮醒目、色彩鲜艳、闪耀活动的灯光，吸引人们的注意。由于制作上的局限，文字图案要简化到不能再简的程度，一般以宣传商品的简单形象、品牌、商标或企业、商店的字号为主。20世纪末世界上最大的霓虹灯广告，是建造在中国香港伊丽莎白大厦三幢高层建筑顶部的日本"星辰"（也译为"西铁城"）表广告。此块霓虹灯牌上有一个商标和"星辰表"的中英文名称，总长度达100米，高度相当于三层楼房，一眼望去极为醒目。

（4）招贴画广告。招贴广告大都张贴于公共场所和商店内外，它必须在数秒钟的短暂时间里，给远眺或行动中的人们留下深刻的印象。招贴广告有文字、绘画、摄影等几种，经制版印刷而成，在表现技法、立意、设计等方面，都必须主题鲜明，造型简洁，色彩浓烈。它给予人们的特殊视觉印象，引起人们感情的共鸣和广泛的联想。各种展览会、展销会、文艺演出、电影放映、体育活动等，往往采用这一宣传形式。

还有一类招贴广告形式上并不怎么考究，常以手抄、手绘的形式发布商品信息、通告、启事，目的是节约开支和迅速、及时地弥补其他媒介宣传的不足。这类临时广告犹如海报，不能随意张贴，一般要张贴在指定的广告栏里，以便保持市容整洁。

（二）户外广告媒体的优势

与其他广告媒体相比，户外广告媒体具有下述几方面的优势：

（1）良好的选择性。假如广告主选择了某些不同的地区性市场作为广告宣传的目标市场，那么，在这些市场区域内选择合适的地段或位置放置户外广告就可以达到预期的目的。

（2）良好的诉求性。户外媒体一般长期固定在一定场所，具有较好的反复诉求的效果。

（3）较强的针对性。户外广告对地区消费者的选择较强，一般可根据地区消费者的特点和风俗习惯设计制作，具有较强的针对性。

（4）较高的注意率。户外媒体可较好地利用人们在行进途中的空白心理，引起较高注意率，在自然而然的情形下让人接受广告信息。

（5）较大的开发性。户外媒体有很大的开发余地。媒体发展到今天的水平，进一步的开发主要就是户外媒体的开发。

（三）户外广告媒体的劣势

与其他广告媒体相比，户外广告媒体也有自身的不足，具体表现为：

（1）广告信息有限。一般来说，过往行人与户外广告放置位置之间有一定距离，因此，为了使过往行人能清楚地了解广告的内容，字体不宜过小，否则就会影响广告的效果。而字体增大，广告的信息就要相对减少。此外，由于行人都是从户外广告前匆匆而过，若广告信息篇幅过长，过往行人就无暇细看。鉴于此，在运用户外广告这种媒体时，一般都只是简要地表明企业标志及品牌名称。据测算，只有行人能在5秒钟之内读完全部信息的户外广告，才能产生良好效果。

（2）即时效应欠佳。户外广告是使过往行人有意无意地观看，从而在不知不觉中对企业和品牌产生印象，但由于户外广告所处的特殊环境和自身条件的限制，使它们不易为观者提供仔细浏览的机会，户外广告追求简单明了的表现手法，易使其传递的信息有限，说服力较差，不能产生即时的促销作用。

（3）限制条件较多。户外广告的设置有较严格的法规和规定的限制，要通过有关部门的批准方可设置。另外，户外广告还涉及广告所在地段或建筑物的所有权或使用权的问题，在实际操作过程中对这一系列问题都要妥善处理。

二、交通广告

交通广告是利用公共汽车、电车、火车、地铁的箱体或交通要道设置或张贴的广告。

交通广告因其流动性大、接触的人员多，而具有阅读人员多、阅读对象阶层分布广泛、阅读时间长、费用低廉的特点，可以用于售价低的大众化日用品的广告宣传和进行短期的预告性宣传，如新电影的上映、新店开业预告等。同时，由于交通广告的制作成本低，对中小企业的广告宣传很有帮助。

（一）交通媒体广告的种类

（1）车站广告。它是设置于交通场所的固定型广告，日常生活中常见的汽车站、火车站、飞机场、地铁站等场所的各种广告牌、灯箱、霓虹灯等均属于此类广告，它是交通广告中最常见的形式。

（2）车身广告。它是以交通工具为媒体的流动型广告，包括安装在出租车车顶的广告牌、公交车上的广告牌，以及车身上绘制的广告语和广告图案。其最大的特点是移动性，因此，车身广告是一种提醒式广告，文字不宜太多，应力求简单。

（3）车厢广告。它是设置于交通工具内部的广告，是包括车、船、飞机等交通工具内的一切广告物的总称。由于乘客要在交通工具内停留一段时间，所以，这类广告的内容相比之下就详细得多。

（二）交通媒体广告的优势

与其他媒体广告相比，交通媒体广告的优势主要表现为：

（1）影响范围广。交通广告媒体与其他媒体相比，它的最大特点就是它的流动性。随着交通工具的移动，一则广告可以在一个城市内四处展示，甚至还可以从一个城市传到另一个城市，从一个国家传到另一个国家，广告的影响范围因此会大大提高。就城市居民而言，据统计每人每月要乘公共汽车 24 次，每次 22 分钟，更确切地说，每 24 小时内约有 1 200 万人次乘坐公共汽车，每月可达 4 000 万人次，可见交通广告的影响范围之广。

（2）受众印象深。交通广告由于长期定点、定时、定线运行，能向消费者反复宣传，加深印象。

（3）成本费用低。交通广告的形式比较简单，多以手工绘制或印刷品的张贴为主，因而费用极低。

（三）交通媒体广告的劣势

交通媒体广告的不足之处表现为：

（1）形象不佳。交通广告只是一种对中低档产品进行信息传播的方式，常用它会贬低所宣传的产品。在环保意识日渐强烈的现代社会，交通广告有时会破坏自然界的和谐美，从而引起部分观众的反感。

（2）效果有限。由于流动人口是有限的，而且只有接触交通媒体才有可能注意到交通广告，因而它的影响范围远较报纸、电视媒体狭窄。同时，因为交通路线一般是固定的，这就决定了交通广告的影响地域只能是一个狭长的地带。

三、售点广告

售点广告也称为销售点广告，英文简写为POP，是Point of Purchase Advertising 的简称，是指利用销售场所的内部和外部所做的各种广告。

销售场所既是买卖交易的地点，也是买卖双方进行信息沟通与传递的极好的场所。作为生产商和经销商来说，在消费者浏览和购物之时，给予他们适当的信息，促使他们作出购买决策，是极好的广告时机。

（一）售点广告的种类

（1）地面广告。它是利用店面或店内的地面空间放置的陈列台、展示架、旋转台等来展示商品，传递信息。

（2）悬挂式广告。它是利用挂于天花板的吊牌、饰物、小旗帜、彩条等来进行广告宣传。这类广告不受商品陈列架的阻碍，消费者可以从四周各个角度看见，同时又可以增强店面的装饰效果。

（3）柜台式广告。它是利用柜台来展示和陈列商品。柜台是放置商品，供消费者选择、比较、观赏的，柜台和货架的形态要根据商品的性能、价格、使用对象进行设计安置，如服装可以设计成开放型的，可用大量的平台、模特儿和衣架；金银饰品则要用全封闭式柜台。商品陈列要简洁、饱满，便于观看，既要考虑通用性，也要照顾不同消费对象的视点高低。

（4）墙壁式广告。它是利用张贴于墙壁上的招贴、传单以及悬挂在墙壁上的广告镜框等来进行广告宣传。

（二）售点广告的作用

（1）引导消费。售点广告可以吸引消费者走进商店，刺激顾客了解有关商品知识，诱导顾客产生购买欲望，最终促动消费者产生冲动性购买行为。

（2）传递信息。售点广告可以传递商品信息，起到"无声推销员"的作用。一些无明确购买目标的消费者，在购买现场受POP广告的影响，可以由潜在的消费者变为现实的消费者，从而提高本商场的商品销售额。

（3）美化环境。售点广告的环境布置或铺张豪华，或烘托名贵，或舒适典雅，或渲染浓重的文化氛围，往往会形成都市的景观之一。

（4）树立形象。售点广告可以在顾客中树立起商业企业的良好形象，给顾客留下深刻的印象，从而吸引更多的顾客惠顾。

（三）售点广告的特点

（1）制作简单，成本低廉。售点广告设计、制作技术简单，材料来源广泛，不需要大型的设备，而且布置方便，随时可以安置或拆除，具有方便、快捷的特点。同时，售点广告的设计制作费用相对于大众传播广告媒体来说也比较低廉。

（2）美化商店，烘托气氛。它可以美化零售商店，增强零售店对顾客的吸引力，并烘托销售气氛。同时，由于POP广告设立在消费者经常购物的场所，而且采取各种方法和手段来吸引消费者的注意，因而，POP广告可以起到即刻达成销售的作用，而这是其他广告形式所难以达到的。

（3）简单易懂，便于识别。它适合于不同阶层的消费者，长期重复出现，可以加深消费者对产品的印象，具有广泛性和时效性，能起到无声推销的作用。POP广告是促成购买的最后一个劝说者，应得到足够的重视。

（4）机动灵活，形式多样。售点广告大多数属于利用企业自有媒体发布的广告，所以在运用时比较机动和灵活，无需经过别人批准和交付费用，而且可以选择和利用的广告形式也多种多样，可以根据具体情况进行选择、组合、搭配使用，同时，可配合企业在大众传播媒体上所做的广告，达到促销的效果。

（四）售点广告的设计技巧

（1）注重心理攻势。售点广告必须特别注重现场广告的心理攻势。因售点广告具有直接促销的作用，设计者必须着力于研究店铺环境与商品的性质以及顾客的需求和心理，以求有的放矢地表现最能打动顾客的内容。售点广告的图文必须有针对性、简明扼要地表现出商品的益处、优点、特点等相关信息和知识。

（2）注意主次分明。售点广告的布局应主次分明，有条有理，协调自然。要在有限的空间内宣传尽可能多的信息，这是对售点广告的一大基本要求。各种售点广告的置放和陈列，应当有主有次，层次分明，有条有理，清晰自然。例如，垂吊的广告不能离商品样品太远，让人找不着；置放在橱窗或者专门广告架上的广告，应与观众的视线齐平，不宜太高或太低；为了映衬广告，陈列背景的颜色要与广告颜色相协调，既形成一定的反差，又不要太刺眼。最起码的是，各种售点广告的陈列应整齐有序，不能杂乱无章，以免给人以混乱和堆砌的感觉。

（3）注重简练醒目。因售点广告体积小，容量有限，要想将其置于琳琅满目的各种商品之中而不致泯灭，并且不显得花哨低俗，其造型应该简练，画面设计应该醒目，要求版面设计突出而抢眼，阅读方便，重点鲜明，有美感，有特色，和谐而统一。

（4）注重通俗易懂。售点广告通常都是店主自制的。商家的写作水平有高有低，但无论如何也应避免文字杂乱而不合章法。文字应力求简明扼要，通俗易懂，特别要注意避免错别字的出现。广告中出现错别字和混乱的语句，会使顾客觉得商家的档次太低，甚至怀疑广告的真实性和商品的档次。

（5）注重陈列设计。售点广告并非节日点缀，越热闹越好，而应视之为构成商店形象的一部分，故其设计与陈列应从加强商店总体形象出发，加强和渲染商店的艺术氛围。

第五节 广告媒体策略

广告媒体策略是根据产品定位策略和市场策略对广告媒体进行选择和搭配时运用的策略，其目的是以最低投入取得最大的广告效益。广告媒体策略是广告策略中最主要的部分。

一、广告媒体的选择

广告媒体的选择是指为实现广告目标的要求，以最少的成本选择最恰当的广告媒体，把广告信息传达给预定的目标消费者，并保证接触者的数量和接触的次数。其实质就是要以最小的成本取得最佳的效果。

二、广告媒体的选择的意义

（一）它是实现广告传播计划的关键

广告传播计划主要包括广告任务、广告预算、广告媒体的选择和组合、广告制作、广告效果测定等具体内容。广告媒体的选择和组合是处于广告策划和实施之间的关键环节，这项工作完成得好，广告任务才能得以实现，后续工作才能顺利进行，广告传播计划才有可能最终完成。

（二）它是取得最佳传播效果的保证

广告活动是有价的传播活动，它需要付出费用，而广告预算是有限的。因此，要在有限的费用里，得到比较理想的传播效益，如何运用好广告媒介，便是一个关键问题。

从信息传播来说，传播者总希望受众以最小的付出，获得最大的信息量。从广告传播来说，广告主总是希望能以最少的代价，得到最好的经济效益。因此，广告主总是根据企业和广告活动的总体构想来进行广告预算的。广告预算是一项硬指标，如何运用广告媒介，要在广告预算费用许可的条件下进行。媒介的费用过多，即使十分适应广告传播的需要，也只能因预算有限而放弃。同时，选定运用何类或何种媒介，还相应涉及广告制作的成本。这样，就要在广告预算的范围内，恰当地进行广告媒介的组合使用，一方面成本可以降低，另一方面又能达到预期的广告目标。

三、广告媒体选择的原则

（一）目标原则

目标原则是指在选择广告媒体时，应当遵循企业的经营目标，适应企业的市场目标，并充分考虑广告所要达到的具体目标，选择那些最有利于实现目标的媒体。

从媒体自身而言，任何广告媒体无不有其不可替代的优势和难以弥补的弱点。因此，进行广告媒体策划时，必须认真分析各种媒体的特点，洞悉其各自的强弱长短，灵活协调组合，扬长避短，尽最大可能使广告媒体的目标对象与产品的目标对象保持高度一致。如果广告媒体传播信息的受众并非广告目标所针对的消费者或潜在消费者，即使广告主投入再多的广告费，广告创意再新奇独特，也不会取得预期的广告效果。总之，只有严格遵守目标原则，才能辨明并坚持媒体选择的正确方向，才能制定出整体最佳的广告媒体策略。

（二）适应原则

适应原则是指广告媒体的选择必须考虑各种客观条件，并与这种客观条件相适应。这种客观条件又具体包括政治、法律制度，市场规则，市场消费水平，信息交流水平等。广告策划者在选择媒体时应尽量避开环境的制约，使本身与环境相适应，利用适应的广告媒体，来展现自我风采。适应性原则包括两方面的内容。

（1）广告媒体的选择要与广告产品的特性、消费者的特性以及广告信息的特性相适应。例如，消费品多以大众传播媒体为主，工业品多以促销媒体为主；有些消费者习惯于接受大众传播媒体的广告宣传，有些消费者却对其抱有冷淡态度，而对促销媒体深怀好感；有的广告信息适合以大众传播媒体予以传播，而有的却更适合以促销媒体予以传达等。因此，广告媒体策划必须通盘考虑上述各种因素，确定最适用的传播媒体。

（2）广告媒体的选择要与外部环境相适应。外部环境是指存在于广告媒体之外的客观原因或事物，如广告管理、广告法规、经济发展、市场竞争、宗教文化，以及媒体经营单位等。

外部环境是不断发展变化的，媒体方案也要相应作出调整。因此，进行广告媒体策划时，必须既要站在一定的高度上，综观全局，整体调控，又要步入现实的市场中，认清各种情况，把握微观，正确处理广告媒体选择与外部环境影响的关系，力求使两者处于最佳的适应状态。保持了这种最佳状态，就是最理想的媒体选择。

（三）优化原则

优化原则，是指在进行广告媒体选择时，要从众多的媒体中选择较好的媒体来进行组合搭配，优化媒体资源利用，使其发挥最佳效果。

从传播学角度看，无论何种广告媒体都有其特点，即使是在能够到达广告对象的众多传播媒体中，其信息传播也会各有所长，各有所短，因而其传播效果也不尽相同，有最好、较好与一般之分。因此，这就要求在媒体选择时，必须认真分析了解各种能够达到广告对象的性能特征，以作出最优的选定。一般来说，应该选择传播速度快、覆盖区域宽、收视（听）率高、连续性强、色彩形象好、信誉高的媒体。

（四）统一原则

统一原则，是指广告媒体的选择要与广告所表达的内容相一致。例如，广告内容中需要用声音、图像、动态形象来表达时，那么就应选择电视媒体；如果广告内容需要用大量文字来阐述时，就采用报纸媒体。因此，媒体的选择要遵循统一性原则，服从于广告内容的表达。

（五）效益原则

效益原则，是指在适合广告主广告费用投入能力的前提下，以有限的投入选择可以获得理想效益的广告媒体。

广告效益是广告策划活动追求的首要目的，而媒体的选择是否恰当，将会直接影响广告效益的大小。因此，广告策划者应以广告效益为前提，对媒体进行科学的评估分析，选择合适的广告媒体。

现代市场经济条件下，无论选择何种广告媒体都应该将广告效益放在首位，这就要求广告媒体策划应该始终围绕选择成本较低而又能够达到广告宣传预期目标的广告媒体这个中心来进行。选择运用何种广告媒体，固然有广告媒体策划者的心血和智慧，但还取决于广告主对于广告成本费用的投入能力。而任何广告主的媒体费用总有一定的限度，无不希望以最小的投入获得最大的收益，所以效益原则强调选择广告媒体的成本费用应该同广告投放后所获得的利益成正比。

（六）可行原则

可行原则要求在选择广告媒体时还应当充分考虑各种现实的可能性。如自身能力的可行性，即目标受众能否容易地接触到你所选择的媒体，能否理解这些媒体所传递的信息；环境的可行性，即目标受众所处地区的政治、法律、文化、自然、交通等条件能否保证所选择的媒体能有效地传播企业的广告信息。

（七）整体原则

整体原则，是指在选择广告媒体时，要有系统的科学思维。根据整体性原则，构建起包括报刊、电视台、电台、招贴、电影、幻灯、橱窗布置、实物陈列等媒介在内的媒体系统，并完善其复合互动机制，通过媒体系统的整体功效来增强广告的影响力。

（八）科学原则

选择广告媒体是一项操作性、技术性很强的工作，必须尊重科学，按科学规律办事。科学性原则的基本要求是：

（1）遵循传播规律　各种传播媒体的性质、影响力、地位及传递信息的工作模式和它们影响公众的基本方式和手段，是在选择广告媒体时必须优先了解和掌握的。如电视传播媒体主要通过音响和图像的信息传播来刺激公众的视觉和听觉，而报纸媒体则利用平面符号来传播信息，两者在工作方式上是不尽相同的，因而企业在策划广告时，要根据广告目标和所作宣传信息的特点，选择恰当的传播媒体。

（2）遵循公众的心理行为规律　择用传播媒体时要考虑公众对各种传播媒体的心理。反映不同类型的公众对不同的传播媒体的心理感受是不尽相同的，如文化水平较低的公众，对印刷广告就不可能有太多的关注，即使对电子媒体广告也存在着某种程度的不理解。另外由于不同公众有禀赋、社会活动、生活习惯、观念、经验、志趣等内在因素的差异，表现在对媒体或形式的认可、选择上是不同的，甚至在相当程度上形成思维和行为定式。因此，要提高广告的有效性，企业不仅要注意广告信息的组织，而且要注意传播媒体的选用，选用对公众具有吸引力的传播媒体来直接影响公众的心理反应，左右其思维过程，从而有效地改变公众的态度。

（3）讲究艺术性　媒体体系的确定，其深入的工作就是进一步明确可以利用的时间、版面、人员和空间等。而这些细微的工作要讲究艺术性。根据特定的广告目的，选择和购买能促使宣传效果达到最佳值的媒体版面和时间。

四、广告媒体选择的依据

在进行广告媒体选择时，应综合考虑多方面的因素，主要包括：

（一）媒体的性质与传播的效果

不同的广告媒体，有不同的性质特点，传播范围有大有小，发行数量有多有寡。这些都会直接影响到广告受众(听众、读者)的人数。媒体的社会威望高低，对广告的影响力及可信度有重要影响。媒体的信息生命周期长短以及媒体是否有某些方面的限制等都会影响到广告效果。企业在选择广告媒体时，要在充分掌握这些情况的基础上，根据自己的需要加以确定，以达到预定的目标。

（二）广告主体的特征

广告主在传递广告信息时，大都以宣传产品或服务所具有的各种特性为主要内容，因此，在选择媒体时，必须考虑产品或服务自身的特征。例如，能否以简短的话语使人大致了解该种产品的独特之处，如果可以，则可考虑用广播或电视。相反，如果简短的篇幅无法对产品进行介绍，那么最好选用出版广告媒体。

（三）目标消费者的特点

目标消费者是广告信息的传播对象，是影响广告媒体选择的重要因素。媒体受众在年龄、性别、民族、文化水平、信仰、习惯、社会地位等方面的特性如何，以及经常接触何种媒体和接触媒体的习惯方式等，对媒体的选择及组合方式等有重要影响。例如，广告信息的传播对象如果是青年人，那么诸如《青年一代》《中国青年报》之类当然就是理想的媒体。

（四）媒体的费用支出

媒体的费用是广告媒体分析的重要内容，无论对广告主还是广告商，它直接决定广告成本的大小。不但任何广告都有费用控制和涉及成本问题，而且更重要的是，任何广告都要力求以最小的费用取得最佳的效果。因此，研究并掌握媒体的费用，既是媒体研究的重要内容，也是做好广告预算的前提。

媒体费用一般分绝对费用和相对费用两类。绝对费用是指使用或租借媒体所需花费的总额。不同的媒体其绝对费用是不同的，如在四大媒体中，电视最高，其次是报纸、杂志和广播。绝对费用一般分为媒体租金、设计费、制作费、发布费等。相对费用是指向每千人传播广告信息所支出的费用。

媒体的绝对费用与相对费用并无直接联系。媒体的绝对费用高，并不等于相对费用也高。一般来说，相对费用的分析对于媒体费用分析更具有重要意义。因为只有相对费用才和广告效果挂起钩来，才能更真实地体现出广告媒体费用支出所取得的效果。但在实践中，相当一部分人特别是广告主，注重的仅是绝对费用，而忽视了对相对费用的分析，这是十分片面的。

（五）市场竞争状况及国家的法律法规

"知己知彼，百战不殆"，竞争者的广告策略是企业制订媒体策略时必须考虑的问题，尤其是竞争对手比自己强大，广告预算超过自己许多的时候。当竞争者强于自己，并且在媒体位置、时间等方面都已取得了优势时，企业通常采取的是侧面迂回策略，即避免竞争者占优势的媒体对象、发布时间、媒体版面和位置，选择企业能取得优势的媒体对象、时间和位置。在竞争者与企业不相上下的情况下，要先发制人，在媒体对象、时间、位置等方面抢先取得比对方有利的地位，使竞争者知难而退。

媒体策略的选择在有些情况下还要受到国家法律法规的制约。例如，香烟、烈性酒、麻醉药品等广告在我国和许多国家都有着严格的限制，尤其在发布媒体方面限制更多。有些国家甚至禁止烟酒广告，而且对有些化妆品广告等也不允许在电视等媒体上发布。因此，在确定媒体策略时必须研究所在国家和地区的有关法律法规，避免引起不必要的法律纠纷。

（六）消费趋潮

每一种新产品问世，消费者都会有一种在时空上变化发展的趋势，称之为消费"趋潮"。掌握这种消费过程变化发展的趋势，对于正确地选择广告媒介有着重要的意义。

消费趋潮在空间的变化规律一般表现为：

大城市→中小城市→小城镇→乡村

交通发达地区→交通较发达地区→交通欠发达地区→交通闭塞地区

消费者趋潮在消费者的年龄和性别上的变化规律一般表现为：

青年人→中年人→老年人

时髦型女性→一般女性→时髦型男性→一般男性

研究和掌握消费过程的这种变化发展规律，就可根据消费趋潮的发展方向，选用能使产品信息快速传递给那些最愿意率先购买和使用这种产品的消费者，由他们去影响和带动其他消费者，由此形成一种消费潮流。

（七）目标市场的特征

这是选择广告媒体时应考虑的基本因素，也是关键要素。在选择广告媒体时，对目标市场特征的考虑主要有三个方面：

(1)目标市场的范围。广告媒体的选择应使其信息传播范围与目标市场范围相适应。例如，目标市场是在某一地区，则应选择区域性的广告媒体；如目标市场是在全国范围内，则既要选择区域性的广告媒体，又要选择全国性的广告媒体，否则就有可能导致一部分消费者不能获得广告信息，造成广告费用的浪费。

(2)目标市场的地理区域。它是指目标市场是在城市还是在农村。一般说来，如果目标市场是在城市，各种媒体都可以运用；如果目标市场是在农村，诸如路牌、霓虹灯、电子显示屏、橱窗等广告媒体就难以利用，而采用电视、广播、直邮等媒体则效果较好。

(3)目标消费者的媒体使用习惯。由于目标消费者的性别、年龄、文化程度、职业、兴趣爱好等情况不同，所接触和使用的具体媒体的习惯也就不同。例如，知识分子喜欢读报纸、杂志；文化程度偏低的消费者喜欢看电视、听广播；城市妇女喜欢阅读妇女类杂志、对商店橱窗等有兴趣；青少年喜欢看电视；旅游者、出差人员习惯于购买一份报纸杂志以消遣……广告主必须根据目标消费者接触和使用广告媒体的习惯来选择和运用媒体，才能将广告信息有针对性地传递给目标消费者，以提高广告的视听率。

（八）产品本身的特点

广告产品特性与广告媒体的选择密切相关。广告产品的性质如何，具有什么样的使用价值，质量如何，价格如何，包装如何，产品服务的措施与项目以及对媒体传播的要求等，这些对广告媒体的选择都有着直接或间接的影响。因此，必须针对产品特性来选择合适的广告媒体。例如，化妆品常常需要展示产品的高贵品质及化妆效果，就需要借助具有强烈色彩性和视觉效果的宣传媒体，诸如杂志、电视媒体等就比较合适，而广播、报纸等媒体就不宜采用。一般来说，对于机械设备、原材料等生产资料，采用商品目录、说明书、直接邮件、报刊广告、展销展览等媒体形式，就能起到很好的宣传作用；而服装最好选用时装表演；自选商品最好采用包装广告。总之，广告媒体是否适合产品特性，这是制订媒体计划时必须审慎考虑的。

五、广告媒体选择的程序

(一)调查研究

广告媒体调查的目的,是为了掌握各个广告媒体单位的经营状况和工作效能,以便根据广告的目的要求,运用适当的媒体,取得更好的广告效果。

广告媒体调查是广告媒体选择的首要环节,是拟定广告媒体计划的必要前提。广告媒体调查的主要内容包括:

(1)分析媒体的性质、特点、地位与作用。

(2)分析媒体传播的数量与质量。

(3)分析受众对媒体的态度,即他们是经常阅读报纸杂志,还是经常收听广播或收看电视等。

(4)分析媒体的广告成本。媒体不同,传播广告信息的效果不同,其广告成本也必然不同。因此,广告媒体调查需要综合比较各个媒体的成本和使用这一媒体所能获得的效果。

广告媒体调查的中心就是全面收集广告媒体在质与量方面的资料,并予以综合评价,从而为广告媒体的选择提供有价值的资料与备选方案。

(二)确立目标

在确立目标时要注意以下六点:

(1)明确传播对象 广告策划者必须了解媒体向谁传递信息。

(2)明确传播时间 广告策划者要明确媒体使用的适当时间,对使用的媒体资源进行优化组合,使其达到最优化效果。

(3)明确传播地点 要明确广告受众在哪里,是农村,还是城市;是全国,还是部分地区;是一国,还是多国。

(4)明确广告次数 要明确传递广告信息的次数。次数越多,对受众的影响越大。

(5)明确推出方法 广告推出即广告形式的选择。一般来说,广告的总体表现形式有两种:①理性诉求;②感性诉求。

(6)明确媒体方案 媒体方案具体有单一媒体方案、多媒体组合方案、综合性媒体方案等多种。

(三)方案评估

为了准确选择广告媒体,减少广告媒体策划过程中的偏差和失误,必须对广告媒体方案进行严格的分析评估。其内容主要包括:

(1)效益评估 效益评估主要是指广告媒体方案的经济效益与社会效益评估。对广告媒体的经济效益评估,应从广告投资额与促销效果的比较中得出结论。一般来说,广告成本投入较小而营销获得的利润较丰,则谓之经济效益好;反之,广告成本投入大而营销无获利或获利较小,则谓之经济效益差。对广告媒体方案的社会效益评估,主要是看媒体所传播的广告信息对社会的生产经营活动,对社会与公众是否有益。有益者为好,有害者为劣。

总之,效益评估就是确定媒体方案前,必须充分考虑媒体方案的可行性,并且与媒体的质与量结合起来分析评估，从而测定媒体方案真正的广告效益。

（2）危害性评估　广告是一种负有责任的信息传播，对社会有着重大的影响作用。就概念而言，广告本身并无好坏之说，但就广告通过媒体传播而言，则其内容与形式就有良莠利害之别了。因此，对媒体方案的分析评估，必须着力研究评估方案付诸实施后可能造成的不良影响。

（3）实施条件评估　实施条件分析评估，是指对实施媒体方案时可能遇到的困难与阻力等客观棘手情况的分析评估。主要有两种情况：①媒体经营单位的广告制作水平或传播信息水平不高，不具备圆满完成媒体方案指定传播任务的能力；②客户（或广告代理）与媒体经营单位关系紧张，媒体经营单位不愿意承担客户委托的任务。因此，在拟定广告媒体方案时，必须周密设想实施方案过程中可能出现的各种不利因素，以求万全。

（四）组织实施

在经过调查研究、确定目标、方案评估之后，应对媒体方案的具体情况布置实施。具体包括以下四个方面：

(1)与广告主签订媒体费用支付合同。

(2)购买广告媒体的版位、时间与空间。

(3)推出广告并监督实施。

(4)收集反馈信息并对效果进行评估。

六、广告媒体评价的指标

（一）权威性

广告媒体的权威性，是指媒体本身对广告受众的影响力。例如，一块大的广告牌比一块小的广告牌影响力大；黄金时间播出的广告比平时播出的广告影响力大；知名度高、受各界人士重视的杂志比一般的娱乐性杂志权威性高。此外，权威性的衡量也是相对的，对某一类广告主来讲是权威性高的媒体，对另一类广告主来讲权威性可能并不高。衡量标准主要看媒体的受众情况。对媒体的受众来说，符合目标消费者要求的媒体具有权威性；对于非目标消费者来说，则不具有权威性。《史学研究》上刊登的广告对史学工作者来说具有权威性，而对于其他消费者来说则不具有权威性。覆盖面宽的媒体，权威性也高。一般来说，受众面广，权威性越高的媒体，收费标准越高，如中央电视台的广告收费标准远远超过地方电视台，全国性的大报比各省市的报纸广告收费要高得多。

（二）视听率

视听率，是指广告经某一媒体传播后，实际收听、收看到广告信息的人数占覆盖区域内总人数的百分比。它反映了该媒体在某地区的接收状况及影响程度。其计算公式为

$$视听率 = \frac{接收广告信息的人数}{覆盖区域内的总人数} \times 100\%$$

影响视听率的因素很多，不仅涉及媒体本身是否受欢迎，也涉及媒体广告的具体发布时间等。从总体上讲，媒体的视听率与广告效果成正比。

（三）总视听率

总视听率也叫毛评点，是指某一媒体在一定时期内视听率的总和，是刊播（播出）次数

与每次视听率的乘积的总和,即某一特定媒体所送达的收视率总和,也就是接受广告信息的受众总数。这是一个反映某一媒体在一定时间内总强度的指标。例如,某报纸每期的覆盖率为40%,共刊出三次,则总视听率为40×3=120。再如某一广告信息,分别在电视、广播、报纸中刊播三次,其视听率分别为20%、20%、30%,则该广告信息的总视听率为20×3+20×3+30×3=210。

(四)视听众暴露度

视听众暴露度,是指全部广告暴露度的总数。视听众暴露度与毛评点相同,但以个人数目(或家庭数目)来表示,而不是用百分数来表示。

视听众暴露度有以下两种计算方式:

1)以目标市场中的广告接触人数与总视听率计算,计算公式为

$$视听众暴露度=广告接触人数×总视听率$$

2)将广告插播计划表中的每一插播(或杂志刊出的)广告所送达的视听总人数累计加总。

假定中国有8500万户家庭拥有电视机,某广告的总视听率为210,运用第一种计算方法得出视听众暴露度为1.79亿(8500×210)户。

视听众暴露度与总视听率一样,都表示广告信息送达给媒体受众的"毛额",在上例中,该广告播出以后,有1.79亿户家庭收看了广告节目,其中有些家庭重复收看了该广告节目。表4-1是根据第二种方法计算视听众暴露度的具体计算表。

表4-1　视听众暴露度计算表

节目名称	家庭数目	广告计划插播次数	视听众暴露度
节目A	17000	2	34000
节目B	12750	4	51000
节目C	21250	2	42500
节目D	8500	5	42500
合计	59500	13	170000

(五)到达率

信息到达率,是指在广告活动或一次广告战役期间,广告信息至少有一次到达目标受众的人数或户数。它可以用百分比表示,但不能大于100;也可以用目标受众数量表示,但不能超过媒体接触者总数。例如,假设南京电视台、南京有线电视一台、南京有线电视二台观众总数为400万人,熊猫电子在一个月期间利用这三家电视台做广告,在400万观众中有70%的人至少有一次看到熊猫电子的广告,那么,信息到达率就是70%或280(万人)。

(六)暴露频次

暴露频次,是指消费者个人或家庭暴露于广告信息中的平均次数。暴露频次与到达率指标一样,在所有广告媒体中都可以使用。需要强调的是暴露频次指标是指平均暴露次数。

到达率、暴露频次和总视听率三个指标常用百分数表示(但没有百分数的记号),都用以衡量一则广告计划送达的人数或家庭数。"到达率"表示广告策划者希望多少媒体受众一次或多次接触到该广告信息;暴露频次说明该广告信息到达媒体受众的"平均次数";总视听率是到达率和暴露频次的产物,表示该广告信息到达媒体受众的重叠百分数"毛额"。

暴露频次的计算公式为

$$暴露频次 = \frac{总视听率}{到达率}$$

(七)有效到达率

有效到达率,也称有效暴露频次,是指在一定时间内同一广告通过媒介到达同一个人(户)的数量界限。这是揭示广告效果的一个重要指标。人们研究有效到达率时,一般都参照著名学者米歇尔.J.纳普勒斯的研究结论。该学者著有《有效暴露频次:暴露频次与广告效果之间的关系》一书,对暴露频次与广告效果的关系进行了探讨。其主要结论是:

(1)在一定时期内只对广告对象进行一次广告,除在极少数情况下,一般影响甚少或毫无价值。

(2)在分析媒介有效频度时,暴露频次比到达率更为重要。

(3)在一个购买周期,或4～8周内,至少要2次暴露频次才可能产生一点效果。

(4)一般地说,在一个购买周期内要取得最佳效果,至少需要有3次暴露频次。

(5)达到一定频次后,其后的暴露所产生的价值是递减的。

(6)达到一定频次后,传播会变得毫无价值,并可能产生副作用。有人认为,超过8次就可能产生负效应,最佳频次应为6次。

(7)暴露频次的有效性与在不同媒介上所进行的广告无关,只要暴露频次相等,效果就相等。

(八)千人成本

千人成本,是指在同类媒体上将同样数量的信息传播到1000个人所花费的成本。其计算公式为

$$千人成本 = \frac{该媒体广告收费}{该媒体接触老总人数} \times 1000$$

七、广告媒体选择的方法

(一)市场法

它是按目标市场选择广告的方法。任何产品总有其特定的目标市场,因此,广告媒体的选择就必须对准这个目标市场,使产品的销售范围与广告宣传的范围一致。如果某种产品以全国范围为目标市场,就应在全国范围内展开广告宣传,应选择覆盖面大、影响面广的传播媒体,一般选择全国性的电台、电视台、报纸、杂志及交通媒体最为理想。如果某种产品是以特定细分市场为目标市场,则应着重考虑何种传播媒体能够有效地覆盖与影响这一特定的目标市场,一般选择有影响的地方性报刊、电台、电视台以及户外及交通媒体比较适宜。

（二）产品法

产品法，是指按产品的性质来选择广告媒体。产品品种各异，特定的产品需要特定的媒体来表情达意。例如，日用品之类最好运用电视媒体；大型机器设备，通常选用报纸、杂志或广播等媒体。

（三）顺序法

当选定使用某类广告媒体后，还需要进一步确定用这类媒体中的哪一种（如哪一种杂志），可以用顺序选择法。具体方法是根据经验分析或社会舆论，把各种媒体按顺序排列起来。先采用第一种，如果效果不理想，就改用第二种。这种顺序选择过程一直持续到能达到令人满意的广告读者率为止。

（四）规律法

规律法，是指按消费者的记忆规律来选择广告媒体。消费者对广告信息的记忆是不连续的，也不是主动接受的，而是被动地接受、理解，这就需要媒体全方位不间断地进行广告宣传，其目的在于强化消费者的记忆。

（五）预算法

每一个广告主的广告预算都是不同的，有的可能高达百万元甚至更多，有的可能只有几千元，这就决定了广告主必须按其投入的广告成本对媒体进行选择。对于广告主来说，广告是一项既有益又昂贵的投资，广告主对广告媒体的选择要量力而行，量体裁衣。这就要求广告主在推出广告前，必须对选择的媒体价格进行精确的测算。如果广告价格高于广告投放后所取得的经济效益，就不要选择价格高的广告媒体。

（六）经验法

它是指先对各种媒体做小规模和短期的试验，评价其传播效果，然后作出选择。但在实践中更多的是根据过去使用各种媒体的经验和对其效果的评价来选择广告媒体。这种方法基于实践测试或过去经验，所以在选择媒体效果方面还是很不错的，但测试需要时间和费用，所以，这种方法受到了一定的限制。

（七）分析法

分析法，是将企业在该次广告活动中对媒体的要求一一列出，然后对各媒体进行整体评价，选择出符合要求或评价较高的媒体。通常采用表格分析和打分的方法，以 10 分制或 5 分制为最常见，某项满分代表着该项最符合要求，最后计算总分，并结合各个单项的表现选择合适的媒体。

这种方法费时短，不用花费成本，但是理论与实际总是有一定距离的，而且对各个媒体在不同项目的评分也多半是基于主观估计，所以有一定的局限性。

（八）水平法

采用这种方法选择媒介做广告，每次广告活动所投入的媒体费用都基本相同。例如，日常生活用品广告，除节假日可能增加一些费用，采用多种媒体展开广泛的广告活动外，一般在一定年度、季度内，每月用于某种媒体的广告费支出都基本不变，特点是只起"提醒"注意的作用。选择媒体的具体方法是，人们可能在何时、何地付诸购买行为，就在何时、何地利用媒体发布广告信息。

八、广告媒体组合的方式

广告媒体组合，是指企业为了实现一定的广告目标而选择两个或两个以上的媒体进行搭配。

(一)广告媒体组合的目的

(1)扩大对目标消费者的影响。每一种广告媒体都有其长处和短处，运用单一媒体做广告，其效果远不如多个媒体组合同时做广告的效果。其原因如下：①各媒体可以取长补短，互相协调配合，也容易造成声势；②单一的媒体无法触及所有的目标消费者，而不同媒体的组合则可弥补这一缺陷，扩大对消费者的影响。举例来说，儿童食品的购买者是其父母，食用者是儿童本人。因此，儿童食品的广告到达儿童及其父母，才能产生好的广告效果。而儿童所接触的媒体及具体的媒体栏目(时间)与其父母相差很大，这必然要求采用不同的媒体来针对两类不同的目标人群。

(2)弥补单一媒体的不足。由于受广告经费的制约，有的媒体尽管与目标市场有较大的接触范围，如电视，但其费用太高，难以多次使用。这时采用广告费低一点的多种媒体组合，既可保证广告的接触范围，又能有较高的出现频率。

(3)增强广告效果。广告学家曾对广告媒体组合运用进行过研究和试验，发现广告媒体的交错使用，能够产生额外的效果。比如，同一个广告内容传播给目标消费者，各接触三种媒体一次，比接触某种媒体三次的效果要好，这是一种相辅相成的效果。再如，两种以上媒体同时向目标受众传播同一内容的广告信息，比一种媒体传播的效果要好，这是一种相互补充的效果。比如，我们都看过雀巢咖啡电视广告的萨克斯篇或交谊舞篇，每当看到这两则电视广告，总会为美妙的音乐旋律和精美的动态画面所感染。但电视不能被目标消费者随时看到且发布费较贵，而大量播放广播广告或以联办某广播节目的方式刊播广告信息，可重复地播放雀巢旋律。在不断加深印象的同时，条件反射般地联想到柔美动情的画面，令人向往。而这就是媒体组合的目标与魅力之所在。

(4)保持广告信息的延续性。为达到应有的广告效果，广告需要连续不断地给目标消费者以反复的刺激。根据人的记忆规律，当一个人接受某信息后，5分钟后只能记得60%，一天之后只能记得30%，一周后，往往只剩下不到20%的印象。因此，广告必须给目标消费者以反复刺激，而这仅靠单一媒体是不易做到的，必须巧妙地利用媒体组合，运用大众传播广告、交通广告、路牌广告等，使人的记忆效果不因行动的变化而产生切断现象。更重要的是，避免目标消费者因接触竞争对手的广告，产生态度上的转移。

(二)广告媒体的组合原则

(1)互补性原则。各种媒体都有优势和局限，媒体组合要充分发挥各种媒体的长处，避其短处。例如，电视媒体长于展示形象、过程，善于以情动人，因此多用告知性信息。报纸、杂志媒体长于描述和说明，所以长于以理服人。可用报纸媒体补充电视媒体的信息深度不够的局限，用电视媒体补充报纸广告形象不足的局限。

(2)效益性原则。媒体的组合不是多种媒体的简单叠加，而是各种媒体的综合运用，产生的效果要远远大于各个媒体效果的总和。因此，媒体组合要充分考虑到带来的效益。不要重复覆盖，造成不必要的浪费。一般是在第一种媒体达到最大到达率后，再以较便宜的媒体提供额外的覆盖，以保持广告活动的连续性，实现规模效益。

（三）广告媒体的组合方式

（1）同类媒体的组合。它是指把属于同一类型的不同媒体组合起来使用，如在全国性报纸和地方性报纸；在日报和晚报等不同报纸或杂志上刊登同一广告，即是一种组合。同样，在不同的电视频道播出同一广告，也是一种组合。

（2）不同类媒体的组合。这是经常采用的一种方案，如把报纸与电视组合，报纸与广播、电视组合等。这种组合，不仅能扩大触及的范围，而且可以有效地调动目标对象的感官，得到更为理想的传播效果。

（3）主次媒体的组合。在企业所选择的几种媒体之中，应该有所侧重，确定哪些是主要媒体，哪些是辅助媒体，在预算分配上应有所区别，在广告发布的时间和频率上也要合理安排。特别是在内容表达上要结合各种媒体的特点，发挥他们各自的优势，以取得最大的协同效果。例如，电视表现力丰富，适合表现商品的外形、款式、内部结构及使用效果，但在文字表现方面就稍逊一筹；而报纸可以容纳较多的文字信息，而且可以从容阅读，就适合于对商品的有关性能、用途等进行详细的解释和说明。但如果刚好将表达重点倒过来，让电视进行文字说明，用报纸刊登商品的照片，那就不能够发挥这一媒体组合的效果。

（4）自、租用媒体的组合。它是指把需要购买的大众传播媒体与企业自用的促销媒体进行组合，如通过报纸、电视刊播，还同时利用企业自用的销售点广告等与之配合。

思考与练习

1. 广告媒体有何功能？
2. 广播广告有何优势？
3. 试述广播广告的形式。
4. 电视广告有哪些特点？
5. 网络广告有哪些形式？

第五章 广告调研

【学习目标】

    1. 了解广告调研是整个广告活动的起点；

    2. 了解广告调研的概念和作用；

    3. 掌握广告调研的内容；

    4. 掌握广告调研的程序和方法。

第一节 广告调研的作用与方法

一、广告调研的作用

(1)有助于更好地吸收国内外先进经验和最新技术，改进企业的生产技术，提高管理水平。

当今世界，科技发展迅速，新发明、新创造、新技术和新产品层出不穷，日新月异。这种技术的进步自然会在商品市场上以产品的形式反映出来。广告调研有助于我们及时地了解市场经济动态和科技信息，为企业提供最新的市场情报和技术生产情报，以便更好地学习和吸取同行业的先进经验和最新技术，改进企业的生产技术，提高人员的技术水平，提高企业的管理水平，从而提高产品的质量，加速产品的更新换代，增强产品和企业的竞争力，保障企业的生存和发展。

(2)为企业管理部门和有关负责人提供决策依据。

任何一个企业都只有在对市场情况有了实际的了解，才能有针对性地制定市场营销策略和企业经营发展策略。在企业管理部门和有关人员要针对某些问题进行决策时，如进行产品策略、价格策略、分销策略、广告和促销策略的制定，通常要了解的情况和考虑的问题是多方面的，主要有：本企业产品在什么市场上销售较好，有发展潜力；在哪个具体的市场上预期可销售数量是多少；如何才能扩大企业产品的销售量；如何掌握产品的销售价格；如何制定产品价格，才能保证在销售和利润两方面都能上去；怎样组织产品促销，广告费用又将是多少等。这些问题都只有通过具体的广告调研，才可以得到具体的答案，而且只有通过广告调研得来的具体答案才能作为企业决策的依据。否则，就会形成盲目和脱离实际的决策，而盲目则往往意味着失败和损失。

(3)增强企业的竞争力和生存能力。

商品市场的竞争由于现代化社会大生产的发展和技术水平的进步，而变得日益激烈化。市场情况在不断地发生变化，而促使市场发生变化的原因，不外乎产品、价格、分销、广告、推销等市场因素和有关政治、经济、文化、地理条件等市场环境因素。这两种因素往往又是相互联系和相互影响的，而且不断地发生变化。因此，企业为适应这种变化，就只有通过广泛的广告调研，及时地了解各种市场因素和市场环境因素的变化，从而有针对性地采取措施，通过对市场因素，如价格、产品结构、广告等的调整，去应对市场竞争。对于企业来说，能否及时了解市场变化情况，并适时适当地采取应变措施，是企业能否取胜的关键。

二、广告调研的方法

广告调研的方法，基本可以按照以下两个维度进行划分：定性和定量研究、实证和案头资料研究（或者称为一手或二手资料研究）。下面我们以后者为基本划分维度，介绍几种常用的广告调研的方法。

(一)观察与模拟

通常在销售终端进行，调研人员在不打扰调研对象的情况下，静默观察，记录和获取相关资料。具体手段可以是人力观察，也可以利用仪器，如摄像机、录音机等专用设备。这种方法能够获得比较客观的第一手资料，可以反映最真实的消费者购买过程。静默观察的方法有直接观察、实地测定和行为记录等。还有一种实证调研法是"神秘客人"模拟调研，通常选择不直接相关的调研者，模拟企业客户，进而直接感受和记录消费过程中的细节。例如，假扮成超市的顾客，切身感受促销员的服务品质，甚至可以故意模拟一些意外情况，观察超市服务体系的反应速度和质量。以上方法属于定量研究，而且鉴于实施条件有限，不适合在大范围内开展，可以作为个案对整体调研进行补充。

(二)问卷调研

问卷调研是应用最为普遍的一种调研方法，具有适应性强、定量和定性相结合、成本低廉、易于统计等优点。调研的事项、内容，需通过询问的方式获取。这也是广告受众调研经常运用的方法之一。调研问卷根据实施的方式可以分为：邮寄问卷、留置问卷、电话询问、街头拦截问卷、网络调研问卷等形式。需要强调的是，问卷调研的效果在很大程度上取决于问卷设计的水平。在设计问卷时，应合理控制难度和完成时间，精心设置问题点，尽最大可能挖掘出调研对象真实的想法。

值得注意的是，随着网络普及程度的日益加深，网络问卷调研的模式日益成熟，进一步降低了问卷调研的成本，同时后台数据库的管理使得数据更易于统计和输出。目前互联网上专门提供网络问卷调研的网站已经有很多。

(三)深度访谈或座谈会

深度访谈或者座谈会同样是广告调研的重要手段，具有非常好的实用性，样式灵活且费用低廉，特别适合对于某项问题的深度洞察。深度访谈通常针对一个访谈对象，调研者根据访谈提纲激发被访者的深度观点；而座谈会通常是多人参加，人数通常为 8～10 人，主持人通过非倾向性的引导，组织被访者畅所欲言。深度访谈或座谈会都需要提前组织并设定议题和提纲，调研者或主持人的经历、阅历、水平往往对整个调研活动的品质起决定性的作用，这一点尤其重要。另外，访谈或座谈的调研方法可以结合定性和定量研究的内容，并注意其比例的合理分配。

(四)实验室或测试研究

实验室研究通常用来验证广告理论或传播效应，因实验室的特殊环境，往往与广告传播现实存在较大的差异，很难在实际操作的广告项目中获得普遍采用。根据研究的目的和类型，实验室研究可以分为市场反应机制、广告信息实验和媒体效应实验等。另外，具有一定实用价值的测试研究，也被称为广告作品测试，包括影视或平面创意测试、产品包装或功能测试，能有效降低产品和广告创意引发的"广告失效"风险。实验室或测试研究往往需要特定的场地和设备条件，加之模拟环境与现实环境的显著差异，往往具备不佳的投入产出效果，因此，此方法大多应用于学界对于广告原理的探索研究。

(五)计算机辅助式电话访问

计算机辅助电话访问(Computer Assisted Telephone Interview，CATI)是近年高速发展的通信技术及计算机信息处理技术应用于传统的电话访问的产物，目前已经形成了成熟的应用体系。CATI是指使用一份按计算机设计方法设计的问卷，用电话向被调研者进行访问。计算机问卷可以利用大型机、微型机或个人计算机来设计生成。调研员头戴小型耳机式电话，通过计算机拨打所要访问的号码，电话接通之后，调研员就读出计算机屏幕上显示出的问答题并直接将被调研者的回答(用号码表示)用键盘输入计算机的数据库。

应当看到的是，随着家庭固定电话的日益减少以及个人手机的信息，CATI的应用基础受到了明显的冲击，但作为一种基本的电话访问系统，还具有一定的使用价值。

【小资料】

广告调研方法使用技巧

(1)访问法

访问法是指通过询问的方式向被调研者收集资料的方法。主要包括面谈访问法、电话访问法、邮寄访问法、调研问卷法、网络调研等。

1)面谈访问法是指调研人员通过面对面地询问、观察被调研人员，以获取信息资料的方法。它通常采用个人面谈、小组面谈和集体面谈等形式。

优点：方便、灵活，调研问卷的回收率高，调研人员能较好地控制调研过程，有利于沟通，能获得较多的真实资料。

缺点：成本较高，耗时，调研范围有限，被拒访的概率较高，被调研者很容易受调研人员的影响。

2)电话访问法是指通过电话向被调研者询问有关问题以获取信息资料的一种方法。

优点：获取信息资料的速度比较快，调研费用较低，调研范围较广，被调研者可以在没有任何心理压力的情况下自由回答问题，整个调研活动完全由调研人员控制。

缺点：访问时间不能太长，否则容易引起消费者反感；调研问题不能太复杂，数量不能太多，一些较深入的问题无法得到答案；由于不在现场，因此一些图片、表格以及调研说明等无法展示。

3)邮寄访问法是利用邮寄的方式将设计好的调研问卷寄给预先选定的被调研者，要求被调研者按要求填写好调研问卷后再寄回给广告主。

优点：调研成本低；调研范围广；被调研者有充分的时间填写调研问卷，因而可以确保调研资料和数据的真实性。

缺点：调研问卷的回收率低；耗时，信息反馈时间长，影响资料的时效性；由于没有调研人员在场，缺乏调研人员的指导，有些被调研者在回答问题时容易因为曲解题意而出现偏差。

4）调研问卷法是调研人员按照事先设计好的调研表或访问提纲进行访问，要以相同的提问方式和记录方式进行访问，提问的语气和态度也要尽可能地保持一致，调研问卷设计要把结构式访问和无结构式访问的问卷设计妥当，当面交给被调研者，并说明调研目的和要求，请被调研者自行填写，然后再由调研人员定期收回的一种获取信息资料的方法。

优点：调查问卷回收率高；被调查者可以当面了解填写问卷的要求，避免由于误解提问内容而产生误差；填写问卷时间充裕，便于思考回忆；被调查者意见不受调查人员的影响。

缺点：调查地域范围有限；调查费用较高；不利于对调查人员的管理、监督。

5）网络调研是通过互联网、计算机通信和数字交互式媒体，发布调查问卷来收集、记录、整理、分析信息的调查方法。它是传统调研方法在网络社会的应用。

优点：费用低，可以省去大量的电话费和邮资，覆盖范围广，而且时效性强，并且方便统计。

缺点：但是这种方法不能像面谈访问法那样取得被调研者的合作，无法了解被调研者内心活动的变化。

（2）实验法

实验法是寻求事物前因后果的一种方法。它将调研对象随机分成两个组：实验组和控制组。一方面，改变实验组的控制变量——价格、包装、广告、产品的陈列方式以及促销活动等；另一方面，保持控制组的这些变量不变，然后观测两个组在实验前后产品销量的变化，从而判断出这些控制变量对产品销售的影响程度，从而为广告决策提供必要的依据。

优点：比较科学，可以获得可观、具体的资料和数据，能直接、真实地反映实际情况。

缺点：实验所耗的时间较长，费用相对较高，在实验过程中可能会发生一些突发事件使得结果难以控制。

广告调研研究员经常都是综合使用上面提到的几种方法，他们可能先从第二手资料（Secondary Data）获得一些背景知识，然后举办目标消费群访谈（定性）来探索更多的问题，最后也许会因客户的具体要求而进一步做大范围甚至全国性的调研（定量）。

第二节　广告调研类型

一、按广告运作过程划分

（一）广告市场调研

（1）广告对象特征。包括年龄、性别、职业、生活方式、文化程度、购买习惯、价值观念、收入状况、家庭生命周期等。

（2）广告对象分布。包括地区位置、城市规模、人口密度、气候条件等。

（3）产品特点。包括产品独特的个性及产品对买主的作用。

（4）竞争状况。包括竞争者的广告内容、广告费用、分销渠道、价格水平、顾客构成、产品优势与弱势等。

（5）营销组合。包括本企业产品的类别、品牌、包装、产品生命周期、价格形态、价格折扣、分销区域、渠道层次、中间商类型、人员推销使用、营业推广措施等。

【小资料】

家庭生命周期

1）单身阶段：处于单身阶段的消费者一般比较年轻，几乎没有经济负担，消费观念紧跟潮流，注重娱乐产品和基本生活必需品的消费。

2）新婚夫妇：经济状况较好，具有比较大的需求量和比较强的购买力，耐用消费品的购买量高于处于家庭生命周期其他阶段的消费者。

3）满巢期（Ⅰ）：指最小的孩子在6岁以下的家庭。处于这一阶段的消费者往往需要购买住房和大量的生活必需品，常常感到购买力不足，对新产品感兴趣并且倾向于购买有广告的产品。

4）满巢期（Ⅱ）：指最小的孩子在6岁以上的家庭。处于这一阶段的消费者一般经济状况较好但消费慎重，已经形成比较稳定的购买习惯，极少受广告的影响，倾向于购买大规格包装的产品。

5）满巢期（Ⅲ）：指夫妇已经上了年纪但是有未成年的子女需要抚养的家庭。处于这一阶段的消费者经济状况尚可，消费习惯稳定，可能购买富余的耐用消费品。

6）空巢期（Ⅰ）：指子女已经成年并且独立生活，但是家长还在工作的家庭。处于这一阶段的消费者经济状况最好，可能购买娱乐品和奢侈品，对新产品不感兴趣，也很少受到广告的影响。

7）空巢期（Ⅱ）：指子女独立生活，家长退休的家庭。处于这一阶段的消费者收入大幅度减少，消费更趋谨慎，倾向于购买有益健康的产品。

8）鳏寡就业期：尚有收入，但是经济状况不好，消费量减少，集中于生活必需品的消费。

9）鳏寡退休期：收入很少，消费量很小，主要需要医疗产品。

（二）广告信息调研

调研使用何种广告信息宣传产品或劳务的特色与利益，能最大限度地刺激和说服目标顾客购买。这是广告调研的重要内容。

企业应针对广告产品及目标受众的特点，决定广告宣称的类型、广告主题、广告表达内容及表现形式。

（三）广告事前试调研

在广告设计之后，开展小规模的试验性调研，调研和测试广告目标、传达信息情况、表现形式等，以了解顾客的反应，预测广告在市场中的效果。

企业通常使用实验法、专家法、面谈法等调研手段开展事前调研。

（四）广告执行调研

调研广告投放市场后，向部分消费者了解广告是否将信息内容正确传达给目标消费群体及潜在消费群体，并在目标市场上产生效果，是否通过广告影响或改变了潜在消费群体的态度和反应。

（五）广告媒介调研

调研媒介的特点、媒介对象、媒介用途、媒介可获得性和媒介效果等。

企业一般根据广告目标和目标消费者数量，来决定媒介的分配和组合，以提高广告信息传播的效率和效果。此类媒介调研常涉及成本、读者率、视听率、注意率、到达率、播放时间和使用频率等。

（六）广告效果调研

调研广告在目标市场上的传播效果，测定广告对产品销售的影响。广告效果调研通常是在广告临近结束或已经结束后进行的，主要了解知名度、回忆率、态度、品牌使用习惯、购买行为等。

由于广告效果取得的综合效应和累积效应，单纯调研某一次广告活动效果难度较大。

二、按资料来源划分

（一）间接广告调研

间接广告调研即次级广告调研（Secondary Research），是指对已形成的资料进行收集、分析。如对广告市场调研资料的收集，对统计公报、图书资料的收集研究。

优点：快速、简便、代价小；缺点：资料有限，针对性差。

（二）直接广告调研

直接广告调研即基本调研研究（Primary Research），也就是原始资料的调研。

优点：针对性强，资料客观性和即时性高；缺点：费用高，时间长。

第三节 广告调研程序

广告调研是企业组织为有效地开展广告活动，利用科学的调查研究方法，对与广告活动有关的资料进行收集、整理、分析和解释。广告调研的目的是为成功地开展广告活动提供准确、有效的信息，它是广告活动的基础。为了实现广告调研的目的，必须遵循广告调研的程序。

一、广告调研的目的

（一）通过广告调研为广告决策提供充分有力的信息

通过广告调研收集大量的广告活动的相关信息，广告策划人员可占有大量翔实的资料，对广告活动所处的市场环境有全面而又深入的了解，做到知已知彼。

（二）通过广告调研为广告的创作设计、选择广告媒介提供重要依据

通过广告调研实现广告设计与目标消费者的有效沟通，从而增强广告的说服力；选择合适的广告媒介，达到广告设计的效果，而要做好这些工作不能凭空想象，只能通过广告调研来获取。

（三）通过广告调研为编制广告预算提供依据，避免广告费用的浪费

为了减少广告费用的浪费，必须进行详细的广告调研，制定合理的广告预算，并且通过详细的广告调研，还可以分析造成广告费用浪费的原因。

（四）通过广告调研准确测定广告效果，评估广告活动

广告调研是广告测评的前提，通过定性和定量的调研，可以为广告效果测评提供大量的资料。

（五）通过广告调研为企业经营决策提供信息支持

在市场经济条件下，广告是企业经营活动的有机组成部分。进行广告调研，实际上也是为企业生产决策和经营决策提供信息。

二、广告调研的要求

（一）广告调研要有明确的目标

任何一个广告活动，都是针对特定的企业和产品进行的，因此，开展每一项广告调研，都有一定的目的，是为实现一定的目标服务的。

（二）广告调研要注意客观公正

在广告调研活动中，为了避免由于主观推测带来的偏差，广告调研必须做到客观公正。

（三）广告调研资料要注意保密

通过调研得到的资料，只能为特定的对象服务，不能随意泄露。

（四）广告调研信息要注意积累

广告调研结果，一方面是为特定的目的服务，另一方面是为将来的调研活动积累资料。

（五）广告调研要注意经济性

广告调研同企业其他的经济活动一样，要考虑到经济效益，要尽可能用最少的经费来完成预期的广告调研任务。

三、广告调研的准备工作

（一）拟订调研计划

调研计划包括：调研目的、调研内容、调研对象、调研方法、调研的时间进度表、调研人员的安排以及调研活动所需的经费预算等内容。

（二）培训调研人员

调研人员的培训内容主要包括：调研目标、所调研产品的专业知识、调研方法和基本技巧。

（三）设计调研问卷

（1）封闭式问题：一般是给定问题的答案，进行选择即可。

1)两项选择。例如,"请问您看过润妍洗发水的龙篇广告吗?"A 看过;B 没看过。

2)单(多)项选择。例如,"请问下列产品的广告,您最喜欢看的是哪一则?"(单选)

A 耐克/巴西队在机场的广告　B 百事可乐少林篇　C 可口可乐私自聚会篇

D 绿箭口香糖雨篇　E 伊莱克斯跳楼篇

例如,"您为什么喜欢看那则广告?"(多选)

A 有明星　B 画面美　C 音乐好听　D 很有创意　E 喜欢的品牌

3)排序。例如,请将下列化妆品品牌按您喜欢的程度依次排序。

A 欧莱雅　B 羽西　C 兰蔻　D 玉兰油　E 资生堂

(2)开放式问题:属于主观题,所提出的问题没有备选答案,由被调研者自由回答。这类问题能够得到更真实的答案,可以探测到被调研者内心真实的想法,但调研结果统计工作量大、难以定量分析。

1)自由回答。这类问题没有备选答案,被调研者可以不受任何限制自由回答问题。

例如,请说出您印象最深刻的一则广告。

2)语句完成。问卷提供一个不完整的句子,由被调研者完成该句子的另一部分。

例如,"当您一看到肯德基的广告时,_____。"

3)联想法。调研人员在问卷中列出一些词语或者图片,由被调研者写出他立即所想到的内容。

例如,当您看到这些词语时,您马上会想到什么?

①月亮　②洗涤液　③美的

当您看到这些照片时,您立刻会联想到什么?

①李连杰(照片)　②兰花(照片)　③大海(照片)

(3)问卷设计要注意以下问题。

1)主题要明确。调研问卷要根据调研目的确定主题,要从实际出发。

2)结构要合理。问题的排列要有一定的逻辑顺序关系,结构要严谨,内容相关的问题应该紧密相连。

3)措辞恰当、通俗易懂。问题要多用亲切的词语,不要用太过专业化的词语,不要用难以定量的词语。所提的问题不要难以判断,不要直接询问让人尴尬的问题,不要提没有意义的问题。要注意问题与答案的一致性。所提的问题应该是近期的,不要太久远。

4)问卷长度要适中。问卷不要过于繁杂,请被调研者填写问卷的时间不宜太长,一般控制在 30 分钟以内。

5)设计的问题要中立。不要用有歧义的句子,或者是暗示被调研者答案的句子,不要用断定性的提问误导消费者。

6)完善问卷。问卷设计完后要选择少数的被调研者进行预演,为问卷的调整完善提供依据。

四、广告调研的内容

(一)企业经营情况调研

(1)企业历史。是老企业还是刚成立不久的新企业;企业的经营性质;企业的发展成果;在社会上声誉如何等。

（2）企业设施。企业的生产设施、营业设施是否先进；加工生产技术有何特点；与同类企业相比有何优势等。

（3）企业人员。人员的规模与构成；科研成果与业务水平有何特点。

（4）经营状况。企业的经营业绩；市场分布与占有；流通渠道；公共关系等。

（5）经营措施。企业的生产目标、营销目标、广告目标；组织机构与各项规章制度是否健全；有什么新颖的经营方式与措施等。

（二）产品调研

（1）产品生产。包括产品的生产历史、生产过程、生产设备、生产加工技术、工艺和原材料的使用。目的在于掌握广告产品的工艺过程与质量情况有何特色。

（2）产品外观。包括产品的外形、规格、花色、款式、质感；包装是否美观大方，是否有优质证明；与同类产品比较有何优点。

（3）产品体系。这是指广告产品在相关产品中所处地位。这种关系主要有：主次关系，如生产与经营的主次关系；配合关系，即两种商品互相配合使用的关系。

（4）产品类别。产品的最基本分类是分为生产资料和生活资料。生产资料又分为原料、辅助材料、设备、工具、燃料、动力等。明确产品类别对广告设计制作、广告决策以及媒介选择都有重要作用。

（5）产品效用。产品效用是产品的突出功能，是给购买者带来的利益，是吸引消费者购买的"卖点"，也是确定广告宣传重点的依据。

（6）产品生命周期。产品在市场都会处于不同的生命周期阶段，其工艺成熟程度也不同，消费需求特点不同，市场竞争情况、营销策略也有所不同，进而广告目标、诉求点、目标受众、媒介策略也是不同的。

（三）广告调研

（1）人口。包括目标市场的人口总数、性别构成、年龄阶段、文化水平、职业分布、收入水平以及家庭人口、户数和婚姻状况等。

（2）社会风尚。包括目标市场的民族构成、民风、民俗、禁忌、生活方式、嗜好、传统习俗、流行风尚、节日和宗教信仰等内容。

（3）政治经济。主要包括有关目标市场所在国的国家政策、地方性政策法规、政府机构情况、社会经济发展水平、工农业发展现状、商业布局等资料的收集。

（四）消费者调研

（1）消费需要。针对消费者生活消费需要的调研，主要是以一个地区或一个阶层的群众或集团为对象，研究影响他们消费需要的各种因素，主要包括经济因素、社会因素和心理因素。

1）经济因素。包括家庭收入、可支配收入、支出模式、商品价格、商品使用价值等。

2）社会因素。包括文化程度、社会地位、阶层和社会关系等。

3）心理因素。心理影响因素多种多样，它对消费需要影响很大。

（2）购买方式。这是指消费行为中购买商品的特点与表现。消费者的购买方式，对广告的发布时机、发布频率、主题与创意，都有着重要的影响。

1）复杂性购买行为是指消费者对价格昂贵、品牌差异大、功能复杂的产品，由于缺乏必要的产品知识，需要慎重选择、仔细对比，以求降低风险的购买行为。消费者在购买此类产品过程中，一般会经历收集信息、产品评价、慎重决策、用后评价等阶段，其购买过程就是一个学习过程，在广泛了解产品功能、特点的基础上，才能作出购买决策。比如购买耐用消费品、奢侈品以及各类品牌产品，及各个品牌间差别大的商品时的行为就是复杂性购买行为。

2）协调性购买。这种购买方式一般发生在消费者购买品牌差别不大的商品时。

3）多变性购买。消费者在求新、求异的心理驱动下，为追求新奇、时髦、风度等而采取的一种购买方式。

4）习惯性购买。消费者的参与程度低，品牌之间的差别小。

【小资料】

消费者的面子消费与关系消费

（1）攀比消费的重要前提是消费者购买某项商品并非出于物质满足的需要，它的发生更多地来源于攀比而形成的心理落差。

（2）炫耀消费是指购买并突出显示奢侈品，以证明其支付昂贵商品能力的消费行为。

（3）象征消费指的是具有符号象征性的消费，即消费不仅是物理或物质的消费，而且也是象征的消费。

（4）由于历史文化等原因，关系消费、公关消费及公款消费都是消费领域中不可忽略的赠礼行为，在送礼的行为规范中特别值得注意的是，礼品反映并表达送礼者对受礼者的地位尊重程度，而不反映送礼者的经济能力（往往超能力送礼）。

五、广告调研的程序

广告调研一般经过确定调研目标、制订调研方案、展开实地调研、整理分析资料和编写调研报告五个阶段。

（一）确定调研目标

实施广告调研，首先应明确调研的目的和目标。针对所要调研的具体商品或品牌，还要经过调研前的细致分析，确定需要解决的问题和调研主题，把握调研的主要内容和次要内容，尽可能将调研范围缩小，使目的明确、目标准确。

（二）制订调研方案

根据已确定的目的和目标要求，拟订广告调研方案，这是为达到调研目标所进行的详细计划，是实施调研的具体执行方案。因此，在制订调研方案时，一方面要明确调研内容、调研人员、调研方法、调研时间和进度安排以及相应的调研费用预算等项目；另一方面要遵循计划翔实、可操作性强的原则。

（三）展开实地调研

以调研方案为依据，实施调研活动。在调研活动过程中，经常会遇到临时情况，要及时调整调研计划，使调研目标能够顺利实现。

间接二手资料，有来自企业内部的自有数据也有外部数据。例如，主要有出版物类，如商业年鉴、民间组织或协会的统计数据、政府部门的统计数据、报纸、杂志等；还有计算机数据库，如在线网络查询、国家或地方统计局的数据库、各大型零售商的进出仓货物数据库等；向专业提供商业数据的公司购买。

(四)整理分析资料

调研活动结束后，要进行资料编码、分类、汇总、整理、分析首先把所有资料按照一定的逻辑顺序进行编号，然后根据实际需要对所收集的零碎、杂乱、分散的资料加以校对、核实，剔除其中不合实际的或无效的数据、资料，以确保资料的准确、客观；把经过筛选的资料、数据按照质量因素、品牌因素、价格因素、竞争者情况、消费者情况以及市场环境等指标分门别类，并编制成适当的表格；汇总是将通过各种调研方法搜集到的资料加以总和，并依据调研目标分门别类；整理是对已经分门别类的资料信息进行编号、校对、核定，将不符合实际情况，不准确或与调研目标无关的内容剔除；分析是采用统计学原理和技术对分类信息数据进行统计分析，制作各个不同问题的图表，计算出各类数据的平均数、百分率和标准差，完成原始数据的分析整理过程。

(五)编写调研报告

编写调研报告是广告市场调研的最后阶段，也是体现调研成果的重要阶段，是提供广告机会进行广告决策的重要依据。

调研报告一般要具备以下几方面的内容：

(1)题目。内容包括广告调研主题、委托调研的广告主、报告撰写日期、撰写人。

(2)前言。内容包括广告主的简介、调研背景、调研的重点以及要解决的相关问题。

(3)正文。这是调研报告的核心部分，围绕调研结论而进行的详细论据表述，在正文中可以充分根据调研原始数据和信息加以详细论述，有理有据地阐明调研结论的形成过程。其中包括调研活动中取得的详细资料、数据、关键的图表、调研对象以及所采用的调研方法等。

(4)结论。调研结论是对调研目的和问题提供的建议和参考解决方案，是整个调研报告的重点，应采用简明、扼要、准确、科学的语言将调研分析所形成的结论加以阐述，通常应以从重要到次要的方式分小标题表达，做到结论明确，语言到位。

(5)附录。包括调研过程中二手资料的来源、调研问卷、统计图表、原始数据、参考资料和数据等内容。

思考与练习

1. 简述广告调研的作用与方法。
2. 简述广告调研类型。

第六章　广告策划

【学习目标】

    1. 了解广告策划的含义与特性；

    2. 了解广告策划系统及特征；

    3. 掌握广告策划的作业流程。

第一节　广告策划的含义与特性

一、广告策划的定义

所谓广告策划，是根据广告主的营销计划和广告目标，在市场调查的基础上，制订出一个与市场情况、产品状态、消费群体相适应的经济有效的广告计划方案，并加以评估、实施和检验，从而为广告主的整体经营提供良好服务的活动。

广告策划可分为单独性策划和系统性策划两种类型，如图 6-1 所示。

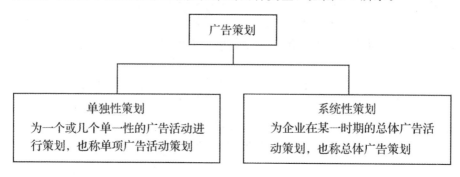

图 6-1　广告策划类型

二、广告策划的特性

广告策划作为广告公司运作业务的战略性统筹谋划，具有不同于一般计划的特殊性。

（一）战略性

广告策划是从广告角度对企业市场营销管理进行系统整合和策划的全过程，因而它要配合企业的整体营销，进行战略层面上的运筹，策划思维要开阔，策划要具备实效性。

（二）全局性

广告策划的全局性表现在广告策划者在策划时必须尽量全面地考虑到一切因素，包括常规的和突发的，要时刻秉持整体的概念，这样的策划才能统筹全局。

（三）策略性

广告策划的灵魂和核心是战略指导思想、基本原则和方向的确立，是决定"做什么"的问题。一旦战略被确定，有与此相匹配的可操作性强的、巧妙的战术和方法，就要同时制定出关于"如何做"的一系列策略。

（四）动态性

广告策划伴随着整个广告活动的全过程，包括事前谋划、事中指导、事后监测，因而各个环节都具有相应的阶段性。它要适应变化多端的未来环境和条件，因此应该是富有弹性的、动态的、有变化的。

（五）创新性

广告策划活动是一项创造性思维活动。创造性的策划要求策划人具有从别人的所有特点中找出空隙的能力，具有找出别人没有做过的事情的能力，其具体表现在广告定位、广告语言、广告表现、广告媒体等各个方面。

第二节　广告策划系统及特征

广告策划系统由五个部分组成，如图 6-2 所示，五个部分环环相接，并逐层展开延伸。作为基础的市场调研，就如同地球的核心，所有的能量借助这个基础，通过广告策划科学、有序地层层规划散发出来，达到广告策划预期的效果。

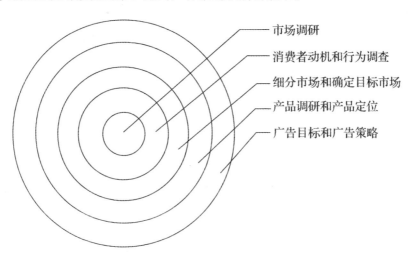

图 6-2　广告策划系统示意图

广告策划作为一个动态的系统过程具有的特征，如图 6-3 所示。

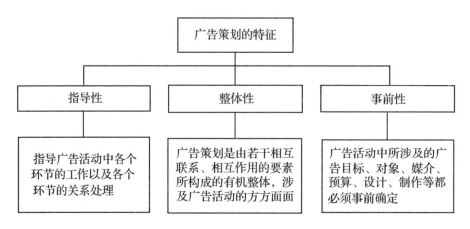

图 6-3　广告策划的特征

第三节　广告策划的主要内容

　　广告策划的内容因具体策划活动的不同而不尽相同，但这些内容彼此密切联系，相互影响又相互制约。将广告策划的内容进行梳理后，大致可分为调研阶段—分析阶段—决策阶段三个方面，如图 6-4 所示。

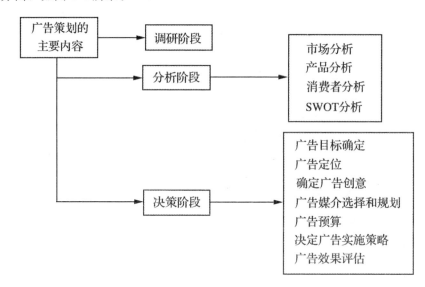

图 6-4　广告策划的主要内容

一、调研阶段

　　在调研阶段，要进行的主要工作是根据策划活动的要求，通过各种方法和途径获取成功进行策划活动所需的信息。

二、分析阶段

分析阶段则是根据调研阶段所获取的信息，结合策划活动的要求，对获得的信息进行深加工以求使复杂的环境条理化，寻找策划活动的优势和劣势，找准机会和问题点。此阶段的主要任务包括市场环境分析、产品分析、消费者分析、SWOT 分析。通过分析以上过程，可以确定本企业在竞争中的地位和角色，针对消费者的心理与行为，采取不同的营销策略。

（一）市场分析

市场分析是广告策划和创意的基础，主要以产品营销活动为中心展开，围绕市场供求关系来进行，分析得出广告主和竞争对手及其产品在市场上的地位，为后续的策划工作提供依据。

（二）产品分析

对产品的分析主要从产品的供求关系、产品方案、企业等方面进行，如表 6-1 所示。

表 6-1　产品分析

产品分析	对产品的成本、费用、产量、价格、特点、性能、寿命等进行分析
产品供求关系分析	了解、分析哪些产品是滞销产品，哪些产品是畅销产品
产品方案分析	包括对企业产品的政策、产品规划和产品开发经营计划、品种搭配情况进行分析
企业分析	主要是对企业规模、企业观念、企业文化等进行分析

（三）消费者分析

消费者分析主要包括了解消费者的风俗习惯、生活方式，不同类型消费者的性别、年龄、职业、收入水平、购买能力以及对产品和广告的认知态度。

（四）SWOT 分析

SWOT 是一种分析方法，它用来确定企业本身的竞争优势（strength）、竞争劣势（weakness）、机会（opportunity）和威胁（threat），从而将公司的战略与公司内部资源、外部环境有机结合。因此，清楚地确定公司的资源优势和缺陷，了解公司所面临的机会和挑战，对于制定公司未来的发展战略有着至关重要的意义。

三、决策阶段

根据上面的分析结果，可以确定目标消费者、目标受众、广告目标、产品定位、表现策略、广告效果等，从本质上讲，广告是一种以说服为目的的信息传播活动。广告能否针对目标消费者进行诉求以及广告诉求能否达到预期的效果，决定着广告活动的成败。除确定正确的诉求对象、明确恰当的广告主题、诉求点和采用正确的诉求方式外，广告策划还要追求最佳创意。

（一）广告目标确定

广告目标是指企业广告活动所要达到的目的。确定广告目标是广告计划中至关重要的起步性环节，是为整个广告活动定性的一个环节。企业制定的广告目标主要有以下七种：

（1）加强新产品宣传，使新产品能迅速进入市场。

（2）维持或扩大产品目前的市场占有率。

（3）提高产品和企业的知名度。

（4）帮助消费者确认其购买决策是正确的、有力的。

（5）增加消费者对企业的好感，为企业建立信誉。

（6）介绍新产品的用途。

（7）纠正错误印象和不正确的传闻，以排除销售上的障碍。

（二）广告定位

广告定位是企业制定广告战略的起点。它是利用广告为商品在消费者的心中找到一个位置，其关键点在于抓住消费者的心，并通过广告定位为其创造一个崭新的、恰到好处的购买理由，从而促使其产生购买欲望。

（三）确定广告创意

广告创意是将广告策划人头脑中的东西从无形转为有形的阶段，也是广告策划的重点。首先要对产品信息和消费者心理构成进行详细分析，然后确定能打动消费者的广告主题，再在此基础上进行广告创意，并将创意生动形象地表现出来。

（四）广告媒介选择和规划

媒介策划是针对既定的广告目标，在一定的预算约束条件下，利用各种媒体的选择、组合和发布策略，把广告信息有效地传达给市场目标受众而进行的策划和安排。广告活动是有价的传播活动，因此只有选择合适有效的媒介组合并进行科学地规划安排，才能使传播更有效。

（五）广告预算

"花的广告费一半浪费掉了，但却不知道是哪一半。"这句流传于广告界的名言透露出一个信息，即要对广告活动进行科学合理的预算，规定在一定的广告时期内，从事广告活动所需的经费总额、使用范围和使用方法。准确的广告预算能确保企业的广告活动顺利进行。

（六）决定广告实施策略

广告活动的实施必须制定出一套具体的措施和手段，其中的每一个步骤、每一个层次、每一项宣传都规定了具体的实施办法，如图6-5所示。

（七）广告效果评估

广告发布出去之后，想要了解有没有达到广告目的或能否产生对其他方面的影响，这就要对广告效果进行全面的评估。为了增加广告的有效性，还应在广告活动中甚至广告活动前进行广告效果的监控和评估。

通过对广告效果的评估，可以了解到消费者对整个广告活动的反应，对广告主题是否突出、诉求是否准确有效以及媒体组合是否合理等做出科学判断，从而使有关当事人对广告效果做到心中有数。

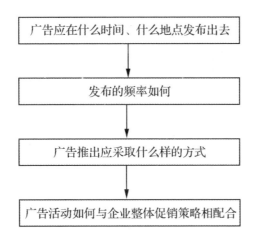

图 6-5　广告实施策略的内容

第四节　广告策划的作业流程

所谓广告策划的作业流程，就是在广告策划的具体作业过程中，通过操作性强、效率高、专业化的方法步骤，有目的、有计划地使广告目标、广告策略、广告预算、广告实施计划及广告效果监测等逐渐明晰和完善，最终形成可供操作的策划方案的过程。

广告策划的作业流程包括六个阶段，如图 6-6 所示。

第五节　广告策划的策略应用

一、广告策划的战略决策

（一）分析广告战略环境

广告战略环境可分为内部环境和外部环境。

内部环境分析主要是指对产品和企业进行分析。

外部环境分析主要是指对市场环境、竞争对手和消费者的分析。分析外部环境主要是为了找出外部环境中的问题与机会，从而把握有利因素、消除不利因素，制定出正确的广告战略。广告战略环境分析如图 6-7 所示。

（二）确定广告战略思想

广告战略思想决定着整个广告活动的价值取向和行动特点，从而产生不同的广告运作效果和风格。广告战略思想的四种类型如图 6-8 所示。

（三）选择具体广告战略

在分析了广告战略环境，确定了广告战略思想、战略任务之后，接下来的工作就是对广告战略进行选择。以下列举的几种战略手段是广告策划中经常用到的，具有显著的实效性。

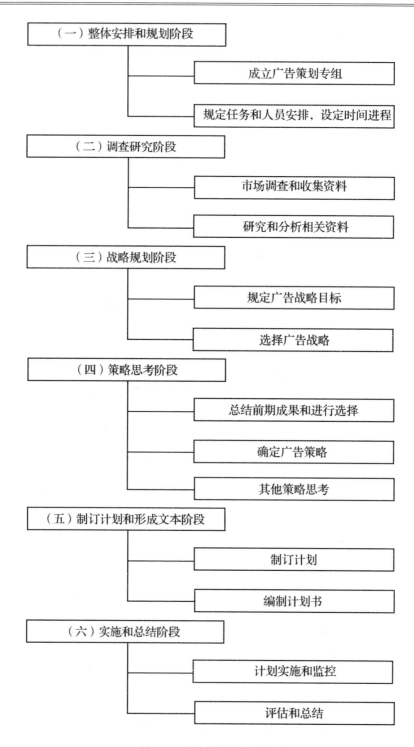

图 6-6　广告策划的作业流程

1. 集中战略

选中一个目标市场，采取立体式广告，在最短的时间内突破一点，取得市场优势，然后再逐步扩大到其他地区。

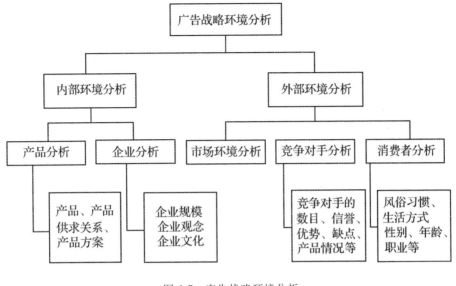

图 6-7 广告战略环境分析

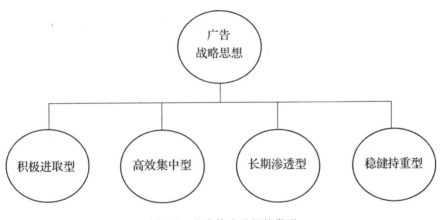

图 6-8 广告战略思想的类型

【经典案例】

中国铁通:差异化集中战略的突围

中国铁通作为中国五大电信运营商之一,一直受到中国移动、中国联通和中国电信三大强势对手的压制。成立已有6个年头的中国铁通为求在夹缝中突围,进行了卓有成效的战略转型,实施了差异化集中战略,开辟出了属于自己的新道路。

中国铁通实施差异化集中战略的重点是加快特色业务的开发和推进重点区域的发展,即专业化加区域化。

1. 细分市场,提供特色业务服务

(1)在专用通信市场上,重点关注铁路大客户的需求,以中国铁通跨越式发展为契机,为铁路客户提供量身定做的专业化服务。加快铁路增值业务的开发,以推进铁路数字移动通信业务为切入点，拓宽铁路通信业务的品种，提高服务的质量，引导旅客和货主通信业务的消费，满足我国铁路跨越式发展对通信信息的需求，确保中国铁通在铁路通信市场上的主导地位。

（2）在公众市场上，以企业信息化建设为契机，以铁路关联大用户为切入点，提供完善的信息服务。同时，积极推进数字集群等基础电信业务及呼叫中心等增值业务的开发，加大营销力度，力促尽快形成规模效益。

2. 确定重点区域，加大投入，重点发展

中国铁通资源有限，如果面向整个国内电信市场分配资源，难以形成竞争优势，因此有必要细分地域市场。对于经济发展快、市场潜力大、网络设备质量好、综合管理及效益水平高的省份公司所处的市场，中国铁通将其作为重点发展区域，加大资金投入，加快网络建设，提高网络质量，力争形成一定的局部优势。

［资料来源：《通信世界》2006 年第 36 期（数字杂志）］

2. 进攻战略

针对竞争对手的弱点，以主动进攻的态势抢占市场，志在必得，赢得同类市场的制高点。

【经典案例】

今麦郎剑指康师傅

康师傅作为城市市场方便面的第一品牌，其强势地位一直无法被撼动。而今麦郎公司前期则采取"农村包围城市"的策略，在确立了自己在农村市场的强势地位后，开始进军城市市场，投入巨资，实施对康师傅的战略进攻，以图改变康师傅一统城市方便面市场的格局。

今麦郎为了在城市市场建立差异化的优势，推出了今麦郎弹面，诉求弹面才好吃，以便与康师傅的口味诉求建立差异，并邀请葛优、张卫健担任代言人，进行了一系列的广告轰炸。

1. 上品直击康师傅要害

且看今麦郎在电视热播的上品广告，代言人葛优继续保持着他那幽默的神态和语气讲道："红烧牛肉面，老是一个味，群众不满意，产品该升级了，上品卤蛋红烧牛肉面，有料就是不一样，高一年级的味道。"

这则广告看似是今麦郎对自己的红烧牛肉面所做的产品升级广告，实则是对康师傅的强势产品红烧牛肉面的攻击。广告语中"红烧牛肉面，老是一个味，群众不满意，产品该升级了"的语句，显然是冲着康师傅红烧牛肉面的"就是这个味"而来的，不仅一下子把康师傅置于产品不创新、形象保守的被动境地，而且使康师傅的优势一下就变成了劣势；而后话锋一转"上品卤蛋红烧牛肉面，有料就是不一样，高一年级的味道"，向消费者清晰地传达了这样一种信息：厌倦了康师傅的老口味，想要更好的产品，那就选择今麦郎的升级产品——上品。

2. "弹面＋上品"，让康师傅腹背受敌

当康师傅的口味受到今麦郎的致命攻击时，今麦郎就势推出弹面产品，发挥弹面诉求的威力。这是一款高档方便面，虽然面体对消费者的影响力低于口味，但不能说不重要。如果康师傅想要在口味的强势地位上进行面体升级来展开对今麦郎的战略防御，那么这条路已经被今麦郎给堵死了。

3. 心理战略

主要针对消费者心理需求和感受对某一产品或消费观念进行引导，从而使消费者对某一产品或企业产生兴趣，进而转化为购买行动。

【经典案例】

宝洁公司六大洗发水品牌中的心理战略

宝洁公司大家都很熟悉，它的产品在日常生活中随处可见。宝洁公司旗下的洗发水品牌有六个：飘柔、海飞丝、潘婷、沙宣、伊卡璐、润妍。这不禁让人产生疑问，宝洁为什么推出这么多个洗发水品牌呢？为什么不集中精力做一个品牌？那样可以省下多少的广告费啊！

且看这六种洗发水都有什么独特功效：飘柔强调发质柔顺；海飞丝强调去屑；潘婷强调营养修护；沙宣强调专业，走美容院路线；伊卡璐强调能唤醒睡美人的香味；润妍强调自然之美。六个品牌，六种不同的选择，这正是宝洁公司针对消费者所实施的心理战略。

如果只推出一种洗发水品牌，就算把这个品牌做得无可挑剔也肯定会有人不喜欢，但如果同时做多个品牌，消费者总能从中找到一个中意的。而六种洗发水品牌强调的六种不同功能适合不同的消费者，这就是品牌心理战略的效果。正因为宝洁公司在心理战略上的成功运用，才出现了今天宝洁独霸洗发水市场的局面。

4. 名牌战略

针对消费者追求产品的附加值，并以此获得荣耀感以及身份、地位象征的心理，引导消费者产生购买行为。比如金利来领带、宝马汽车等产品，其价值已超越简单的功能价值，其身份、地位的符号意义更明显。

二、广告策划的策略运用

(一)广告产品策略

产品策略具体又可分为产品定位策略、产品生命周期策略。

1. 产品定位策略

产品定位是指确定产品在市场中的最佳位置，以利于自己的产品创造培养一定的特色，满足消费者的某种需求和偏好，从而达到促进销售的目的。

以香港的手表业为例，香港的手表业能够从落后到与瑞士、日本并列三强，靠的不是技术、工艺压倒对方，而是对自身行业进行了精准的定位，推出一系列多功能定位的手表，如时装表、儿童表、情侣表等，从而一举畅销全世界，获得了巨大成功。

2. 产品生命周期策略

任何产品都有一个发展周期，不同时期的产品，它的工艺成熟程度、消费者心理需求、市场竞争状况都有不同的特点，因此其广告策略运用也就不同，如表6-2所示。

表 6-2 产品生命周期策略

策略	特点
产品投入期广告策略	重点提高产品知名度
产品成长期广告策略	强调品牌意识
产品成熟期广告策略	强调服务质量和优惠政策
产品衰退期广告策略	发掘新的消费方式

（二）广告市场策略

确定广告市场策略，首先要细分市场，把市场分为消费品市场和生产资料市场。消费品市场细分标准：地理、人口、经济、心理。

生产资料市场细分标准有不同角度，可根据用户的不同作为细分标准，还可根据用户规模和购买力大小以及用户的地理位置作为细分标准。

市场细分为广告策略的选择与制定提供了依据，使广告策划目标准确，通过细分市场，还为确定目标市场提供了可选择的多个市场面。为了从多个市场面中选出理想的目标市场，必须认真评估每一个细分后的市场。适应产品生存的目标市场一般应具备两个条件：

第一个条件：该目标市场是否具备一定的消费规模与增长潜力；

第二个条件：企业是否有能力满足目标市场需求。

广告市场策略可分为三类：

（1）无差别化市场广告策略。针对的是大一统的大目标市场，所有的消费者对某一商品有共同需求，广告主题相对单一。

（2）差别化市场广告策略。针对多个细分市场的不同特点，采取不同的广告形式，以不同的广告主题、媒介组合向不同的消费群体进行有差别的广告宣传。

（3）集中市场广告策略。把广告宣传重点集中在细分市场中的一个或几个主要目标市场上，以求在市场中先突破一点，进而向市场的广度扩张。

【经典案例】

贝因美婴儿奶粉：差异化营销巧占市场

贝因美品牌初入市场时，婴儿奶粉市场在高端品牌上有以"惠氏""美赞臣"为首的外资品牌，在中高端市场则是"多美滋""力多精"等外资品牌独霸一方，而在中低端市场是以"伊利""完达山"为首的本土奶业品牌，还有以各种杂牌奶粉为主的低档市场。

贝因美在分析了各个不同级别市场的状况后，将自己的目标消费市场定为国产高端市场，这是一个巨大的市场空缺。由于高档婴儿奶粉一直是外资品牌的天下，国产婴儿奶粉一直给人的感觉是大众化、档次不高，市场上几乎没有高端定位的国产婴儿奶粉。针对这个难得的市场，贝因美制定了一系列差异化营销手段。

（1）产品成分及包装的差异化。

考虑到与现有国产奶粉的差异性，贝因美率先在婴儿奶粉中添加"DHA＋AA"营养成分，此配方在外资高端奶粉中刚刚采用，但在国产奶粉中却很少见。贝因美审时度势，抢得先机。

在包装上，贝因美选定有封口拉链的立袋作为袋装奶粉的包装。因为在市面上尚无奶粉采用，贝因美的率先采用体现了差异化策略的需要。

（2）重点销售区域选择的差异化。

大城市已被外资品牌所占领，因此贝因美锁定的目标顾客基本分布在众多的二、三线城市和富裕的乡镇，于是，贝因美的销售通路也集中在这些重点销售区域。事实证明，贝因美奶粉上市后，奶粉销售前列的终端均位于这些区域。

（3）市场推广的差异化。

贝因美仅是中型企业，不可能像大品牌那样有巨额的广告投入，但是贝因美实施了终端导购推广策略，稳住了自己的阵脚。终端导购推广，即有贝因美导购的终端必须销售贝因美奶粉，有贝因美奶粉铺市的终端必须上贝因美导购终端，同时在销售现场开展"育婴顾问"活动，推销产品、散发传单和试用装作品牌推广工作，并且解答顾客在育婴方面遇到的问题，从而时时体现"贝因美——您的育婴专家"的品牌形象。

（三）广告促销策略

广告促销策略如图 6-9 所示。

这种广告策略由于向消费者提供感兴趣的有价值的信息，同时给予消费者更多的附加利益，因此具有明显的促使消费的诱导作用。

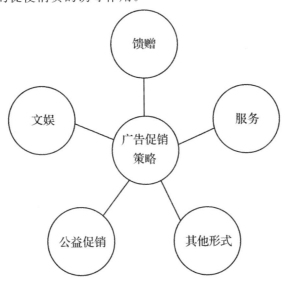

图 6-9 广告促销策略

（四）广告实施策略

广告策划变为现实行动必须有具体的实施策略。广告实施策略包括：

（1）提前策略，即产品上市前先行广告宣传。

（2）即时策略，即广告宣传与产品上市同步进行。

（3）置后策略，即产品先行上市试销，随后根据市场情况确定广告宣传的力度。

（4）时机策略，即把握节假日产品销售的淡旺季和重大活动时机，使广告信息融入节日文化气氛之中，易被消费者所接受。

（五）广告媒介策略

广告媒介策略，实质上是根据广告的战略要求，对广告媒介进行选择和搭配的策略。其目的在于用最低的投入取得最大的广告效益，因此在选择媒介时，应对媒介社会威望、受众范围、受众对象、有效目标、受众群做详细了解。这样才能使媒介应用得当，使广告收到最好效果，保证整个策划的实施效果。

第六节 新媒体环境下的广告策划

新媒体环境的"新"体现在以高科技为基础的技术手段及数字技术上。新媒体的表现形式集中体现在传播媒介上，特别是作为网络广告载体的"第五媒体"。

一、广告目标与受众的策划

新媒体环境下广告预期目标的完成首先取决于对广告受众的策划。

为了迎合受众的消费需求，新媒体广告对受众可进行分众传播、聚向传播和窄告传播的定向传播，将广告内容和信息有针对性、一对一地传送给需要得到信息的消费者，引起受众的注意和兴趣，消除他们对广告的抵制心理，提高广告的到达率，产生更大的经济效益。

二、广告主题策划

新媒体广告主题的策划主要根据消费者的物质需求和精神需要制定对应的广告诉求重点。为了使消费者能更好地接受广告所要表达的主题思想，应使广告主题具有以下特征，如图 6-10 所示。

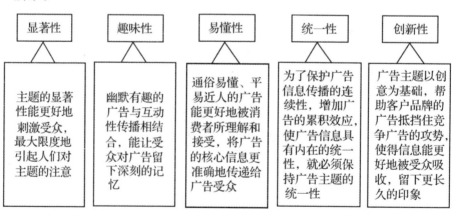

图 6-10 广告主题的特征

三、广告的媒体策划

新媒体环境下的广告媒体策划是将现有的多种媒体进行选择与组合，最大限度地发挥各种媒体的影响力，从而达到广告目标。仅凭借单一媒体向消费者诉求极易淹没在媒体的相互干扰中，很难引起消费者的关注。为了使广告信息更容易被消费者注意与记忆，必须根据广告主题进行广告媒体的选择与策划，根据选择媒体的结果和广告的目标进行搭配组合。这是因为：

(1)媒体都有其特定的受众群，不可能覆盖所有目标对象，靠单一媒体是不能有效锁定所有的目标对象的。

(2)今天的消费者获取消费信息的途径是多样化的，如果只是死守单一媒体，企业将失去与其他消费者接触的机会，无法获得预期的认知度。

(3)媒体本身所具有的属性特征不同，决定了不同媒体在同一广告活动中扮演着不同的角色，而不同角色之间的相互补充和相互强化更能达到广告的有效传递。

因此，综合考虑媒体自身的特性，对媒体进行有机组合的媒体策划，是决定广告传播效果的关键一环。

新媒体环境下的广告策划应根据广告目标的特征，通过广告媒体的组合宣传建立良好的产品品牌形象和企业形象。广告媒体组合策略可通过各种媒体之间的组合、媒体内部的组合、媒体中广告内容的组合来实现。广告媒体的组合须遵循以下原则：

(1)互补性原则。利用不同媒体间的优势互补，实现媒体运用的"加乘效应"。

(2)有效性原则。能有效地显示企业产品的优势，能有效地传递企业的各种有关信息，不失真、少干扰，有说服力和感染力。

(3)可行性原则。选择广告媒体时应当充分考虑各种现实可能性。

(4)目的性原则。遵循企业经营目标，适应企业的市场目标，并充分考虑广告所要达到的具体目标，选择最有利于实现目标的广告媒体。

(5)效益最大化原则。以最小的经济投入达到最佳的广告效果。

第七节　广告策划书

一、广告策划书的概念

广告策划书是反映广告活动策略和具体实施方案的应用文件。"广告未作，策划先行"，撰写广告策划书是企业营销过程中的一个重要环节。一份好的广告策划书能够成为企业创立名牌、迎战市场的决胜利器。

二、广告策划书的特点

(一)突出的预见性

广告策划书的本质就是在把握市场变化趋势的基础上，通过对广告活动的设计与安排，实现市场营销的目标。广告策略的制定、广告活动中每一个细节的安排与布置都是基于对未来市场的科学预见；广告策划书的内容，同时也体现了企业应对未来市场的策略。

(二)鲜明的综合性

广告策划活动涉及广告创意、市场营销、活动策划等各个环节，包括广告定位策划、公关活动策划、广告媒介策划（广告的发布媒介、广告的发布时间、广告的发布地域、广告的媒介组合等的策划）、商品营销策划等。因此广告策划书的撰写是一个系统的、综合的、动态的过程。

（三）严谨的逻辑性

广告策划书的撰写通常按照逻辑性原则来构思，围绕"做什么广告、为什么做广告、怎样做广告"这样一条思维路线展开。撰写者正是在对策划思维进行严密的、多层面的逻辑展示中，从已知推出未知，从现在推出将来，反映事物发展的内在规律，写出极具说服力的作品。

三、广告策划书的写作流程与要求

（一）广告策划书的写作流程

广告策划书的写作流程如图 6-11 所示。

（二）广告策划书的写作要求

广告策划书的写作要求包括以下内容：

（1）重视调查，立足分析。一个成功的广告策划，首先要从市场调查开始，进行广告市场定位。通过分析产品特征、竞争对手、市场供求等情况，确定目标市场，制定广告策略，确定广告计划和实施方案。

（2）明确目标，突出重点。明确广告目标就是要确立一个与营销策略相配合的广告目标，是鼓励原有消费者，还是吸引潜在顾客，是巩固自己的市场定位，还是从竞争者手中夺取市场，目标必须清晰明确。

突出重点是指要抓住企业营销中所要解决的核心问题，深入分析，提出具有可行性的对策与具体行动计划，突出针对性，以利于实际操作实施。

（3）创意新颖，美观醒目。在广告策划创意中，一是要突破常规，用崭新的方式传达意念；二是要优化组合，即策划者在把握商品、市场、受众多方情况的基础上，通过创造性的劳动，使策划项目的潜在优势升华为受众能够感知的具体的新形象。

大型的广告策划书一般还要设计精美的封面，对封面的包装要力求简单清晰，可以附以设计精美的徽标，图文并茂。

【经典案例】

为每个不平凡的平凡大众
——大众银行微电影广告营销

大众银行由前高雄市议会议长陈田锚先生于 1990 年邀请工商巨子及社会各界人士共同发起，1992 年 1 月设立于高雄，同年 4 月 2 日正式开业。大众银行股票于 1999 年在中国台湾上市。为增强业务推展及提高竞争力，大众银行于 2000 年将总行部室迁移至台北，成立台北管理处。2001 年 5 月 29 日与大众票券完成合并。从最早的经营理念"大众结圆、结缘大众"到后来的"关怀客户心，大众用真情"，都是对客户的坚持与承诺。

大众银行一开始并不为人们所熟知。2009 年，大众银行做了一份消费者认知调查，发现大部分消费者并不认识大众银行。这样的品牌要和全台湾 38 家银行竞争，谈何容易。银行服务的内容包罗万象，并不是每一个消费者都需要所有的商品。如何在众多广告中凸

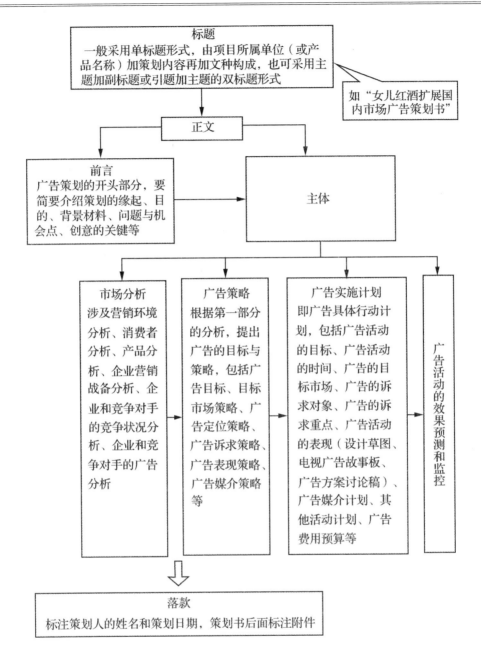

图 6-11 广告策划书的写作流程

显自己？银行形象广告难以广泛传播，更缺乏意义的联结，消费者看完后根本不知道是哪家银行，更不知道产品诉求，如何突破？广告预算不多，如何以小博大？基于此，大众银行董事兼总经理许健洲提出了"建立品牌"的策略。

台湾奥美广告公司创意总监胡湘云针对"建立品牌"进行了广告营销策划和创意活动，大众银行联合台湾奥美创作了几部在网络上广为流传的广告片——《母亲的勇气》《梦骑士》《马校长的合唱团》。大众银行的广告始终把握一个明确的基调——重感情。坚持真实故事改编剧情，呈现台湾人的真感情。其影片取材于台湾的当地故事，都是简简单单的小人物甘苦谈，却能彰显大众银行的台湾本土精神。《母亲的勇气》《梦骑士》《马校长的合唱团》等乍看之下，几则故事和大众银行之间并没有联系，但实际上大众银行潜移默化地树立了一个感性的品牌形象，赚到知名度，也就是达到了提高企业知名度的广告目标。微电影打动了人们，让大众银行这品牌树立了与消费者亲近的形象，使得大众银行为人们所认识和了解，提高了大众银行的品牌影响力。三则独立的广告故事在 2010 年、2011 年传遍台湾，后又通过网络传遍大陆，被各大社区类网站热捧为最感人的微电影广告。

据了解，在 2010 年到 2011 年短短一年的时间里，大众银行从原本品牌认知排行榜的 22 名，一跃前进至第 4 名。能取得这样的成绩，这几支小人物故事为主题的广告片功不可没。

一、2010 年台湾最感人的广告《母亲的勇气》

2010 年春节，当人们还沉浸在春节合家团圆的氛围中时，台湾电视上一则叫作《母亲的勇气》的感人至深的广告片里出现了一位在异国机场无助狂奔的妈妈。她叫蔡莺妹，63 岁，第一次出国，不会英文，没有人陪伴，一个人独自飞行 3 天，经过 4 个国家，里程 32 000 公里，只为了送上几包中药材给远在他乡刚生产完的女儿。

"母亲的勇气"于 2010 年 2 月 12 日农历除夕前首播。大众银行之所以选择在此时推出品牌广告，除了希望能强化"不平凡的平凡大众"的品牌精神，也希望能与人们分享正面的信念与价值。事实上，根据调查，消费者对于大众银行友善、温暖且亲切的形象印象相当深刻。

故事原型是 2006 年 12 月 14 日深夜，台湾民视记者萧惠芬在洛杉矶遇到了一个纯朴的台湾阿嬷。她千里迢迢从中国台湾飞到委内瑞拉，想要看看自己女儿嫁得怎么样，住得如何，顺便看看自己的孙子，再帮刚生完二胎的女儿打理家务。

但是，不会西班牙文、英文，普通话也说得不太好的阿嬷徐莺瑞，只能靠着一张破破烂烂的中文、英文、西班牙文对照的小抄，一路从台北转洛杉矶再转委内瑞拉过来。

在洛杉矶，因为华航回台北的班机是第二天下午，所以她女儿特地请洛杉矶的友人去接她母亲在当地住一晚。

只是，由于少填写了一张入境表，且其所携带的中药材被怀疑是违禁物品，阿嬷被机场的工作人员带进问询室接受询问，站在她身后的萧惠芬正好帮助了她。

广告中这位无助的台湾妈妈，因为不懂外语，差点被当成嫌犯被海关扣留搜查，一个思念女儿的母亲，在机场奔波的孤单身影，真的很催人泪下，因为这是真实故事，更格外令人感动。

二、2011 年台湾最励志的微电影《梦骑士》

2011 年 2 月，同样是春节，由《母亲的勇气》原班制作团队负责制作的微电影《梦骑士》出炉了。据报道，这部微电影由台湾广告人廖伊森于除夕这一天在网络上公布，短短两日便获得了数万网友的转发，在网络上掀起一阵风潮。这支台湾奥美为台湾大众银行打造的感人广告，5 周内在 Facebook 影片分享达 246 356 次，YouTube 播放量超过百万，youku 播放量达 500 万以上。

《梦骑士》讲述的是平均年龄 81 岁的 5 位老人追梦的故事。他们 1 个重听，1 个得了癌症，还有 3 个患有心脏病，而且 5 个人都得了退化性关节炎，但就算背着一身病痛，他们还是毅然决然地丢掉拐杖，甩开药罐，骑上早已蒙上一层灰的摩托车，开始环岛 13

天——从北到南、从黑夜到白天，一路奔驰总共 1 139 公里的旅程。

微电影一开始便是一句意味深长的"人为什么活着"，昏暗的隧道仿若人生的旅程，充满未知，令人彷徨，同时又令人期待。

接下来的镜头在几位老人的生活情境中切换，家人朋友的离去，自己病痛缠身。之后，影片基调突然一变，背景音乐突然变得欢快，与之前的沉闷形成反差，几个老人开始产生交集，其中一位拍桌号召"去骑摩托车吧"，让观众为之一惊。紧接着，背景音乐开始播放激昂的 Ora your mark，几个老人下定决心，抛弃往日的束缚，勇敢追逐年轻时的梦想。落满灰尘的摩托车重见天日，尘封的记忆也被打开，5 位老人开始健身锻炼，摆脱病痛。最后，他们带着对友人与爱人的思念，带着对过去的怀念及对未来的憧憬，将摩托车驶出隧道，开始了自己梦的征程。

广告后半段是华丽的镜头运用，全景、近景、中景和特写的相互配合，大量的蒙太奇切换进一步升华了广告片主题，音乐也渐渐转为舒缓温柔，但整个广告的气氛被音乐、镜头烘托进了高潮。广告中，五位老人骑着摩托，走走停停，相互扶持，相互帮助，常常思念逝去的亲人，在海边狂奔、呐喊、回忆……广告的最后，五位梦骑士终于找到了"人为什么活着"的答案，其实答案很简单，就是"梦"。

该广告片从一开始，就有一个深沉有力的男旁白，向我们娓娓道来这段广告的动人故事，出色的文案也是《梦骑士》成功的一大重要原因。

"人为什么活着？为了思念？为了活下去？为了活更长？还是为了离开？5 个台湾人，平均年龄 81 岁，1 个重听，1 个得了癌症，3 个有心脏病，每一个都有退化性关节炎。6 个月的准备，环岛 13 天，1139 公里，从北到南，从黑夜到白天，只为了一个简单的理由。"

当今广告数不胜数，银行广告亦有许多创意作品，但很少有像台湾大众银行的这则广告真正能够引起观众内心深处的共鸣，更别说令观众微笑着流泪。就这一点来说，《梦骑士》无疑是成功的，这是一部近年来难得的佳作。

若问该广告能够成功打动人心最重要的因素是什么，我想是因为这是一个在现实世界中发生的温暖人心的故事。通过真实的故事，广告有了灵魂；通过镜头与音乐，广告将温暖的感情表现得淋漓尽致，让观众看后，感同身受。动之以情、晓之以理，充分地展示了企业形象。

广告改编自 2007 年弘道老人福利基金会所发起的"挑战八十、超越千里——不老骑士的欧兜迈环台日记"活动，当时活动带领了 17 位平均年龄 81 岁的不老骑士完成机车环台的创举。17 位不老骑士透过弘道所安排的活动，如互助团体、平衡体能训练、文字与影像记录等，追求身心健康，以摩托车环台壮举挑战自己暮年生命的里程碑。

三、《马校长的合唱团》

这部微电影以马大山的故事作为引带，最后提出了大众银行"关注·陪伴·相信"的商业理念。

以下为微电影中的旁白：

马大山校长先生，他不懂乐器，不懂乐理，但是他有一个合唱团。

15 年来，他坚持每天放学后教孩子们唱歌，他像父亲一样，用歌声教他们长大。他对孩子们说："你能唱出那么美的声音，就表示上帝对你与众不同，你也要爱自己的与众不同。"

那个大日子(合唱比赛日),孩子们吓坏了。

校长告诉他们:闭上眼睛,张开嘴巴,只管唱出山上的你自己。

广告中采用的是来自张惠妹的配音,其真实的故事是在南投信义乡的东圃小学,马彼得校长,凭着他的热诚,组成了"原住民童声合唱团",15年来,辛苦地带领这群原住民部落学童练唱,利用课余时间,教导着他们。马校长不只是圆了一个人的梦,而是圆了许多人的梦,圆了小朋友最美丽的梦想,让这群原住民小朋友找到自己,开拓新的视野。尽管平凡,无论生活再怎么困顿,只要有坚持下去的心,相信就可以做到自己想要的,马校长始终相信:让天使相信,自己就是天使。

【案例分析】

这几则微电影广告,看似没有多大的诉求,但实际上却在新媒体领域大社区类网站热捧为最感人广告。大众银行潜移默化地树立了一个感性的品牌形象,赚到了知名度,也就是达到了提高了企业知名度的广告目标。

(三)新媒体的正确选择

《梦骑士》的总长度是3分钟左右,奥美选择的是以网络广告的形式传播。现在的年轻一代在新媒体上的时间比较长,所以在微博、人人网、贴吧以及各种门户网站上的热议,使得《梦骑士》感动了无数的人,让人们看到这个故事并得到激励的同时也记住了大众银行。通过成功的广告,大众银行亲民的形象也深入人心,得到了人们的认可。

(四)人性的共鸣

看了奥美为大众银行设计的几则广告,我们不难发现,奥美都是用了比较贴近人们生活的题材和人物,如校长、学生、母亲、女儿、老人等。而在这些故事中,其中的元素又是人们所为熟悉和容易接受的,再将人性所固有的情感和追求加入到广告之中,形成了能够令人们动容的价值观,如《母亲的勇气》就是一个很好的说明。《梦骑士》中,5位老人不服老,克服了家人的反对、身体的不适等重重困难,征服了1139公里环岛骑行中的各种严峻的挑战和考验,为自己的人生增添了色彩。这样的故事引发了人们对人生意义的思考和探索。而广告中所提倡的价值观也是人们所普遍认同的,所以在人性追求的本质挖掘上,奥美和大众银行无疑打了一场漂亮的胜仗。

(五)广告与品牌诉求概念的完美结合

在前文的企业背景文化中曾提到大众银行"关怀客户心,大众用真情"的企业理念。而广告的创意概念"大众缘,无限延伸你的财富"正与之完美切合。很显然,大众银行的《马校长的合唱团》广告的主要目的不在其销售本身,而是在于向大众宣传,大众银行的营销宗旨——"关注·陪伴·相信"。从侧面看,广告会给受众很强的暗示:选择大众银行,您所托付的将会受到关注;选择大众银行,我们将陪伴您的成长;选择大众银行,我们可以让你们相信。在广告之中,并没有直接和观众介绍关于大众银行的业务,而是以故事的形式,将人与人之间的距离拉近了,增强了人情味,而弱化了其本身的商业味儿。这样的情感诉求无疑是聪明且独具匠心的。在现在这样一个观众对商业广告极为敏感和抗拒的时代,选择情感诉求,而且能够与品牌的理念结合起来的广告实在难得。

　　大众银行一直深信也期望自己是"属于大众的银行"，系列品牌广告的创意"不平凡的平凡大众"即是希望能去发掘社会上平凡大众的不平凡故事，并透过这些故事传达人们坚韧、勇敢、真实且善良的一面。这些是大众银行希望传达给社会的正面价值，这就是感性诉求广告的力量。

<h1 style="text-align:center">思考与练习</h1>

1. 简述广告策划的含义与特性。
2. 简述广告策划系统及特征。
3. 简述广告策划的作业流程。

第七章 广告创意

【学习目标】

    1. 了解广告创意策划是广告创作的生命和灵魂，是广告人高度心智活动的过程；

    2. 熟悉广告创意的内涵及基本理论；

    3. 掌握广告创意的思维方法、技法及策略。

【经典案例】

步步高无绳电话——尴尬篇

    电视画面：一位男士股民，在卫生间一边方便，一边看着《股市快讯》。"股市又升了。"他立即要打电话，于是匆忙跑出卫生间，奔向客厅的电话机。人真是越忙越乱，他一不小心被什么绊了一下，跌倒在地上，眼镜也惨遭损坏。

    转画面：还是这位男士股民，还是坐在卫生间内的镜头，但他手里拿着无绳电话开心地传达着他要发布的信息。

    画外音："步步高无绳电话，方便千万家。"

    这是千里马广告公司制作的《步步高无绳电话——尴尬篇》，该广告篇一举成功。广告播出之后，步步高无绳电话机销售迅速攀升，市场占有率一路上扬，占据同类产品的首席位置。

    我们从以下几个方面分析其成功的原因：

    1. 创造沟通。《步步高无绳电话——尴尬篇》以生活片段联结在消费者与品牌之间，以问题开场，并提出了"步步高无绳电话机，方便千万家"的概念，整个情节似乎就是观众生活中曾经发生过的尴尬场面，真实且易获得认同，戏剧性的故事适时地吸引了观众的注意力，并且有一定的娱乐性。正因为步步高的尴尬篇关系着大家的需求、兴趣、价值观以及生活方式，让人们在观赏时若有所获，从而具有较强的沟通力。

    2. 品牌代言人选得恰当。概念专有是现代市场营销中的一条重要原则，也是企业竞争战略的重要组成部分，并且在企业的整合传播中广泛运用到企业品牌形象、宣传口号、广告说明及广告作品中主人公的选择上。其中，广告作品中的主人公是企业专有概念最直接最形象的载体，被称作"品牌代言人"。选择合适的品牌代言人，不仅能创造良好的沟通，增强广告效果，而且还能使品牌形象更具亲和力，使概念传播更加清晰、稳定、易于记识。

    《步步高无绳电话——尴尬篇》的代言人没有按照其他品牌的惯例选择英俊潇洒的明星，也没有选择腰缠万贯的大款，而是选择了一个普普通通的、贴近生活的业余演员。在整个表演中，这个既注重生活品位又不太修边幅的形象使得这个有鲜明个性的矛盾人物更具生活情趣。这个坐在马桶上看《股市快讯》的人物就仿佛是我们的邻居，他的一个皱眉、一个笑脸、一个跌破眼镜的无奈表情，活灵活现地表演一个尴尬故事，充分地传达了"无绳"的概念，体现了广告的主题——"步步高无绳电话，方便千万家"。

3. 营造了最佳接受气氛。《步步高无绳电话——尴尬篇》选择了幽默的手法。无论是演员一举手一投足的表演，还是场景的安排，以及音效的配置上，都使广告中的幽默就像是生活中的幽默一样，无形中缩短了广告与受众之间的距离，使广告信息在轻松诙谐的气氛中传达到受众心中，而且记忆尤深。

正是生活中无处不在的"不便"和"尴尬"，才使得人们不断地发明创造，创造出我们生活中的许多方便，创造出我们欣赏广告作品时的笑声，创造出优秀的广告。

【评析】

广告创意就是在广告目标指导下提炼组合最重要的产品或服务信息并加以原创性表现的过程。因此伯恩巴克说："要使观众在一瞬间发出惊叹，立即明白商品的优点而且永不忘记，这就是广告创意的真正效果。"

第一节 广告创意的内涵

一、创意与广告创意

在现代社会，创意已深入到社会生活的各个领域。

(一)创意

创意，在英语中以"creative、creativity、idea"表示，是创作、创制的意思，有时也可以用"production"表示。20世纪60年代，在西方国家开始出现了"大创意"(the big creative idea)的概念，并且迅速流行开来。大卫·奥格威指出："要吸引消费者的注意力，同时让他们来买你的产品，非要有很好的特点不可，除非你的广告有很好的点子，不然它就像很快被黑夜吞噬的船只。"奥格威所说的"点子"，就是创意的意思。

创意并非特指广告创意，在公关界、广告界、营销界、时装界、新闻界、传播界、信息咨询界都被广泛使用，"创意"似乎成了"好点子""好主意"的代名词。但创意成为流行语应归功于广告界，是广告赋予了创意以生命力，可以说，广告创意是人类创意活动最集中、最典型、最普遍的体现。

(二)广告创意

詹姆斯·韦伯·杨在《产生创意的方法》一书中对于创意的解释在广告界得到比较普遍的认同，即"创意完全是各种要素的重新组合。广告中的创意，常是有着生活与事件'一般知识'的人士，对来自产品的'特定知识'加以重新组合的结果"。

在广告实践中，广告创意最普遍、最多的是用在广告表现构思上。广告创意需要精心的构思，才能有效地表现作品的主题、意境和风格。广告创意的手法是一种艺术构思，一般化、简单化的构思也能够表现广告主题，但却称不上是广告创意。艺术构思的基本特征是具有创造性和艺术美。广告创意要创造出一种意境，使广告内容与广告形式达到完美的统一。

二、广告创意的特征

广告创意不同于广告制作。广告创意是通过艺术手段将广告主题完美地表现出来，使商品形象和企业形象更加醒目，从而给公众留下深刻的印象。具体来说，广告创意具有以下一些特征。

（一）广告创意的本质属性是创新

创新是广告创意的本质属性。广告创意必须体现出不同凡响、别出心裁、前所未有的新视角、新设想、新理念，强调以新颖的主题、新颖的形式、新颖的手法形成别具一格的广告活动和广告作品，以吸引公众的注意，争取公众的理解，形成市场影响力。对此美国创意大师威廉·伯恩巴克认为：要使观众在一瞬间发出惊叹，立即明白商品的优点，而且永不忘记，这就是创意的真正效果。

（二）广告创意贯彻于广告活动的各个环节

广告活动的每一个环节和过程都是根据广告创意进行的，可以说，广告创意普遍存在于广告活动的各个环节。如广告主题的确定、广告语言的妙用、广告设计的表现，都需要创意。可以说，广告创意是广告制作的前提，没有广告创意，就谈不上广告创作。同时广告创意也存在于广告战略战术的制定、广告媒体的选择和组合、广告的推出方式等每一个与广告活动有关的细节和要素上，体现出广告创意的广泛性。

（三）广告创意的宗旨是全力表现广告主题

广告创意是表现广告主题的构思和意念。在广告策划中要选择、确定广告主题，但广告主题仅仅是一种思想或概念，如何把广告主题表现出来，怎样表现得更准确、更富有感染力，是广告创意的宗旨。因此，创意一定要以广告主题为核心，通过一定的艺术构思将广告主题思想或基本观念形象化、艺术化地表现出来，而不能随意偏离或转移广告主题。广告主题是广告创意的起点与基础，只有主题明确，才能创作出引人入胜、新颖别致的广告作品。

（四）广告创意的关键是能与公众进行有效沟通

通常，一般化、简单化的构思也能够表现广告主题，尽管主题明确，但却不能说是创意，因为创意是一种创造性的思维活动，应构思巧妙、出奇制胜。而创意的这种新奇应以公众的心理为依据，以公众的心理需求为准则，以实现与公众的有效沟通，从而获得良好的宣传效果。如果广告创意平淡无奇，或者脱离公众的心理需求，就无法与他们进行有效的沟通，更难有宣传效果。广告创意就是要创造出切合公众心理，能与公众有效沟通的形象和美好意境，使广告内容与广告形式达到完美的统一，去感染公众，引发共鸣，使广告商品和企业形象深深地印在公众的心中。

三、广告创意的原则

广告是一种功利性、实用性很强的经济行为，其最终目的是促进商品销售，树立企业形象。广告创意与纯艺术创作不同，要达成功利的目的，就必须受一些原则的约束和制约。广告创意原则深刻地影响着广告创意的思路和具体实践，是人类广告活动的进一步体现。因此，在进行广告活动时应遵循以下基本原则。

（一）目标性原则

广告创意应与广告目标和营销目标密切相关。在创意活动中，广告创意必须围绕广告目标和营销目标进行，否则再好的创意都不会有效果。詹姆斯·韦伯·杨说："在每种产品与某些消费者之间都有其各自相关联的特性，这种相关联的特性就可能导致创意。"大卫·奥格威说："我们的目的是销售，否则就不是广告。"他还强调，好的创意应是把消费者的注意力"引向产品"。可以说，找到产品特点与消费者需求的交叉点，是形成广告创意的重要前提。因此，广告创意必须与广告商品、消费者、竞争者相关，通过艺术氛围的营造，刺激消费者的消费心理，以促成广告目标和营销目标的实现，否则广告也就失去了它的价值和意义。

（二）独创性原则

广告创意要以独创性为生命。广告创意的独创性是指广告创意不要模仿其他广告创意，人云亦云，步入后尘，给人雷同与平庸之感。唯有在创意上体现出其独创性，才会在众多的广告创意中一枝独秀、鹤立鸡群，从而产生感召力和影响力；没有特色的广告不会有任何感染力，也不会产生广告效果。

（三）真实性原则

广告创意必须建立在真实的基础之上，真实可信是广告的生命。因此广告创意一方面要以商品和企业的真实信息为创作构思的根本，使广告内容真实可信，不能子虚乌有，哄骗消费者。另一方面要处理好艺术加工与事实本身的关系。广告创意是一种把广告主题形象化、艺术化表现出来的思维活动，但不允许进行脱离事实本身的艺术创造和过度的夸张。正如可口可乐的广告代理商麦肯的创意原则："我们在此创造，而非复制；用全新的眼光看这个世界，用不同的角度来解释所看到的事物；用原创的声音去叙述，找出别人看不到的关键点；创造消费者去消费的广告，戏剧化客户品牌的真实面，把这个真实面诠释得如此之好，使得消费者因此而动容。"

（四）简洁性原则

广告，特别像广播、电视广告，它们瞬间即逝，如果你的广告长而烦琐，一方面不利于公众记忆，另一方面太长的广告，花费也必然会太多。不管是广告的文案还是构图，包括内容都必须简洁明了。如瑞典 VOLVO 汽车"安全别针"广告，其标题为"你可信赖的汽车"，电视画面（用一个别针弯曲成的汽车外形作为视觉元素，因为在国外别针常和安全概念联系在一起）极为简单明了，让人过目难忘，因此获得了 1996 年国际广告节大奖。

（五）人性化原则

广告的独创性容易引人注目，真实性使人信服，简洁性使人明了，易于记忆，而人性化原则能够在满足人们物质需求的同时更好地满足人们的心理需求，使人愉悦，产生兴趣，进而激发人们的购买欲望。

例如，要为一种不必用开瓶器就能打开的啤酒做广告，有两种广告表现：日本人是用一位年轻漂亮的少女的纤弱手指打开啤酒瓶盖，以表示可以毫不费力地打开啤酒，不需开瓶器。美国人则用一位其貌不扬、衣衫褴褛的 50 岁左右的老头做模特。他右手拿着啤酒，对着电视机前的观众说："今后不必再用牙齿了！"随即咧开嘴得意一笑。就在他笑的瞬间，人们发现他原来没有一颗门牙。观众在惊讶之余，很快就强烈地感受到这种不必用开瓶器就能开启的啤酒所带来的好处，给人留下十分深刻的印象。因此，这两个广告虽然推销的是同一种商品，但因其创意的出发点不同，所以收到的广告效果也截然不同。前者是从商品本身的特点出发，很单纯地直接把商品的推销重点表现出来；后者则是从人性的角度出发，站在消费者的位置上，为消费者着想，表现浓厚的人情味，因而更容易引起消费者的共鸣。

（六）规范性原则

规范性原则主要指广告创意要符合社会文化、道德和法律的规范。任何国家、民族、团体的人们在生活中都要受到一定的规范约束，这是对人们和社会负责的一种态度，广告也不例外。例如，不能做与竞争对手相互抵毁的广告，不能做低级趣味广告，不能做违反民族风俗、宗教信仰的广告，不能做法律明令禁止做的广告。这就要求广告创意者首先要了解这些内容，只有这样才能创作出较高水平、符合规范的广告作品。

四、广告创意的过程

广告创意的过程也叫作构思，通常是由一系列步骤来实现的。英国社会学家格瑞·汉姆赞同准备、培育、阐释和核查四个步骤。而BBDO的前任总裁利克斯·奥斯伯恩则提倡事前准备、准备、分析、构思、培育、综合和评价七个步骤。当代著名的广告大师詹姆斯·韦伯·杨在《产生创意的方法》一书中提出了完整的产生创意的方法和过程，在我国广告界颇为流行，具体分为五个步骤。

（一）收集资料阶段

收集资料是广告创意的前提准备阶段，这一阶段是创意产生的基础。

韦伯·杨把这一阶段所收集的资料分为特定资料和一般资料两种类型。特定资料指那些与创意密切相关的产品、服务、消费者及竞争者等方面的资料。这是广告创意的主要依据，创意者必须对特定资料有全面而深刻的认识，才有可能发现产品或服务与目标消费者之间存在的某种特殊的关联性，这样才能产生创意。不掌握特定资料，创意就成了无源之水，无本之木。一般资料是指创意者个人必须具备的知识和掌握的信息。这是人们进行创造的基本条件。收集一般资料，用广告大师乔治·葛里宾的话说，就是"广泛地分享人生"和"广泛地阅读"。广告创意的过程，实际上就是创意者运用个人的一切知识和信息去重新组合和使用的过程。

（二）分析资料阶段

韦伯·杨把这一阶段称为"信息咀嚼"阶段，即用你的心智去仔细检查这些资料。这一阶段主要是对收集来的资料进行分析、归纳和整理。主要经过如下步骤：第一，列出广告商品与同类商品都具有的共同属性；第二，列出广告商品与竞争商品的优势、劣势，通过对比分析，找出广告商品的竞争优势；第三，列出广告商品的竞争优势给消费者带来的便利，即诉求点；第四，找出消费者最关心的问题，即定位点，找到定位点，也就是找到了广告创意的突破口。

韦伯·杨强调："在心智上养成寻求各事实之间关系的习惯，成为产生创意中最为重要之事。"如果能在看似无关的事实之间，发现它们的相关性并把它们进行新的组合，这样就能产生精彩的创意。

（三）酝酿阶段

酝酿阶段是加以深思熟虑的阶段，是广告创意的潜伏阶段或沉淀阶段。经过较长时间的苦思冥想之后，还没找到满意的创意，这时候不如丢开广告概念，松弛一下神经，去做一些放松的事情，如听音乐、打球或睡一觉等，在这种情况下，各种干扰信息消失，思维较为放松，说不定创意的灵感在轻松悠闲的时候就会产生。

（四）顿悟阶段

创意是一种不期而至的灵感，也就是说产生创意的阶段，是灵感闪现的阶段。灵感闪现也称"尤里卡效应"。"尤里卡"（Eureka）是希腊语，意为"我想出来了"，是遇到新发现时胜利的欢呼，据传是阿基米德发现测量王冠的含金量方法时所发出的欢呼，它标志着伟大创意的产生。

当广告创意人员高叫"尤里卡"时，就意味着创意进入第四步了。韦伯·杨把这一步称作"寒冷清晨过后的曙光"。它就像是乌云密布时的一道闪电、黑暗摸索中的豁然开朗、百思不得其解时的茅塞顿开，给人一种"众里寻她千百度，蓦然回首，那人却在灯火阑珊处"的惊喜，这个阶段是令人兴奋的。

（五）发展创意阶段

发展创意阶段也称求证阶段，这一阶段就是广告创意的推敲、完善阶段。创意刚刚出现时，往往是十分粗糙的雏形，含有许多不合理的部分，还需要进一步加工完善，将它所获得的表象、感受、概念等纳入一定的模式进行整合和发挥，并借用语言、文字、图像等形式表达出来，使之进一步明晰，成为符合实际情况的、系统的、完整的思维结果。这就需要把它交给其他广告同仁审阅评论，使之不断完善、成熟。

产生创意的五个步骤简单明了，看起来并没有什么惊人之处，实际上却需要付出艰苦的高智力工作。

第二节　广告创意的基本理论

一、USP 理论

USP（unique selling proposition）理论是由美国广告大师罗素·瑞夫斯在 20 世纪 50 年代提出的一种有广泛影响的广告创意策略理论，即"独特的销售主张"理论。罗素·瑞夫斯是"美国杰出撰文专业人士"称号的第一位得主，被称为"USP 之父"。

USP 理论的基本要点有三个：

第一，每一则广告必须向诉求对象阐明一个主张，让消费者明白广告产品值得购买的原因。

第二，所强调的主张绝对是竞争对手无法做到的或者是无法提供的，必须说出其独特之处，在品牌和说辞方面是独一无二的。

第三，所强调的主张必须是强有力的，必须聚焦在一个点上，同时动用多种手段感动、吸引消费者。

USP 理论的核心内容在于强调广告创意必须针对消费者的需要。罗素·瑞夫斯 USP 理论的经典之作是为美国 M&M 巧克力糖果提出的"USP"——"只溶于口,不溶在手",这一广告虽然使用了半个世纪却历久弥新,其根本的原因是人们吃巧克力时谁也不希望巧克力粘在手上,而事实上很多巧克力都容易粘在手上、衣服上,甚至搞得满脸都是,通过广告可以告诉消费者 M&M 巧克力不但不会粘在手上,而且突出了溶在口中,把巧克力那独特的滋味也巧妙点出,让人垂涎三尺,不得不去购买,这就激发了消费者的购买欲望,或给消费者带来了实际利益——其他巧克力是不能提供这种滋味和方便的。USP 理论出现以后,广告创意从经验论渐渐地走入理性的成熟,构思不再盲目随意,而是有的放矢,并且被广告界广泛应用。例如,雀巢咖啡根据消费者对咖啡的需要——最为重视的是味道,将雀巢咖啡的独特销售主张确定为"味道好极了"。因此,要使 USP 策略成功,必须把产品的特色同消费者的需要两者有机地结合在一起。

二、BI 理论

BI (brand 广告) 理论的创始人是美国著名广告大师大卫·奥格威。奥格威在全球广告界负有盛名,被列为 20 世纪 60 年代美国广告"创意革命"的三大旗手之一,并获得"最伟大的广告撰稿人"的称号,被称为"广告怪杰"。他提出的"品牌形象论",使广告界把 20 世纪 60 年代至 70 年代初称为形象时代。

品牌形象论的基本要点有四个:

第一,广告最主要的目标是为塑造品牌服务,通过广告力求使广告中的商品品牌具有较高的知名度。

第二,任何一个广告都是对品牌的长期投资。广告诉求重点应具有长远性,为维护一个良好的品牌形象可以牺牲短期的经济效益。

第三,随着同类产品的同一化趋势,同类产品的差异性日渐缩小。因此,描绘品牌形象比强调产品的具体功能特征更重要。

第四,消费者购买时所追求的是"实质利益+心理利益",即消费者购买时所追求的不仅是量的满足和质的提高,而且是感性需求的满足。因此,广告尤其应重视运用形象来满足消费者的心理需求。

BI 理论运用的成功范例就是大卫·奥格威创作的"戴眼罩的穿哈特威衬衫的男人",它使埋名一个多世纪的服装品牌一下子风靡全国,而这只花了 3 万美元广告费。奥格威提出的"品牌形象论"是广告理论中一个非常重要的流派,在此策略理论的影响下,出现了大量优秀的、成功的广告。

三、BC 理论

BC (brand character) 理论是根据 BI 理论对品牌内涵进一步挖掘形成的一种理论,即"品牌个性论",它是由美国 Grey 广告公司提出的"品牌哲学"和日本学者小林太三教授提出的"企业性格哲学"相结合的产物,这是一种后起的充满生命力的广告创意新理论。该理论在回答广告"说什么"的问题时,不仅"说产品利益"和"说形象",还必须"说个性"。

品牌个性论的基本要点有四个:

第一,在与消费者的沟通交流中,从标志到形象再到个性,个性是追求的最高层面。

品牌个性比品牌形象更深一层，形象只是造成认同，个性可以造成崇拜。

例如，中国人对"龙"的认识，首先，龙是中国的标志之一。其次，龙的形象具有波澜壮阔、气吞山河之气概。最后，龙具有不惧艰难险阻、压倒一切的独特精神，以致中国人乃至世界许多人崇拜它。所以，龙的图案常常出现在许多产品中。

第二，为了更好地实现传播沟通效果，应该将品牌人格化，即把品牌看作是一个人，它应包括外观、行为、精神、价值等方面。例如"肯德基""麦当劳"等品牌宣传的人格化。

第三，塑造品牌个性应使之独具一格，令人心动，经久不衰。其关键是用什么核心图案或主题文案表现出品牌的特定个性。例如，河南省宛西制药股份有限公司生产的"六味地黄丸"，其商标图案就是张仲景的头像，外加"仲景"二字，它意指该药有千年历史，是医圣张仲景研发和认可的产品，它的药效是有保证的，作为消费者，看到此图案和文字，就可以打消疑虑而去购买。

第四，寻找选择能代表品牌个性的象征物很重要。作为象征代言人，他们具有很强的亲和力，让人印象深刻。例如，迪斯尼公司的象征物是米老鼠；海尔集团的象征物是卡通人物海尔兄弟等。

四、定位理论

定位理论（positioning）的创始人是美国的两位营销大师 A·里斯和 J·屈特。20 世纪 70 年代，他们在《工业市场营销》杂志上发表了一篇文章，主张在广告创意中运用一种崭新的沟通方法，创造更有效的传播效果。

定位理论的基本要点有五个：

第一，广告的目标是使某一品牌、公司或产品在消费者心目中获得一个位置，占据一席之地。

第二，广告在传播过程中应将火力集中在一个狭窄目标或一个焦点上，在消费者的心理上下工夫，要创造出一个有利的心理位置。

第三，运用广告创造出独有位置，特别是"第一说法、第一事件、第一位置"。只有创造第一，才能在消费者心中造成难以忘怀的、不易混淆的优势效果。

第四，广告表现出的差异性，并不是指出产品具体的特殊的功能，而是要凸显品牌之间种类的区别。

第五，定位一旦建立，无论在何种情况下，只要消费者产生了相关的需求，就会首先想到广告中的品牌，这家企业势必"先声夺人"，取得"第一时间"上的优势。

定位理论的经典之作是七喜汽水的"非可乐"定位和美国艾维斯出租汽车公司的"我们是第二"的定位。非可乐定位使七喜汽水一跃而起，成为美国市场上与可口可乐、百事可乐并驾齐驱的三大饮料之一。在美国，出租汽车公司多如牛毛，大多数都在标榜自己如何能够提供更好的服务，标榜自己是行业的佼佼者，以求吸引顾客；而聪明的艾维斯公司却给自己下了一个老实本分的定位，"在行业中，我们只是第二，但是我们扎实的服务表明我们正在追求第一"，这种诚实又不失上进的风格一下子在顾客心中赢得了一席之地，并且使艾维斯出租汽车公司以弱胜强，迅速成长壮大起来。

五、CI 理论

CI (corporate identity)理论，即"企业形象"理论，20 世纪 70 年代，它曾作为企业形象战略被广泛运用到企业的经营发展当中。公司引入 CI 战略后，广告作为公司实施 CI 战略的一个组成部分，对广告"说什么"提出了新的要求和主张，即形成了广告创意策略中的 CI 理论。

CI 理论的基本要点有两个：

第一，强调广告内容应保持统一性，这种统一性是由 CI 总战略所规定的。广告应注意延续和积累效果。

第二，广告应着眼于塑造公司的整体形象，而不是某一品牌形象。

CI 理论应用最典型的事例当数美国的国际商用机器公司 IBM。IBM 于 1950 年率先全面导入 CI 计划，在未导入 CI 之前，IBM 的产品虽然很多，但在公众中却没有深刻的印象，年销售额仅 1 亿美元左右。导入 CI 后，实施了一系列战略性新决策，将产品识别标志和企业识别标志两者统一起来，经过设计师精心构思设计的蓝色标志 IBM，使用在 IBM 的一切信息传播媒介上。IBM 后来成为电脑世界的最著名厂商，被称为"蓝色巨人"。它的成功与 CI 理论的应用是分不开的。

六、ROI 理论

ROI (relevance、originality、impact)理论，即"关联性、原创性、震撼性"理论，它的创始人是著名的广告大师伯恩巴克。伯恩巴克创立了 DDB 广告公司，ROI 理论也成为 20 世纪 60 年代 DDB 广告公司的一套实用的创意理论。

ROI 理论的基本要点有三个：

第一，一个好的广告创意应具备三个基本特征：关联性(R)、原创性(O)、震撼性(I)。

第二，关联性要求广告创意要与商品、消费者、竞争者相关，没有关联性，广告就失去了意义；原创性就是要求广告创意不是模仿别人的，而是自己创造的，没有原创性，广告就缺乏吸引力和生命力；震撼性要求广告创意深入到人性深处，冲击消费者的心灵，没有震撼力，广告就不会给消费者留下深刻印象。

第三，一个广告要具备上述 3 个特征中的一个已不简单，但要同时实现"关联性""原创性"和"震撼性"就更不易。如果想要达到这个高要求，就必须首先明确如何解决以下几个基本问题：

(1)广告的目的是什么？广告的目的有很多，如传播产品信息、销售广告产品、树立品牌形象、获得最大利润。

(2)广告的传播对象是谁？是小孩，青年人，中老年人？男人，女人？是工人，农民，知识分子？……这些必须搞清楚，制作广告时才能有的放矢，在广告创意、广告表现方面才有方向性。

(3)传播对象有什么利益点可以做广告承诺？这一点实际上就是要正确表现产品的功能、价格、服务等，使消费者能够从产品中得到实际利益和心理满足。

(4)品牌有什么特别的个性？这里主要是要突出产品优点、风格等。如某种空调能够节能、无噪声。

（5）选择什么媒体是合适的？是文字广告，通过报纸传播，还是图像广告，通过电视台播放，还是语音广告，通过广播发布？由于广告采用不同的媒体传播，其表现形式就不一样，当然需要不同的创意。

（6）受众的突破口或切入点在哪里？如广告传播对象是富裕阶层，那就从表现品质等方面着手，产品价格定得高高的。如果传播对象是普通人，就从实惠着手，把价格恰如其分地定到普通人能够承受的位置。

ROI 理论的成功之作是德国大众汽车公司的金龟车的广告。

第三节　广告创意的思维方法

一、创造性思维的类型

从不同的角度进行分类，创造性思维可以分为许多不同的类型。

（一）按照思维所借助媒介的不同划分

按照思维所借助媒介的不同划分，广告创意的思维方式可分为抽象思维、形象思维和灵性思维。

1. 抽象思维

抽象思维贯穿于广告创意的全过程，特别是在广告创意的酝酿阶段，需要运用抽象思维方法进行分析归纳，在评估阶段也要运用抽象思维对创意进行逻辑表述和证明。总之，在广告创意的各个阶段，都要运用抽象思维进行科学的分析与综合，合理的归纳和演绎，严密的推理与论证。

2. 形象思维

形象思维是广告创意最为常见的一种思维方式，它以直觉为基础，通过想象、幻觉，从一种事物引发联想，产生创意。如西班牙的一则反种族歧视的电视公益广告，用一双手在黑白两色钢琴键上弹奏悦耳动听的曲子，表达"黑与白也能够和睦相处"的广告主题。这种形象思维方法，可使广告创意人员摆脱习惯性思维定式的困扰而产生奇思妙想。

3. 灵性思维

灵性思维又称顿悟思维，是具有突发性、瞬时性、随机性的思维活动方式，是潜意识转化为显意识的一种特殊表现形态。如何进行潜能训练，挖掘潜意识在广告创意中的特殊作用，是广告创意原创性的一个重要课题。

邦迪创可贴的广告就是运用灵性思维的成功范例。虽然朝鲜战争已经过去半个多世纪，但"三八线"就像深深刻在朝鲜半岛上的一道伤口，世人不会忘记那段刻骨铭心的历史痛楚。2000年，韩国金大中和朝鲜金正日成功会晤，各国媒体争相报道，一张具有历史意义的照片刊登在各大报纸头版的最显著位置。邦迪的广告人员看到这张照片时，突发灵感——可以借助这个历史性的时刻和事件做一篇绝妙的广告。3秒钟后，令人拍案叫绝的广告语"邦迪坚信，没有愈合不了的伤口"脱口而出，30分钟后，广告作品制作完成，3天后，印刷打样出来，3个月后，该作品在美国第三十三届莫比广告奖中荣获金奖。该广告格调高雅，借助历史事件和政治人物，通过"邦迪坚信，没有愈合不了的伤口"的诉求，不仅在公众面前树立起热爱和平、具有博大胸怀和正义感的企业形象，而且巧妙地传达出产品给公众带来的消费利益点，的确无愧为获国际大奖之作。邦迪创可贴的另一则广告，画面是一张美国前总统克林顿与其夫人的照片，照片上有一道明显的裂痕，配以精彩的广告语"有时邦迪也爱莫能助"。可以说，该广告与第一则广告具有异曲同工之妙。

（二）按照创造性思维的常规性划分

按照创造性思维的常规性，可将广告创意的思维方式分为顺向思维和逆向思维。

1. 顺向思维

顺向思维，即按照常规定式思维。在广告创意中采用顺向思维，就是按照常规定式，从小到大、从低到高、从前到后进行思考，自然顺畅，使人容易接受。例如，只有男人才用剃须刀，所以它的形象代言人当然要选一位男子汉；只有女人才穿长筒袜，广告中选用的都是女模特；提到纸尿裤，都是婴儿才使用，广告中出现的都是婴儿形象。

2. 逆向思维

逆向思维，即逆着常规思路或信息的发展趋势，寻求创意的思维方式。在广告创意中，逆向思维往往能从反向中找到出奇制胜的新思路、新点子。

立白系列广告就是采用逆向思维方式创意，一反常态，以男模特表现妇女用品的利益点，使该广告在众多司空见惯、平凡无奇的以女性模特代言妇女用品的广告中跃出，给公众意想不到的新奇与刺激，从而留下深刻的印象，收到了良好的广告宣传效果。美国著名广告创意人乔治·路易斯说，大多数人都往同一个方向前进时，反而证明了新的方向才是唯一的方向。由此可见，创意就是要向惯例挑战。

（三）按照创造性思维的方向划分

按照创造性思维的方向，可将广告创意的思维方式分为发散思维与聚合思维、纵向思维与横向思维。

1. 发散思维与聚合思维

（1）发散思维，又称扩散思维、辐射思维、开放思维等。这是一种由一点向外联想、发散思考的思维方式，即以思考对象为中心，从多个不同角度探索思维结论。在广告创意中，这种思维方式充分运用丰富的想象异想天开，调动积淀在大脑中的素材，通过重新排列组合，产生新颖的创意点子。发散思维有利于思维的广阔性和开放性，有利于空间的扩展和时间的延伸。

例如"贝利国际制鞋及配件公司"系列广告就是发散思维的典型范例。脚与鞋有着密不可分的关系，由脚联想到鞋是很自然的思维反应，这组系列广告的四幅画面虽然均未出现鞋类商品的直观形象，但以脚印作为创意的切入点，运用丰富的想象，将巨大的脚印置于天空、海洋、沙漠和山林之中，并且分别巧妙地转换成漂浮的云彩、丛林覆盖的海岛、沙漠中的巨石、山林中的红杉树丛。广告具有极强的视觉张力，令人瞩目赞叹，全球广阔的天地间，"贝利"无处不在。由此，一个全球性品牌的概念非常鲜明地印在公众的脑海中。

（2）聚合思维，又称收敛思维、集中思维。与发散思维相反，这是一种由外及内、异中求同、归纳集中的思维方式，即围绕需要解决的问题，运用多种方法和手段，在众多的信息中找出最优方法。在广告创意中运用聚合思维有利于创意的深刻性、系统性和全面性，特别是在选择创意和评估创意时具有重要意义。

例如派克公司的一则广告，就是聚合思维的典型范例。广告是三张著名的照片：其一，美国艾森豪威尔将军满面笑容地手持"派克"金笔。这是他作为战胜国正用派克笔签字的镜头，时间是1945年5月7日德国战败投降。其二，美国麦克阿瑟将军正用"派克51型"笔在日本投降书上签字，众将环立其后，麦克阿瑟神情严肃，时间是1945年9月2日。其三，美国副国务卿克利斯朵夫在签署文件：伊朗释放52名美国人质，他用的也是派克笔。刊登这三张照片，能把这些具有历史意义的照片与现时的派克笔广告巧妙地联系在一起，虽然照片的内容各不相同，但每一则广告无不说明了派克笔的重要性和高贵地位。

2. 纵向思维与横向思维

(1)纵向思维，又称垂直思维，即按照事物产生、发展的既定方向，借助现有的知识、经验，从问题的正面进行上下垂直式思考。这是一种选择性、分析性、必然性、排除不相关因素的思维方式。纵向思维具有单维性、历时性的特点，在广告创意中运用这种思维方式，能历史地、全面地看待问题，有利于思考时变得更深刻和系统。

(2)横向思维，又称水平思维，即改变原有定式、传统观念，通过分析比较，从多个方向找出新的思维原点，用全新的思维去思考，是一种激发性、跳跃性、探索最不可能途径的思维方式。横向思维具有多维、多角度和多方向的特点。在广告创意中运用这种思维方式，可以引发灵感，产生新的构思，获得意想不到的创意效果。

创造性思维是进行有效创意的基础。广告创意人员在进行广告创意时，应在自身知识、经验、气质的基础上，灵活借助各种工作条件、方法，将上述思维随机整合运用，卓有成效地解决具体的问题，从而获得新奇巧妙的广告创意。

二、创造性思维的特点

创造性思维涉及一个人的知识、经验、创造技能、思维方式等因素，具有不同于其他思维方式的特点。

(一)丰富的想象与活跃的灵感是创造性思维的基础

创造性思维是一个能够把不同事物联合起来，进行奇思妙想的过程。在广告创意中应充分发挥想象力，把各种人类美好的意境、梦想注入广告创意中，以增强广告宣传的影响力。可以说，奇妙丰富的想象力和活跃的灵性思维是进行创造性思维的基础。

(二)开放性是创造性思维的根本保证

创造性思维比较强调开放性，从某种意义上说，开放性是创造性思维的保证。广告从业人员只有不断地接触新生事物，及时了解不同领域的变化动态，才能持续地想出新颖奇特的广告点子，获得良好的广告宣传效果。

(三)求异性是创造性思维的重要途径

创造性思维是一种特殊的求异思维方式，需要超常思维，要善于在既定的参照模式的反面、侧面探寻某种事物的结论，强调增加、减少或更换事物的构成要素等求异思维方式的运用。广告人员要经常用怀疑、否定的态度看待和分析那些习以为常的现象，并有所创新。

（四）动态性使创意具有生命力

创造性思维方式强调根据事物的发展变化过程，对相关的信息进行调整，修正既定的思维结论，使之适应不断变化的社会政治、经济和文化环境，随时把握市场整体环境、公众需求等变化，根据出现的新情况、新问题做出相应的调整，制定新的决策，使创意真正具有生命力。

三、创造素质的开发与培养

广告创意是运用脑力的创造性思维活动，从某种程度上说，创造者的创造素质是广告创意质量的决定性因素。因此，开发和培养广告创意者的创造素质就显得尤为重要。

（一）创造素质的开发

1. 超强的记忆力

记忆虽然不能直接激发创造性的思维活动，但却提供了创意所必需的原始资料和基本资料。具有良好的记忆能力，就等于拥有了一个取之不尽、用之不竭的资料库，在构思创意时可以随时摄取。

2. 敏锐的洞察力

洞察力是一种洞察事物之细微，把握事物实质的能力。在广告创意时，应注意从平凡的公众生活和市场情况中，悟出不平凡的蕴含，设计出不平凡的广告作品。敏锐的洞察力来自日常生活的训练，应随时观察，并将所观察到的情况详细记录，与人探讨，不断提高洞察力。

3. 丰富的想象力

创造性思维是一个奇妙丰富的想象过程，想象是"最杰出的艺术本领"，是一切思想的原动力和一切创意的源泉。在广告创意中，想象能力是最重要的，而且是唯一不可替代的能力。广告人员要培养和提高想象力，不仅要扩大知识面，增加表象积累，而且要养成对信息进行形象加工，形成表象的习惯。

4. 准确的评判能力

评判能力就是对相关信息进行评价，判断其优劣性和适用性的能力。在广告创意过程中，准确的评判能力至关重要，可以说，创意的产生过程，实际上就是一系列分析、判断和筛选的过程。准确的评判能力，能够把握最终的创意方向，形成最佳的创意成果。

（二）创造素质的培养

1. 合理的知识结构

广告创意人员应不断完善自身的知识结构，既具有坚实的专业知识，又具有广博的相关知识，只有这样才能为创造性思维活动奠定基础。

广告创意是一种艺术，广告创意人员应了解艺术发展史，掌握艺术知识，不断提高自己的艺术鉴赏力。创造应从赏析开始，只有在深刻领会成功创意意图的基础上，才能不断提高创意的水平。

具体地说，广告创意人员还应注重掌握以下一些知识：

(1)市场营销知识。广告是一种市场行为，创意是否成功要通过市场的检验，因此创意人员应掌握市场学的基本知识，了解市场环境和市场的发展状况。

(2)消费心理学知识。广告是一种劝服行为，因此广告创意人员必须掌握消费心理学知识，以准确了解消费者的需求心理和接受心理，使广告创意具有针对性。

(3)媒体知识。广告是一种大众性的传播行为，媒体是广告的中介和载体，因此广告创意人员应熟悉各类媒体的特性及相关情况。

(4)社会学知识。广告既是一种经济行为，也是一种社会行为。广告只能在一定的社会形态、社会潮流和社会心理中产生作用，因此创意者必须掌握社会学知识。

(5)传播学知识。广告是一种有目的的传播活动，因此创意者必须了解信息传播的基本知识。

2. 对任何事物都保持浓厚的兴趣

广告人员应比其他行业的人对科学和艺术保持更高的兴趣。人们对某种事物产生浓厚兴趣时，就会使整个身心处于积极主动的状态，并且不遗余力地去探究出结果。广泛而浓厚的兴趣是创意动机的表现形式之一，也是激发创意的重要动力之一。

3. 具有强烈的求知欲和好奇心

世界上众多的发明创造无一不是求知欲和好奇心引发的结果。广告创意是一个不断创新、不断追求的过程，求知欲和好奇心应是促使人们进行创造性活动的重要动机。为此，广告人员应对事物敢于提问、敢于怀疑、敢于反驳，不断探索和研究，甚至推翻原有的结论，提出全新的思维结论，应该说，这是优秀广告创意成功之必需。

第四节　广告创意技法和策略

一、广告创意技法

下面主要介绍两种常用的广告创意技法——头脑风暴法和检核表法。

(一)头脑风暴法

头脑风暴法又称为"集体思考法""脑力激荡法"，是美国 BBDO 广告公司负责人奥斯本于 1938 年首创的，最初采用这种方法的目的是激发与会者每个人的创造性思维。这种方法要求每个与会者进入一种兴奋状态，以闪电式、突击式的方式提出构想，独创性地解决问题。

1. 头脑风暴法的运用原则

头脑风暴法的思维方法往往是灵感喷涌的源泉，但若想成功地运用这种方法，与会者必须遵循以下原则：

(1)风暴原则，要求与会人员的思维必须进入兴奋状态，闪电般构思，不断迸发思维火花，提出超越常规的想法。

(2)新奇原则，这是对内容上提出的要求，激励提出异想天开的构想，不允许人云亦云和附和他人。

(3)数量原则，要求大家多想，在数量上越多越好，以量取胜，这样便于相互启发、综合优化。

(4)自由原则，就是会议上强调轻松自由，不是辩论会，不允许批评他人的设想，提倡自由联想、自由思考、自由陈述。

(5)简洁原则，陈述问题要切中要害，语言要精练、简洁而不简单。

(6)综合原则，整合大家意见，形成最佳创意方案。

2. 头脑风暴法的操作过程

头脑风暴法的具体操作过程，可分为以下三个阶段：

(1)准备阶段。一方面要选择好创意会议的主持人，主持人必须熟悉头脑风暴法的基本方法，有一定的组织能力且风趣幽默。另一方面要确定参加会议人员名单及数量。与会人员名额一般为10~12人，并把所要解决的问题和相关资料提前送达与会人员。人员来源要求由不同学科、背景并且熟悉内容的人组成。

(2)脑力激荡阶段。这一阶段是头脑风暴法成功与否的关键阶段。脑力激荡的时间一般不要少于30分钟，不超过45分钟。在脑力激荡时，拒绝任何批评，不许提出任何怀疑和反驳，以利于充分发挥每个人的创造性思维。在脑力激荡期间，大家可以互相启发、互相影响、互相刺激，以提出尽可能多的新奇设想和方案。

(3)筛选与评估阶段。在获得许多构想后，再进行筛选工作。先把荒谬与不可能实行的构想删除，再把意义相近的构想分门别类集合起来，然后经过综合整理、判断、评估，选出一个可行方案作为最后的方案。此时，绝妙的创意就基本上产生了。

运用头脑风暴法进行广告创意的案例详见任务完成实例。

(二)检核表法

检核表法是奥斯本于20世纪60年代提出的，就是在一张表格上将需要解决的问题一个个地进行设问、核计，从各个角度诱发、联想多种设想。它有"创造技法之母"之称。

一般来说，检核表法的主要内容具体包括以下几个方面。

1. 延伸

即现有产品的功能能否派生其他的用途。例如，微波炉的功能不仅可以加热、烹调食物，还可以为餐具、抹布消毒等。

2. 扩大

即能否将产品扩大后添加些什么，能否增加功能，提高使用效率。例如，汽车原来是乘坐赶路，通过扩大空间，增加设施后可在里面住宿、洗澡、唱歌、游戏等。

3. 缩小

即能否将产品缩小或减少些什么，能否微型化，能否浓缩、更低、更矮、更轻便。例如，手提电脑的出现，使得商务人士在工作上更加便捷和自由。

4. 改变

即改变产品原有色彩、形状、声音、气味等，能否有新的效果。这一点是开发新产品、新款式的重要途径。例如，手机的功能已从单一化发展到现在具有短信发送、娱乐游戏、上网、拍照等多种附属功能。

5. 颠倒

即能否将产品正反、上下、里外、目标与手段颠倒，如一件服装可做成正面穿，也可反面穿。

6. 替代

即有没有别的东西代替这件东面，能否用别的材料、元件、方法代替。例如，塑料的问世代替了笨重的木材、钢铁等金属材料，从而使产品更轻巧价廉。

7. 组合

组合就是将原有的元素进行巧妙结合、重组或配置以获得具有统一整体功能的新成果。组合主要有四种类型：附加组合、异类组合、同类组合、重新组合。创造学家认为，组合是创造性思维的本质特征，世界上一切东西都可能存在着某种关联性。通过巧妙的组合，便可以产生无穷的创意。

例如，高露洁牙膏的广告是通过几种不同色调的颜色与高露洁牙膏组成一个调色板，意指人们在吃饭时牙齿会沾染各种颜色，但有了高露洁牙膏的作用，最终调色板（牙齿）也会变成白色的。

二、广告创意策略

就总体而言，广告创意策略就是根据广告产品的内容，目标市场的需求变化，目标对象的差异采取不同的对策。常见的广告创意策略包括以下九种。

（一）示范型策略

示范型策略，就是通过实物的实验表演、操作、使用等来证实商品品质的优良，从而激发消费者的购买欲望，推动产品销售。

目前，国内广告界采用此类创意策略的广告有很多，常见的是日用品广告。例如，宝洁公司的汰渍洗衣粉广告，现场洗涤油渍斑斑的白色衣物给消费者做示范，用汰渍后，污渍无存，效果很好，给消费者留下了深刻印象。

（二）语言型策略

语言型策略，就是援引有关专家、教授、学者的证词来证明商品的特点、功能或作用，或者援引有关荣誉证书、奖杯、奖状、历史资料、鉴定证书或事实等，使广告商品产生威信效应，获得广大消费者的信任。

采用这种创意策略的广告很多，常见的有高露洁牙膏引用牙科专家证言、部分工业品采用 ISO 的认证标准等证言的广告。

（三）情感型策略

情感型策略，就是把商品的特点、功能和用途，融入人的情感，进行人格化、情感化和心理化的定位和渲染，以喜怒哀乐的形式在广告中表现出来。

例如，雕牌洗衣粉"下岗篇"的广告，曾经令无数消费者为广告片中的小女孩年少懂事而深受感动，从而也使人们对雕牌洗衣粉刮目相看。

（四）定式型策略

定式型策略，是指广告人员根据特定时机人们所特有的定式心理或人们已形成的定式观念，策划出相应的诉求意境，进行广告创意的一种策略。这种创意策略，一方面可以根据特定时机，策划出一个符合社会心理的文化性宣传活动，主题具有很强的文化性；另一方面可以根据人们的定式观念，通过提倡对社会进步、人类发展具有促进意义的意境来宣传商品，树立企业良好形象。

在社会生活中，可用作广告创作素材的时机是多方面的，例如，主要的社会节假日：国庆节、春节、情人节、圣诞节、纪念日等；重大的社会活动时间：奥运会、亚运会、大型展览会等；公众热点期：印度洋海啸之后、空难之后、"9 • 11"事件等。这些时机都是大家极其关心、关注的。

（五）联想型策略

所谓联想型策略，就是利用人们的联想心理，在其他事物上发现与广告商品的相同属性，从而借以表达广告主所要表达的意念。

例如，法国雪铁龙汽车曾经做过这样一则广告。利用一辆雪铁龙汽车在万吨级"克列孟梭号"航空母舰上与一架喷气式歼击机"幻影1000"进行速度比赛，雪铁龙汽车开足马力，追逐着航空母舰上空飞行的飞机，雪铁龙汽车忽然腾空而起，居然越过飞机一大截，接着一头栽入大海之中，几秒钟后，表面上的输者，却以胜利者凯旋的姿态出现在画面上，一艘核潜艇载着这辆汽车，在进行曲的音乐中破浪而起，露出水面。人们在欣赏这些惊险广告镜头的同时，也会联想到雪铁龙汽车的速度优势。

（六）对比型策略

对比型策略，就是通过比较的方式，显示某一商品品牌或服务优于其同类竞争商品。

对比型广告创意策略的具体应用就是比较广告。在美国，"牛肉在哪里"的汉堡包广告是对比型广告创意策略的典型应用；在我国，由于对于比较广告有严格的要求，所以在进行广告创意时一定要慎之又慎，不要引起不必要的麻烦或纠纷。

（七）情境型策略

情境型策略，就是指在广告作品中，有意设置符合商品基本消费途径的日常生活情境，使消费者买到产品的同时，也仿佛买到了乐趣，增强感染力，产生身临其境的感觉。

例如，南方黑芝麻糊的广告，画片首先是一条无论南方城镇还是北方城镇都有的长长街巷，昏暗的灯影，伴着一阵"黑芝麻糊"的叫卖声，广告主题脱颖而出："南方黑芝麻糊，抹不去的回忆。"该广告正是采用了情境型策略，使观众沉浸在美好的情境中，沉浸于精心制作的画面中。正因为如此，在承受一份深醇的情怀的同时，也自然记住了这则广告中要推销的商品。

（八）悬念型策略

悬念型策略，是通过设置悬念，让消费者产生好奇心理，然后将商品委婉地表现出来，从而给消费者留下难以磨灭的印象。

这种类型的创意策略是以悬疑的手法调动和刺激受众的心理活动，使其产生疑惑、紧张、渴望、揣测、期待等一系列心理，并持续和延伸，以达到释疑团而寻根究底的效果。例如，菲律宾国家旅游公司曾以到菲律宾旅游有"十大危险"作为广告主题，利用悬念吸引读者进一步阅读广告的详细内容，从而让人们认识到：菲律宾是世界上名副其实的旅游胜地。

（九）幽默型策略

幽默型策略，是指在广告中用可感受情趣的方式来表达自己的思想、感情、见解、态度及营销观念，使广告创意体现出风趣、机智和亲切的一种广告策略。

采用这种创意策略的广告有很多，例如，立邦漆的广告——小屁股篇，八个不同肤色的孩子屁股上涂满了五颜六色的油漆，伴随着欢乐的音乐怡然自得，让人禁不住想摸摸那彩色的小屁股。立邦漆的广告创意一直沿袭着轻松的笔调，幽默中还透露着浓浓的人情味，这正是幽默型创意策略的体现。

思考与练习

1. 简述广告创意的内涵及基本理论。
2. 简述广告创意的思维方法、技法及策略。

第八章 广告效果评估

【学习目标】

1. 了解广告效果的含义、特点及类型；
2. 理解广告效果评估的原则和意义；
3. 了解事前、事中及事后评估的概念及内容；
4. 掌握事前效果评估和事后效果评估的主要方法。

第一节 广告效果概述

一、广告效果的含义及特性

（一）广告效果的含义

广告界人士经常引用 19 世纪成功的企业家约翰·瓦纳梅克的一句名言："我明知自己花在广告方面的钱有一半是浪费了，但我从来无法知道浪费的是哪一半。"为了查明究竟在广告费里有哪一半是浪费掉了，哪一半在起作用，广告人员每年要花费大量的时间和资金进行调查研究工作，更确切地说，他们在设法查明某一则或一组广告是否达到了其预期的效果。广告效果评估或测定在整个广告活动中占有重要的地位，广告活动要落实到广告效果上，只有靠效果评估，广告主及广告公司才有改进广告运动的指南针——才能选择最好的诉求、创作最有说服力的信息、选择最恰当的媒介及媒介组合、达到预定的广告目标。

何谓广告效果？笼统地说，所谓广告效果，是指广告信息在传播过程中刺激和引起的直接或者间接的变化的总和。广告主利用媒介传播某个广告，会给受众带来各种变化，也会给企业带来某些经济效益，同时还会给社会环境带来文化上的影响等，这都可以称之为广告效果。

（二）广告效果的特性

广告活动是一项复杂的系统工程，广告效果的取得具有多方面的影响因素，这就决定了广告效果具有复杂的特性。而要对广告效果有清晰的把握，进行科学合理测定，必须了解广告效果的基本特性。具体来说，广告效果的特性表现在以下几个方面：

1. 迟效性

迟效性是指广告活动的效果通常在广告活动进行后的一段时间内才能充分地表现出来。在通常情况下，大多数人看到广告后，并不会立即就去购买该商品，这主要是因为：该消费者正在使用的某种品牌的商品还可以继续使用；消费者通常要确认使用广告商品能够给他带来更多的利益时才会购买。广告效果的迟效性使广告效果不能很快、很明显地显示，而是必须经过一定的时间周期之后才能反映出来（某些特殊的促销广告除外）。因此，评估广告效果首先要把握广告产生作用的周期，确定广告效果发生的时间间隔，这样才能准确地评估广告活动的效果。

2. 累积性

大多数广告通常不能立竿见影，其效果是逐渐累积而成的。也就是说，从广告播出开始，一直到消费者实际从事购买的这段时间，就是广告的累积期。如果没有"量"的累积就很难有效果的"真正体现"。比如，有一个企业在一段时期内连续播放了五次广告，但市场没什么反应，直到第六次广告播出后才有较为明显的反应，但这并不意味着第六次的广告效果就好于前几次。可口可乐品牌价值高达几百亿美元，这是100多年来用同等甚至超过这一数目的广告费累积起来的，而且会在相当长一段时间内起到提醒购买的促销作用。正因为消费者的购买行为是多次广告信息、多种广告媒介综合作用的结果，所以很难测定某一次广告的单一效果。

3. 间接性

广告效果不仅具有累积性，而且还具有间接性。如某消费者接受广告活动的影响，购买广告的商品，使用一段时间后，觉得质量稳定，物美价廉，便向亲朋好友推荐，从而激起他们的购买欲望。或者有的消费者接受广告的影响后，在自己不需要该商品的情况下，也会鼓励别人购买。这些都是广告间接效果的表现。

4. 复合性

复合性是指广告效果是由企业的广告活动与本企业或竞争企业的其他营销活动相互作用而体现出来的。主要表现为：企业整体广告效果是由于采用了多种广告表现形式、多种媒介等因素综合作用所产生的结果；企业广告活动与同时开展的其他营销活动（如公共关系、促销员推销等）是相辅相成的，因此广告效果也就必然会由于其他营销活动效果的好坏而增强或减弱；同行业其他竞争企业所进行的同类产品的广告或其他营销活动也会对本企业产品的广告活动效果带来影响。如竞争产品的广告攻势强大，就会给本企业广告商品的销售带来影响，而竞争产品的广告投入量少且缺乏新意，就会反衬出本企业广告产品的特色。

5. 两面性

两面性是指广告不仅具有促进产品或劳务销售增加的功能，同时还具有延缓产品或劳务销售下降的功能。促销是广告的基本功能，促销效果是测定广告效果的一项重要内容。在市场疲软或产品进入衰退期阶段，广告的促销效果表现在减缓商品销售量的急速下降。在这种情况下，如果再从产品销售量的提高方面来评价广告效果，显然是不客观的。因此，在评估广告效果时，必须充分分析市场的状况以及产品的生命周期，才能测定较为客观和全面的广告效果。

掌握以上广告效果的特性，对于正确、有效地测定广告效果是十分必要的。广告效果测定的时间、对象、指标等的选取以及对测定结果的评估，都应结合广告效果的特性进行综合考虑，使测定结论更符合客观实际情况。

二、广告效果的类型

为了有效地对广告效果进行评估，必须首先对广告效果进行科学的分类，按照广告效果的不同类型采取不同的测定方法，才能取得较好的测定效果。广告效果从不同的角度研究有多种分类，主要的广告效果分类包括以下几种：

（一）按广告效果的性质划分，可分为心理效果、经济效果和社会效果

广告效果是作用于受众的，因此它的效果可以分为三个方面：心理效果、经济效果、社会效果。这三个方面既是相互独立的，又相互有着密切联系，在任何一则广告的效果中，都离不开这三个方面。

1. 心理效果

心理效果是广告对受众心理认知、情感和意志的影响程度，是广告的传播功能、经济功能、教育功能、社会功能等的集中体现。这也是广告作品要实现广告目标的第一步。只有让受众对广告有一个正面的、积极的心理感受，让消费者对产品和品牌产生好感，引起共鸣，并产生购买和使用的欲望，才有可能实现下面两个效果。在广告理论中，无论是制造需求还是创造消费者欲望，无论是 USP 理论还是定位理论，目的都是在消费者心目中占据属于品牌和产品的空间，培育这种好感，引导购买，从而实现广告的经济效益。

2. 经济效果

经济效果是广告效果中广告主最关注的效果。它是指通过广告传播之后，所引起的产品销量和利润的变化。销量和利润的变化，很容易从数字上体现出来，因此这部分的效益，又是最容易评估和衡量的。值得注意的是，在广告效果中，不能过分关注经济效果，否则会导致企业采取一些极端方式促进销售，比如虚假广告等。这在短期内可能会产生利益，但是长期来看，却是自毁品牌。

3. 社会效果

良好的社会效果也能给企业带来良好的经济效益。广告传播作为大众传播的一个重要组成部分，面对的是整个社会公众，因此广告的社会效果就是广告作品对整个社会文化、道德等方面所引起的影响。在广告中，这部分的影响是应该予以重视的，因为它代表了社会公众对广告和品牌的看法，是接受或者是反对。企业应该根据公众的态度，对自己的营销策划进行调整，给自身发展创造一个有利的社会环境。

（二）按广告活动过程划分，可分为事前效果、事中效果与事后效果

按广告活动的总体过程来划分，广告效果可分为事前效果、事中效果与事后效果。与此相对应，广告效果评估可分为事前评估、事中评估、事后评估。这种分类方法是在实际广告效果评估中经常采用的方法。

1. 事前评估

事前评估除了市场调研中所包括的商品分析、市场分析、消费者分析之外，还可能需要探究消费者的心理与动机，以及设法测验信息在传播过程中可能产生什么作用，以找出创作途径，选出最适当的信息。

2. 事中评估

广告进行中的效果评估，主要目的在于设法使广告战略与战术能够按预定计划执行，而不至于离题脱轨，即使出现这种情况，亦可设法予以修正。

3. 事后评估

广告运动进行后的效果评估，重点在于分析与评定效果，作为管理者决策的参考，以及在决定与分配广告预算时作为决策的基础。

广告活动期过后，有时仍需追踪广告的余波在市场上的冲击效果。例如，品牌追踪研究是美国企业常用的一种研究工具，因为它可以用来测量一个产品在市场上销售情况的变化。品牌追踪研究的结果，可以精确地作为产品潜在消费的指数。此种研究需要持续不断进行。

（三）按广告活动构成因素划分，可分为广告表现效果和广告媒介效果

1. 广告表现效果

广告表现效果是指广告剔除媒介作用后由广告信息本身带来的效果，即广告表现能达到预先制定的认知率、显著程度、理解度、记忆率、唤起兴趣、形成印象等具体目标的程度。

2. 广告媒介效果

广告媒介效果是指纯粹由媒介本身给广告带来的效果。1961 年，美国广告调查财团（ARF）发表了 ARF 媒介评价模式。这一评价模式包括下述六个指标：媒介普及、媒介登出、广告登出、广告认识、广告报道和销售效果。

（1）媒介普及在电波媒介里是指广播和电视总的普及台数，或者拥有收音机和电视机的总户数，在印刷媒介里是指报纸、杂志发行份数或者实际售出份数。

（2）媒介登出是指潜在的听众、观众的总数。具体而言，电波媒介的情况是在特定的时间内电视观众和广播听众的总数，或者在特定的时间内打开收音机、电视机的总数。印刷媒介的情况包括被传阅的读者总数。

（3）广告登出是指一则广告所接触的观众、听众总数以及观众接触一则广告的频度总数。

媒介普及、媒介登出和广告登出这三个指标是纯粹的媒介广告效果，而广告认识、广告报道和销售效果三个指标则是媒介和广告表现综合的结果。

三、广告效果评估的意义

从世界范围的广告发展来看，在 20 世纪 50 年代以前，人们对广告效果的测定与评价往往是凭经验、直觉进行的主观判断。20 世纪五六十年代，世界广告业发生了一个重大变化，即一些研究人员从广告公司、媒介单位和广告主企业中脱离出来，组织独立的广告研究所，专门从事对广告效果的研究和测定工作，从而将广告业的发展推进到一个新的历史阶段。另一方面，随着市场竞争的加剧，广告投入的大幅增加以及广告业务的丰富和拓展，以科学的方法和手段进行广告效果的评价也越来越成为广告主和广告公司所关注的问题。这些都说明了广告效果的评估工作对于广告主的营销活动、广告单位的经营发展和广告水平的不断提高，有极为重要的意义和作用。

具体而言，进行广告效果评估具有以下重要意义：

（一）有利于加强广告主的广告意识，提高广告信心

一般而言，广告主对广告的效果是有一定认识的，但对广告的效果究竟有多大、是否划算，却没有多大把握。广告信心影响企业的信心，也影响对广告费用预算的确定。企业决策总是倾向于以事实为依据，如果能对广告效果进行评估，具体说明广告的效力，就能使广告主加强广告意识，提高对广告的信心。

（二）为实现广告效益提供可靠的保证

广告效果评估，可以检查和验证广告目标是否正确、广告媒介的运用是否合适、广告发布时间与频率是否得当、广告主题是否突出、广告创意是否新颖独特等。因而，广告效果评估为实现广告效益提供了可靠的保证。首先，广告效果的事前评估可以判断广告活动各个环节的优劣，以便扬长避短、修正不足，从而避免广告活动的失误，使广告活动获得更大的效率。其次，广告效果的事后评估，还可以总结经验、吸取教训，为提高广告水平提供借鉴。最后，广告效果的评估还可以为广告活动提供约束机制，监督并推动广告质量的提高。

（三）保证广告工作朝着科学化方向发展，促进广告业的繁荣

广告效果评估，是运用科学的方法和科技手段对广告活动进行定性与定量分析，以判定广告的传播效果和销售效果，其涉及的学科包括统计学、心理学、传播学、社会学、计算机技术等。因而，这种评估必将推动广告事业的发展。首先，广告效果评估必将融合多学科的专业技术，促进评估手段、技术和方法的发展进步。其次，广告效果评估还可以促使广告策划、设计、制作、传播水平的提高，从而使广告活动朝着更加科学化、规范化、系统化的方向发展，促进广告业的繁荣。

四、广告效果评估的原则

明确了广告效果的特性及其分类后，在具体的广告评估过程中还必须遵循一定的原则，才能保证广告效果评估的科学性，达到广告效果评估的预期目标。

（一）目标性原则

由于广告效果具有迟效性、复合性与间接性等特点，因此对广告效果的评估就必须有明确具体的目标。例如，广告效果评估的是长期效果还是短期效果？如果是短期效果，是评估销售效果还是心理效果？如果是心理效果，是测定认知效果还是态度效果？如果是认知效果，是商标的认知效果还是产品特性的认知效果？等等。只有确定具体而又明确的广告效果评估目标，才能选定科学的评估方法与步骤，取得预期的评估效益。

（二）综合性原则

影响广告效果评估的因素是复杂多样的，在具体评估过程中还有许多不可控因素的影响。因此，不管是评估广告的经济效果、社会效果还是心理效果，都要综合考虑各种相关因素的影响。即使是评估某一具体广告，也要考虑广告表现的复合性能、媒介组合的综合性能以及时间、地域等条件的影响，进而准确地测知广告的真实效果。另外，从全面提高广告效益的角度来说，广告效果评估也应该是广告的经济、社会、心理效果的综合评估。影响广告效果评估的各种因素，时刻处于运动与变化当中，且各种因素相互关联、相互影响、相互依赖、相互制约，形成一个复杂的有机体。因此，我们对广告效果的评估切忌主观片面，不能以经验来处理现时的效果评估问题，必须以客观的方法，对现实中复杂的广告活动进行综合的科学分析，从而找出各因素之间必然性、规律性的联系，才能对广告效

果进行科学的评估。

（三）可靠性原则

广告效果评估的结果只有真实可靠，才能起到提高经济效益的作用。因此，在广告效果评估中，样本的选取一定要有典型性、代表性，也要根据评估的要求尽量选取数量较多的样本。对于评估的条件、因素要严加控制，使得标准一致。评估要多次进行，反复验证，才能获得可靠的评估效果。

（四）经常性原则

广告效果在时间上具有迟效性、在形式上具有复合性、在效果上具有间接性等特点，因此对广告效果的评估，就不能有临时性观点。具体而言，某一时间和地点的广告效果，并不一定就是此时此地广告的真实效果，它还包括前期广告的延续效果和其他营销活动的效果等。因此，我们必须保存前期广告活动和其他营销活动及其效果的全部资料，才能真正测定现实广告的真正效果。同时，广告效果评估的历史资料，含有大量的评估经验与教训，对现时的广告效果评估具有很大的参考价值。而且，长期的广告效果评估，只有在经常性的短期广告效果评估并保存有详细的评估资料的基础上才能进行。

此外，在制订广告效果评估计划时，在不影响评估要求和准确度的前提下，评估方案要尽可能地简便易行。同时，进行广告效果评估时，所选取广告样本的评估范围、地点、对象、方法以及评估指标等，既要考虑满足评估的要求，又要充分考虑企业经济上的可行性，尽可能做到以较少的费用支出取得尽可能满意的评估效果。

第二节 广告效果的事前评估

一、广告效果的事前评估的含义及意义

（一）广告效果的事前评估的含义

广告效果的事前评估，主要是指对印刷广告中的文案，广播、电视广告中的脚本以及其他形式广告信息内容的检验与测定，对于这些信息内容的检测，都是在未经正式传播之前进行的，所以叫事前评估。广告效果的事前评估可以测知广告信息的心理效果和部分社会效果，因而也就可以间接地测知广告的经济效果。同时，广告效果的事前评估，可以将广告创意策略、传播策略中的某些错误及不当之处消灭在襁褓之中，并及时予以纠正，可以有效地提高广告的最终效果。

（二）广告效果的事前评估的意义

广告效果的事前评估对于整个广告活动的实施具有十分重要的意义。

1. **防止出现大的失误**

一般而言，事前评估广告只能给予有限数量的资讯，但这种资讯却十分重要，其主要目的是确认这一广告活动是否存在致命性的失误，是否会给商品或企业引来灾祸。如果有，事前评估则可以提供一个机会，在广告运动发起之前确认这些缺陷并加以改正。

2. **确定广告达成目标的程度**

就达成所制定的广告目标而言，事前评估能为广告运动计划者提供一个机会，以确认

将要展开的新的广告运动将可能达到什么目标以及程度如何、有没有偏离、有何偏离等。

3. 评价传达某品牌销售信息的可选方法

传播某品牌的销售信息，往往有多种可供选择的方法。对广告传播而言，如果不是实际对所有可选择的方法通过市场彻底加以检验，就不可能确定哪种方法最好。因此，广告主完全有必要对诸如可供选择的创意策略、媒介组合方案等通过市场进行试验，取得消费者可能的反应，以判定哪种方法、策略或方案最优。

二、广告效果的事前评估方法

广告发布前测试主要包括两类内容——概念测试和文案测试。

（一）概念测试

在广告策划的决策阶段，我们首先要决定应该向广告诉求对象说什么。概念测试是寻求和确定品牌价值主张的有力工具。概念测试一般按小组进行，通过书面问卷和小组讨论这两种方式相结合来收集数据。这种测试的宗旨是：预防重大失误，预防广告创意人员熟视无睹而第一次看到这条广告的消费者却完全能明显感觉到的东西，诸如无意的双重指向，或在广告跨越国界时对其中视觉图像的出人意料的理解。广告策划者可以参照概念测试的结果，寻求最贴切的方式、最具冲击力的诉求策略，以便作为广告推出的依据。

概念测试常用的测试方法包括小组讨论法、语句完成法、认知列表法。在实际操作中，我们常将这三种方法结合起来使用。

1. 小组讨论法

小组讨论法，是指由7～8人组成小组，在良好的气氛下自由讨论。当然，主持者以能把握会场的心理专家为宜。例如，提供两条不同表现策略的广告，然后让他们对这一对广告进行评论。

小组讨论法通常要先备妥询问项目，由主持人逐一提出讨论，并将之录音或记录，同时也可以利用单面玻璃及隐秘式麦克风，观察小组成员的表情及发言情形。小组成员应以具有同性质者为佳，如年龄、嗜好、学历、职业等，以免造成沟通障碍，影响讨论的气氛。

这种方法可以使每一个人自然地流露出潜意识的动机，可以激发思考，防止个人面谈时的过度夸大，减少人力等。不过，在实施过程中，要考虑到发言机会的均等，在选择受测验对象时要慎重，各项的准备工作也要周全等。

2. 语句完成法

语句完成法是指利用不完全的提示、刺激表现出隐藏在心理的动机。其做法是向受访者提示不完全的或未完成的文句，然后，由受访者按照自己的意思，完成未完成的部分，以此了解其动机。测试回答的范围有的受限制，即限制完成法；有的则不受到限制，即自由完成法。

下面所举各例是对汽车所做的自由完成法的测试。

(1)汽车是_____。

(2)最适合的汽车颜色是_____。

(3)拥有汽车时，最感到困扰的是_____。

（4）将汽车命名为_____，理由是_____。

（5）拥有汽车时，最感到满意的是_____。

限制完成法的测试如下：

（1）老了以后，将_____。

（2）家庭主妇的工作是_____。

（3）包装良好的香皂是_____。

语句完成法，侧重了解被访者感情、态度的倾向及注意的范围或对象等。

3. 认知列表法

人们普遍认为，广告会在人接触广告期间或之后引起某些思维或认知活动。认知列表或认知反应分析是一种信息调查方法，它试图探明广告所引起的具体认知。

在这种调查中，调查人员关心的是已经完成或快完成的广告在消费者心里引起的认知活动。一般的做法是，调查人员将受试者分成几个小组，让他们观看广告，一旦广告结束，调查人员便要求受试者写下他们在看广告时心里产生的所有想法，从而了解潜在受众如何理解广告以及如何做出反应。

然后，他们可以运用多种方法对这些反应进行分析。一般来说，调查人员会采用简单的百分计数或字符计算得分记录表的形式，他们最为关心的是好与恶的比例，或者记录受试者将自己与广告产生联系的次数，即"那对我有好处"或"那看上去像我想要的东西"，并比较不同的广告实施所产生的这类数字。

（二）文案测试

广告文案测试主要在实验室中进行，也可以在自然情景中进行。我们可以比较、评价候选广告方案，从而在数则广告稿中，选出最佳的广告。决定之后，再进行大规模的广告投放，以避免浪费。

影视广告的测试一般又称为故事板录像测试，是专门为试验电视广告粗稿而设计的。故事板录像测试通过故事板和配乐声带准备出广告片，然后在受试者通过电视监视器看过故事板广告之后，逐一对他们进行面访，提出的问题涉及广告的劝服力、喜爱度、可信度以及其他特点。故事板录像测试可以充当评判试验广告的依据，为其他同类产品提供测量基准。

1. 实验室中的测试

（1）专家意见综合法。在广告作品或媒介组合计划做好后，通常是拿出几种可供选择的方案，请有经验的广告专家、权威人士、营销专家等进行测定，对广告作品和媒介组合方式将会产生的效果做出多方面、多层次的预测。

（2）小组讨论法。小组讨论法具有多种功能，被广泛地应用。在文案测试中，请被测试小组的成员对广告表现内容进行评论。例如，提供两条有不同表现策略的广告，然后让他们对这一对广告进行评论。

（3）语句联想法。语句联想法是指将一幅广告作品向消费者展示几秒钟，然后收回广告作品，并且要求消费者马上讲出或写下几个他当时想到的言辞，测试人再将各位消费者的反应词汇总结起来进行心理分析，可以通过消费者受广告的刺激所产生的联想，判断消费者对所看到广告的心理反应，测定其对产品的态度。

（4）机械测试法。较常使用的机械测试法有眼动仪、瞬间显露器、GSR 法及节目分析器法等。

1）眼动仪。这是一种记录眼球活动的装置。从侧面向被测试者的瞳孔投射光束，利用眼球运动时折射的光线，记录下眼球运动的轨迹及停顿的时间。

2）瞬间显露器。这是一种能够在较短的时间内向被测者显示广告物的装置。该装置的开闭处要有像照相机快门似的机关，可按操作要求在 1/1 000 秒至数秒间，向被测试者显示广告海报、实物广告等。调查员用这种装置测试调查对象在瞬间提示后的广告印象。

3）GSR 法（皮肤电流反应法）。GSR 法是根据人们在感情变化时引起皮肤的汗腺扩张而出汗，造成皮肤电阻减小，电流容易通过这一生理反应来测定广告效果（其原理与测谎器一样）。被测者手指夹上电极，通微量的电流，当他接触广告表现时感情上发生变化，在记录纸上记录皮肤电阻的微小变化。

4）节目分析器法。节目分析器法也称为节目分析机，是和电子计算机连接在一起使用的测定装置。被测验者 20～50 人集合在一个实验室里，给每人 3～5 个按钮的开关，对提示的广告（电视或电影中的商业广告）表现内容，根据每个人的兴趣，按开关上说明的按钮，计算机在一秒钟内进行集中分析。这个被试验的商业广告和集中分析的结果马上一起在荧光屏上显示出来。这种方法有迅速处理信息的特点，但是在一般情况下并不仅只用这种装置来测定，而是同时让被测者回答更详细的提问内容，从而测量兴趣程度的大小。

在广告效果研究中，机械法是一种重要的测量手段，可以比较客观、准确地记录下消费者与广告接触时的反应状态。然而，机械法也有其不足之处。比如，机器可以记录下被测者心跳加速之类的现象，却说明不了这是因为对所接触的广告抱有好感还是厌恶。另外，机械法不适宜做大量的调查，只能局限在实验室里进行。

2. 仿真环境中的测试

广告文案测试在国外已经相当成熟，并且由专业的调查公司进行操作。这对在仿真环境中进行文案测试起到了重要的推动作用。仿真环境中的文案测试主要有影视广告测试和印刷广告测试。

（1）影视广告测试

1）分裂式有线传输法（Split-cable Transmission）。这种方法通过有线网络，直接向同一个市场内两组相似的家庭样本分别传输同一条广告的两个不同版本，从而对这两个不同的版本进行测试。这种方法为广告的暴露提供了高度真实的自然环境，调查人员可以控制传输频率、传输时间等因素。然后，调查人员可以根据测量到的暴露度、回忆度以及说服力度等对广告进行比较。

美国 Gallup&Robison（盖洛普）公司提供了一种 In-view 的测试服务。这种服务可以对电视广告粗稿和文稿进行无线广播测试。调查人员分别在美国东部、中西部和西部各选取一个市场，然后随机选择 100～150 名受试者。将试验广告连同某一个目前已进入联播体系的昔日黄金档节目拿到某家独立的联播台播出，在节目播出之前，调查人员给受试者打电话，请他们收看节目，准备对节目本身进行评价。第二天，调查人员收集次日回忆率，并针对试验广告的创意传播能力和劝服能力向受试者提出相关的问题。

2）剧院测试（Theater Test）。调查人员可以在购物中心内或商业街附近的影剧院中对广告进行测试，参加测试的观众利用一种电子仪器表示他们对放映的广告的好恶。剧院测试的问题在于，我们难以判断受试者表示的是他们对广告的真实感受还是对广告产品的真实感受，因此必须要靠资深的调查人员来解释调查结果。

(2)印刷广告测试

1)多胞胎版发行法(Split-run Distribution)。这种方法是针对印刷媒介的，调查人员在两本相同的杂志中分别放入同一条广告的不同版本。这种测试方法的优点在于，它把即时反应当作一种试验标准，在设计广告时附带一份回执卡，以此充当评估广告的依据。另外，也可以采用赠券和免费电话号码的方式。这种方法的真实性是测试活动的一大优点。

2)仿真广告载体(Dummy Advertising Vehicles)。有时，调查也会采用仿真广告载体。例如，一种仿真杂志，它含有各种内容和广告的杂志仿真品。调查人员在仿真载体中插入一条或几条受试广告，然后要求被测试者像平常那样阅读。这种测试通常在消费者的家中进行，因此具有一定的真实感。一旦阅读完毕，调查人员就向消费者提出与仿真载体内容和广告有关的问题，比较典型的问题包括受试广告的回忆度和对广告及产品的感觉。这种方法最有利于比较不同的广告信息。

例如，美国的 Gallup&Robison(盖洛普)公司的调查人员从 5 个大都市区域内挑选出《时代周刊》和《People》杂志的固定读者参加调查活动。广告主可以在这两种杂志的试验期中购买广告版面，盖洛普公司把这些杂志投递到每个实验区中的 150 名受试者家中，在投递的第二天，经核实这位受试者确实读过试验杂志之后，调查人员开始进行电话采访，询问受试者是否能回忆起一批品牌和公司的广告。调查人员可以通过这种方法测量试验广告在回忆度、创意沟通力和劝服力方面的详细情况。

以上这些测试方法都尽量模拟真实的环境，因此测量结果也更加接近真实。但是由于调查人员无法控制市场中竞争因素或其他因素的影响，因此调查结果仍有局限。当然这并不能阻碍这些测试变得日益流行。即使测试有时会错误地估计广告的效果，但广告主使用这种方法取得成功的概率也肯定比不使用的时候高。

三、广告效果事前测试的主要优点和局限

(一)广告效果事前测试的主要优点

第一，能以相对低的费用(与事后测试相比)获得反馈。此时，广告主还未花大量的钱刊播广告，事前测试可以帮助广告主及时诊断并消除广告中的沟通障碍，有助于提高广告的有效性。

第二，预测广告目标的实现程度。例如，如果广告的主要目标是提高品牌的知名度，那么就可在事前测试中加以测定。

(二)广告效果事前测试的缺点

第一，广告事前测试大都是在受测者看了一次广告之后进行的，无法测出他们接触多次广告后或在其他营销活动配合情况下的广告反应。因此，所测试的是个别广告的效果，而不是广告战役的效果。

第二，事前测试可能会延误时间。许多广告主认为，第一个占领市场会给其带来压倒竞争者的独特优势，因此，他们常常为了节省时间，确保这种地位而放弃测试。

第三，事前测试效果与实际效果往往不一致。例如，否定诉求广告在事前测试中往往

分数不佳，而其实际效果可能颇为成功。相反，幽默、轻松、娱乐性广告的事前测试效果往往比实际效果好。因此，对广告事前测试的效果还要加以分析。

第三节　广告效果的事中评估

一、广告效果的事中评估的含义

广告效果的事中评估是在广告作品正式发表后直到广告活动结束前，在广告活动进行的同时对广告效果进行的效果评估与测试。它的目的是检测广告计划的执行情况，以保证广告战略正常实施，也可以测评广告事前效果测评中未能发现或确定的问题。它虽然不能对整个广告活动的最终效果进行评定，但是却可以检验广告效果的事前评估和预测事后测定的结果，并为事后评估广告积累必要的数据和资料，以保证广告效果事后评估的顺利进行和取得较科学的鉴定结果。事中评估大多是在实际情景中进行的。

二、广告效果的事中评估方法

由于广告媒介费用高昂．营销状况各异以及市场竞争的加剧，因此越来越多的广告主在广告活动的进行过程中不断对广告进行测定、评估和修正。事中评估常见的内容与方法大致有以下几种：

（一）销售效果测评法

销售效果测评一般采取销售地区实验法，是实地实验法的一种，即选择某一特定地区和时间推出广告，对被确定的广告因素做推出前后的销售情况对比调查，根据销售变化的大小，考察广告活动的效果。

其具体做法是，先将销售地区分为实验城市与控制城市，在新的广告运动发起的一个月或一个半月前，在实验城市进行新的广告运动。而在控制城市保持与实验城市大体相同的环境条件，但并不发布新的广告。最后将实验城市与控制城市两者在广告活动前后的销售量加以统计比较，便可测定新的广告运动或新的广告的相对效果。

这种方法的优点在于能够比较客观地实际检测广告的销售效果，尤其是对一些周转率极高的商品，如节令商品、流行商品等更为有效。但这种方法也存在着缺陷，这主要是因为检测时间长短不易确定，如果检测的时间太短，可能广告的真正效果还未发挥，如果时间过长，市场上各种可变因素又不易控制。再者，要找到与实验城市条件大致相同的控制城市也相当困难。因此，要想采用销售地区实验法，就必须舍去一些次要变数，但这些次要变数的取舍恰当与否又在相当程度上决定了评估效果的有效性。

（二）函索测定法

函索测定法是邮寄调查法的一种，其目的是检测不同的广告作品、广告文案的构成要素在不同广告媒介上的效果。

具体做法是，在不同的媒介上刊登两幅或两幅以上的广告，其中有一个广告构成要素（如文字、图画、标题、布局、色彩或广告口号等）是不同的。每幅广告中含有以下两个项目：

（1）广告主希望消费者对其广告产生反应而做的邀请或提供物。

（2）便于核对广告及刊登媒介的编号。

最常见的提供物是赠券，赠券中含有表格，以备消费者填妥寄回索取样品、赠品或其他资料，而编号可以是门牌或信箱号码，也可以是函索表格上的一个暗记。函索的表格寄回后，由于上面有不同的编号，所以可以查知是在哪一家报纸上所刊登的广告产生的效果。最后进行统计，就能判断哪幅广告、哪种标题或哪家报纸最有效果。

这种方式的评估适合报纸、杂志及直邮这类印刷媒介，若是再附上"回邮由厂商代付"或"回邮邮资已付"，或者直接在信函中加附"商业回信卡"，回收率可能更为显著。而每幅广告的函索回收率愈高，所负担的成本也就愈少。

这种方法的优点是简便易行，可以在各种印刷媒介上同时进行，而且可以用来比较广告任何构成要素的相对功能与效果。其缺点是只适用印刷媒介，回函期较长，而且若广告主提供的赠品具有高度注意价值，则儿童、竞争者、搜集样本者等这些回函者并不一定都具有广告主目标市场意义，因而测定结果的准确度会受到影响。

（三）分割测定法

分割测定法也是邮寄调查法的一种，它的目的是检测同一媒介上某一构成要素不同的广告效果。实际上它是函索测定法的分支。

其做法与函索测定法基本相同，只不过一幅广告刊登在同期一半份数上，另一幅广告刊登在同期的另一半份数上。然后将两者寄给各市场的读者，这就意味着每个市场的读者有一半人可见到第一幅广告，而另一半人可看到第二幅广告。每幅广告附有编号和商品说明书，根据回函统计后即可得出两幅广告销售效果的比较值。

这种方法的优点是检测的对象比较明确，检测的条件比较一致，即除了被测者之外，其他所有的变数都在控制之中；杂志报纸分别寄给读者，两幅广告几乎同时出现，刊在同样页次、同样版位，但彼此互不影响。同时，读者也不会觉察，而会在自然情况下接受测试，回收率可能很高而且迅速。当然，采取这种方法可能要花上一笔相当大的费用，同时愿意提供这种服务的媒介也十分有限，这些都是在进行测定前需加以考虑的。

（四）固定样本连续调查法

这是研究消费者购买行为的基本手段之一。按简单随机抽样方法，抽出所要调查之人或家庭，对被调查人或家庭长期跟踪调查。比如，对所选中的家庭主妇发购物日记簿，请她们按照下列项目进行记录。

（1）每日所购买的日用品的品牌、包装单位、价格、数量、购买的店铺、所提供的赠品等。

（2）对所阅读的报纸、杂志、视听的电台、电视节目等媒介接触事项。

调查员定期访问被调查家庭，收回所记录日记簿，收齐所有日记簿后，加以统计。此项资料能表示各种商品消费者的市场动向、需要量、长期动向、季节变动以及其他的短期变动。由于这种调查是针对同一家庭进行的连续调查，能较清晰地描绘出各商品品牌在某家庭里的使用率、市场占有率、品牌忠诚度等，类似于个案研究调查。

消费者固定样本连续调查可以应用于广告效果评估中。如要研究某一报纸广告在某一段时期的效果，可将所有样本户分为接触该广告的家庭和未接触该广告的家庭两组。在刊出广告前后，统计两组家庭购买新产品的数值，分析广告影响的情况。

固定样本连续调查除了采用消费者日记的方法外，还可以采用电话访问。

例如，假设从 9 月 1 日起对"雅倩"亮发保湿摩丝进行一项新的广告活动，该活动到次年 6 月 1 日结束。于是，确立 11 月 1 日和次年 3 月 1 日进行电话访问式的追踪研究计划。

在 11 月 1 日选择有代表性样本对消费者做一系列的随机电话访问。首先提问：受访者在"雅倩"所选择的媒介中是否看过或听过摩丝类的广告？如果是，是哪几则？一旦受访者指出记得的广告后，继续问受访者下列问题：

(1)这则(些)广告说了些什么内容？

(2)当您看完(听完)这则(些)广告后，心理有何反应？

(3)当您看(听)完这则(些)广告后，购买该产品的欲望是提高还是降低？

(4)广告中，什么因素影响了您购买的欲望？

(5)您最近购买了什么品牌的摩丝？

在对这些问题的答案进行综合分析整理后，可大致衡量出下列三种广告效果：

(1)吸引受访者记住或想起某些广告的能力。

(2)受访者对某广告的心理反应或对销售重点的了解程度分析。

(3)说服购买产品的能力，即受访者看了某广告后，购买该产品的欲望、受影响的程度。

到次年 6 月 1 日进行第二次一系列的随机电话访问，询问同样的问题。在样本是可比的前提下，对两次调查结果进行比较和研究，以确定可能发生的任何改变。此外，还可以了解到，第一次调查所发现的问题，在采取措施改正后，是否已得到了相应解决。

这种追踪研究，一般可以在广告活动约 2 个月的正常时间隔期内任何时间进行，而针对不同情况、不同产品，追踪研究的间隔时间也可做相应调整。

第四节　广告效果的事后评估

广告效果的事后评估是指在整个广告活动进行之后所做的效果评估。广告效果的事后评估，是整个广告活动效果测定的最后阶段，是评价和检验广告活动的最终指标，是人们判断广告活动效益的依据。

广告效果的事后评估，是对整个广告活动成果的评定，亦即对广告活动达成预定计划与目标的测定。因此，广告效果的事后评估，基本上采用目标测定法。就企业而言，一项广告活动要达成的目标可分为两大类：一是提高商品的销售额；二是改进商品或企业在消费者心目中的形象，即改进消费者对商品品牌或企业的态度。因此，广告效果的事后评估基本上也就是对广告销售效果的事后评估和对广告接触与沟通效果的事后评估。

一、广告销售效果的事后评估

在信息传播过程中，广告效果的最终阶段是行动，换言之，就是人们受广告影响，实施购买广告商品或者响应广告的募集的行动。在行动阶段，广告效果是备受关注的。从支付了广告费用的广告主的立场来说，将行动阶段的效果(如营销额等)当作衡量广告效果的标准是很自然的事情，然而，简单地用营销结果来衡量广告效果还是有欠准确的。由于在整个信息传播过程中，行动只是众多种广告效果中的一部分。此外，促使购买行动发生的效果是多方面的。在营销活动中，企业通常运用价格战略、流通战略、产品战略和广告战略来促进商品的销售。正因为在行动阶段各种影响的多重性、复杂性，所以调查在这个阶段中广告对于营销的效果是相当困难的。

虽然有理论和测量上的困难，但从对企业负责的角度出发，我们还是有必要对广告的销售促进效果进行定量的把握。

广告销售促进效果的调查方法包括事前事后法和统计分析法。

（一）事前事后法

事前事后法，就是实际调查广告活动前后的销售情况，以事前事后的销售额、利润额，结合广告费等因素，作为衡量广告效果的指数。具体包括以下几种方法：

1. 广告费用比率法

广告费用比率法的计算公式为：

销售（或利润）费用率＝本期广告费总额/本期广告后销售（或利润）总额×100%

单位费用销售（或利润）率＝本期广告后销售（或利润）总额/本期广告费总额×100%

从以上公式可以看出，销售（或利润）费用率越小，单位费用销售（或利润）率越大，就说明广告效果越好；反之，则说明广告效果越差。

2. 广告效果比率法

广告效果比率法的计算公式为：

销售（或利润）效果比率＝本期销售（或利润）额增长率/本期广告费用增长率×100%

例如，某公司为配合旺季销售，第四季度投放的广告费用比第三季度增加了40%，同时，第四季度的销售额比第三季度增长了20%。由此，我们可以计算出该公司广告销售效果比率为50%。

销售效果比率越大，说明广告效果越好；反之，则说明广告效果越差。

3. 广告效益法

广告效益法的计算公式为：

单位费用销售（或利润）增加额＝[本期广告后销售（或利润）总额－上期广告后（或未做广告前）销售（或利润）总额]/本期广告费总额

例如，某企业第三季度销售额为180万元，第四季度投入广告费0.8万元，销售额上升为200万元，则该企业单位费用销售增加额为25元，即每元广告费取得25元效益。

由此可见，单位费用销售（或利润）增加额越大，说明广告效果越好；反之，则说明广告效果越差。

4. 盈亏分界点计算法

用 A 表示基期广告费，ΔA 表示报告期广告费增加额，S 表示报告期销售额，R 表示平均销售费用率，则销售费用率＝广告费用额/销售额，用公式表示为：

$$R = (A + \Delta A) / S$$

$$RS = A + \Delta A$$

所以

$$\Delta A = RS - A$$

如果 ΔA 为正值，说明广告费使用合理，经济效果好；如果为负值，则说明广告费未能有效使用，需考虑压缩广告开支。

例如，有甲、乙、丙三家公司，其广告费投入和销售额情况见表 8-1。

表 8-1 广告费投入和销售额情况

公司	平均销售费用率/%	报告期销售额/万元	基期广告费/万
甲	1.3	1 000	15
乙	1.1	2 000	18
丙	1.2	1 800	14

则各公司 ΔA 值为：

甲公司：$\Delta A = 1\,000 \times 1.3\% - 15 = -2$（万元）

乙公司：$\Delta A = 2\,000 \times 1.1\% - 18 = 4$（万元）

丙公司：$\Delta A = 1\,800 \times 1.2\% - 14 = 7.6$（万元）

由此可见，丙公司广告费利用情况最好，乙公司次之，而甲公司的广告费投入超过了前期平均投入，但销售效果却没有太大的变化，因此应压缩广告费用支出。

(二)统计分析法

统计分析法主要包括使用牵引率法、PFA(Plus for AD)法和广告效果系数法。

1. 使用牵引率法

使用牵引率法是由通过在广泛的领域里进行抽样，把所得样本分为两类：一类是对目前所实施的广告一无所知的人，从中寻找使用该产品的人(不知广告却使用产品)，计算其百分比($X\%$)；另一类是对所实施的广告有深刻记忆的人，从中寻找使用该产品的人(既知广告又使用产品的人)，计算出百分比($Y\%$)。由以上可知，假如不做广告时，只有 $X\%$ 的人购买该产品，一旦做广告，另有额外 $(Y-X)\%$ 的人受广告所吸引而使用该产品。两组百分比之差称为使用牵引率。

2. PFA(Plus for AD)法

PFA 主要用来测量广告使用上的吸引力。对调查对象，首先要确认其是否见到或听到该品牌的广告，然后再问是否购买过该品牌的产品。计算公式为

PFA 的购买率＝(接触广告而购买的比率÷接触广告的总人数)×100%－(未接触广告而购买的比率÷未接触广告的总人数)×100%

对全体 PFA 的比率＝接触广告占总人口的比率×PFA 的购买率 PFA 的购买率＝总人口数×对全体 PFA 的比率

3. 广告效果系数法

根据小组比较法，在广告推出后，调查以下两种情况：看没看过广告；有没有购买广告商品。调查结果见表 8-2。

表 8-2　广告效果系数法　单位：人

项目	看过广告	未看过广告	合计
购买广告商品	a	b	$a+b$
未购买广告商品	c	d	$c+d$
合计	$a+c$	$b+d$	n

注：a——看过广告而购买商品的人数；b——未看过广告而购买商品的人数；c——看过广告但未购买商品的人数 d——未看过广告又未购买商品的人数；n——被调查的总人数。

从上表可以看出，即使在未看过广告者当中，也有 $b/(b+d)$ 的比例的人购买了广告商品，所以要从看过广告而购买的 a 人当中，减去因广告以外影响而购买的 $(a+c)\times b/(b+d)$ 人，才是真正因为广告而导致的购买效果。用这一人数除以被调查的总人数所得的值，称为广告效果指数（Advertising Effectiveness Index），简称 AEI。计算公式为

$$AEI=[a-(a+c)\times b/(b+d)]/n\times100\%$$

例如，某企业为提高产品销售量，共发起两次广告运动，每次广告运动结束后，经调查所得的资料分别见表 8-3 和表 8-4。

表 8-3　第一次广告运动　单位：人

项目	看过广告	未看过广告	合计
购买广告商品	85	48	133
未购买广告商品	101	166	267
合计	186	214	400

表 8-4　第二次广告运动　单位：人

项目	看过广告	未看过广告	合计
购买广告商品	96	44	140
未购买广告商品	91	169	260
合计	187	213	400

分别计算两次广告运动的广告效果指数如下：

$$AEI_1=[85-186\times(48/214)]/400\times100\%=10.82\%$$
$$AEI_2=[96-187\times(44/213)]/400\times100\%=14.34\%$$

由以上可以看出，第一次广告效果指数为 10.82%，第二次广告效果指数为 14.34%，第二次广告效果显然比第一次要好。

二、广告接触与沟通效果的事后评估

回顾 20 世纪 20 年代的广告业，当时的广告主根本无法知道花在广告上的钱究竟有多少可以回收。1914 年印刷媒体发行公信会的设立，代表一项重大的进步。广告主首次确信有多少广告被印刷和分发出去。随着有了广播和电视的视听调查服务和阅听者的测量装置，广告主知道了有多少人收看了他们的广告。但是，广告暴露量测量的发展并没有完全

满足今日广告主与日俱增的要求：广告要怎样才有效？为什么有效？人们听到、看到、阅读过广告信息后会产生什么效果？这些效果如何积累，如何与其他刺激融合，最终转化为购买行动？

广告接触与沟通效果实际上包含了两个方面的内容，接触效果更多的与传播效果有关，而沟通是改变消费者心理的基础，所以对广告沟通效果的评估实质上指向的是对目标受众心理变化效果的评估。广告接触与沟通的效果可以在广告活动中测试，也可以在广告活动结束时测试。主要的测试内容和方法包括视听率调查法、认知测定法、回忆测定法、识别法以及态度变化测定法等。

（一）视听率调查法

视听率调查法主要是计算那些接触到广告的人数，包含看到平面媒介广告以及看到和听到电视与广播广告的人数。调查人员可以直接听取被测者对问题的回答和用书面提问法进行的调查，再加上使用各种机器测定家庭电视视听率，也包括在实验室的效果测定。目前比较常用的方法有机械调查法、日记调查法。

1. 机械调查法

如电视视听调查法、（电视）视听自动记录法、电视节目观看状况报告法，是用各个调查公司研制的特殊结构的测定机器，装在电视接收机内，进行对电视视听率测定的方法。在调查对象的家中安置自动记录装置，该装置用电话线与调查机构的计算机相连，按设计的时间自动记录电视节目的收视状况，然后由计算机汇总统计，向需要的客户提供统计数据。

2. 日记调查法

将调查表交给调查对象家庭，并告知有关电视收看或收音机收听的记录方法，让调查对象在调查表上记录收看（听）日期、时间、台名以及节目名称，再由调查员按时回收。

如果将日记调查法用于事中评估，通过测试，我们能够对以下几个问题做出判断，并及时纠正失误：

（1）发布时机选择；

（2）发布规模设定；

（3）发布强度适合性；

（4）发布媒介的针对性与号召力。

（二）认知测定法

消费者购买商品的心理活动，首先是从对商品的认知开始的。认识商品的过程，就是消费者对商品个别属性的各种不同感觉加以联系和综合的反应过程，这一过程主要是通过消费者的感觉、知觉、记忆、思维等心理活动来完成的。消费者的认知过程是购买行为的重要基础。认知测定法主要用来测定广告效果的知名度，即消费者对广告主及其商品、品牌的认知程度。其中，最有名的方法是丹尼尔·斯塔齐所倡导实行的读者率调查。

该调查方法经由随机抽样选出调查对象，由调查员访问，如果所调查的是报纸，必须于该报发行次日实施，因为时间拖得久，会受另一天报纸的影响，使记忆减弱。而如果是杂志则在下期出版之前实施调查。调查人员出示报纸或杂志，询问被调查对象是否看过广告，如果回答是肯定的，再问"是否读过这个广告的某一部分？"就这样，针对广告的各要素，即标题、插图、文案等，都加以询问。然后根据调查结果将被调查者分为三类：

（1）注目率。该读者称在该报纸（或杂志）之该期曾见过某广告（即广告主所刊发的广告）。

（2）阅读率。该读者称他已充分看过该广告，知道广告中的商品及广告主企业为何人。

（3）精读率。该读者称他已将广告中文字浏览过 50％ 以上的内容。

最后加以统计，便可决定这三类读者在广告费单位成本中所占的人数。当然，如果精读率项目下的读者数最多，自然就表示广告的效果最佳。

这种测定法的结果，视读者对广告的认知与兴趣而定，当然，这种认知和兴趣与广告的各个组成要素都有极大的关联，测定者可以因此推断读者对标题、布局、色彩等要素的偏爱程度。当然，这种方法也有其严重的缺陷：一方面表现在其结果的有效性上，即调查结果完全建立在读者的记忆力及忠实程度上；另一方面表现在读者对于广告信息是否了解、接受，甚至于由相信而受到影响，这种方法都无法提供令人满意的答案。

（三）回忆测定法

回忆测定法是指在一定时间内，测验消费者对某一广告的记忆度和理解度，包括纯粹回忆法和辅助回忆法。迄今为止，最普及的广告调查方法就是回忆度测试，它的基本思路是：如果广告要产生效果，它就必须被人记住，在这样的前提之下方可进一步假定，人们记得最牢的广告应该是最有希望产生效果的广告。因此，这个测试的目标就是了解受众记住了多少信息。调查人员利用回忆度来测试印刷广告、电视广告和广播广告的表现。

这种测定法，较认知测定法向前推进了一大步，其目的在于广告的冲击力及渗透力。换言之，也就是要查明消费者能够回忆起多少广告信息，以及他们将商品、品牌、创意与广告主联想在一起的能力，甚至于他们相信广告的程度。

这种测定的基本方式，是由访问员询问消费者所能记得其所见或所闻关于某位广告主或其商品的情形。有时访问员会给予消费者某种辅助，这就成了辅助回忆法。最常见的方式便是让受访者在用来测定的杂志上，可以看到他所被问及的广告，或者是只让他看到杂志封面，并请他说出他记得的广告，然后再让他看列有品牌名或广告主名称的卡片，请他人指出哪些是他能记得的。对他所记得的广告，再询问其所知的广告布局及内容等。然后访问员将杂志打开，对该消费者做一番查证工作。这种询问越复杂，越见深度，所得情报也愈多，也愈能证实已刊发的广告是否有效。

但是这种方法也有缺陷，因为很少人有极强的记忆力，因此这种测定方法仍旧可能强调的是广告引人注意的力量，而不是广告的说服力。

（四）识别法

识别法是将已经推出的广告作品或品牌与其他广告或其他品牌混在一起，然后一一向消费者展示，看有多少消费者可识别出已经推出的广告或品牌。

（五）态度变化测定法

典型的态度变化调查（Attitude-change Study）采用在广告暴露前、暴露后对广告进行测试的设计方案。调查人员从目标市场中请来一些受试者，记录下他们在接触广告前对广告品牌和竞争品牌的态度，然后，让他们接触试验广告和一些广告样本，在接触之后再一次测量他们的态度。这样做的目的是推测特定的广告版本在改变品牌态度方面有多大的潜力。

这种方法主要用来测定广告心理效果的忠诚度、偏爱度及品牌印象等。态度测定法所采用的具体形式有问卷、检核表、语意差异试验、评等标尺等。其中语意差异试验是比较常用而又简便易行的方法。此方法是由美国伊利诺斯大学奥斯吉等研究制定的。其原理是，根据广告刺激与反应之间必有一联想传达过程的原理，通过对这种过程作用的测定，就可以得知消费者对广告所持的态度。它主要是用来判断消费者对广告的印象是否与广告创作者的原意相符。如测定广告作品中的人物给人的印象如何，可令消费者在一系列相反的评语中进行挑选：美丽、丑恶、健康、衰老、快乐、忧伤等（并从相反词中标出若干等级），最后根据结果进行统计。

【知识拓展】

广告注意率与认知率调查流程

广告注意率与认知率调查具体做法可参考如下的实例：

1. 确定调查题目：关于 A 报广告的注意率调查。
2. 从居民登记（户口登记）中抽样。
3. 记录下样本的地址或电话号码。
4. 用电话或直接访问的方式，了解调查对象家庭的报纸阅读情况，从中选出 A 报的读者。
5. 直接派调查员访问 A 报的读者家庭，做调查说明，请求对方配合，同时将对方的年龄、学历、职业以及消费特点记录下来。
6. 根据调查需要，将调查对象划分为各种小组，并确定实施调查的时间，但不必向调查对象预告。
7. 确实调查所用的 A 报广告。
8. 调查当天，用电话或直接访问，提示昨日的 A 报广告，询问读者对有关广告的阅读状况。比如，"昨天的 A 报读了没有？"对做肯定回答的对象，可继续提问"××的广告看了吗？请在调查卡上选择合适的项目打钩"。调查卡片一般宜设计包含三个项目的选择（①确实看到过；②似乎看到过；③看到过，但没有记住）。
9. 回收调查问卷，做统计并撰写调查报告书。

假设 a 为阅读报纸总人数，b 为似乎看过报刊广告的人数，c 为确实看到报刊广告的人数，则关于注意率和认知率的统计公式如下：

$$认知率 = c/a \times 100\%$$
$$注意率 = (b+c)/a \times 100\%$$

【本章小结】

所谓广告效果，是指广告信息在传播过程中刺激和引起的直接或者间接的变化的总和。广告效果具有迟效性、累积性、间接性、复合性和两面性等特点。广告效果评估有利于加强广告主的广告意识，提高广告信心；可以为实现广告效益提供可靠的保证；能保证广告工作朝着科学化的方向发展，促进广告业的繁荣。从不同的角度划分，广告效果也有不同的类型。广告效果的评估应遵循目标性原则、综合性原则、可靠性原则和经常性原则。

广告效果的事前评估，是在广告未正式传播之前进行的，主要是指对印刷广告中的文案，广播、电视广告中的脚本以及其他形式广告信息内容进行检测。广告效果的事前评估可以防止出现大的失误、确定广告达成目标的程度、评价传达某品牌销售信息的可选方法。广告发布前测试主要有两类内容——概念测试和文案测试。

广告效果的事中评估是在广告作品正式发表后直到广告活动结束前，在广告活动进行的同时对广告效果进行的效果评估与测试。常见的内容与方法有销售效果测评法、函索测定法、分割测定法、固定样本连续调查法等。

广告效果的事后评估是指在整个广告活动进行之后所做的效果评估，主要包括广告销售效果的事后评估和广告接触与沟通效果的事后评估。

思考与练习

1. 简述广告效果的特点。
2. 简述广告效果的类型。
3. 简述概念测试的方法。
4. 简述广告效果事前评估的优点和缺点。
5. 简述广告效果事中评估的常见内容与方法。
6. 简述接触与沟通效果的事后评估方法。

第九章　广告运作管理

【学习目标】

1. 了解广告组织的含义、类型和发展趋势；
2. 掌握广告代理的相关内容；
3. 熟悉我国广告管理的法律法规与管理机构。

【经典案例】

广告企业应有社会责任感

背景与情境：企业是社会的组成部分，广告企业也应承担相应的社会责任，在传播产品信息的同时，还应该传播正能量。

2015 年 2 月，比亚迪新能源汽车上市。其同时制作了几个广告，不仅有视频广告，也有平面广告，它们之间有一个共同特点：极力展示有社会责任感的大企业风范。在视频广告中，比亚迪用大篇幅描述自己的环保理念和为此努力的决心。广告中唯美的画面、浑厚的男中音，都非常引人入胜。"当清晨的第一缕阳光照亮大地，当清新的空气任由呼吸，我们应当懂得珍惜，地球母亲对人类的养育并不容易。比亚迪，满怀对大自然的感恩之情，率先倡导并引领新能源事业的发展，并以环环相扣的全产业链，为地球回馈爱心，为人类创造福祉。阳光是大自然赋予我们最宝贵的恩赐，比亚迪太阳能电站让光能高效转换成电能，电能让人类的生活无所不能。比亚迪储能电站，让电能完全被驯服，随心所用。比亚迪新能源汽车覆盖生活方方面面，人们的使用和出行从此绿色高效，清新随行。"

项目分析

为了更好地完成本项目，应充分掌握以下知识与技能：

1. 广告组织的模式和内容。
2. 分析企业与从业人员相关行为的善恶。

第一节　广告组织

【经典案例】

相声演员代言的"藏秘排油减肥茶"被立案调查

"我说藏秘排油好，因为我喝了它的确瘦了 6 公斤。"中央电视台 2007 年"3.15"晚会揭露，郭德纲代言的"藏秘排油减肥茶"不仅产品名称未获得有关部门批准，而且夸大了减肥和调节血脂的保健功能。该茶原是"百草减肥茶"，在宣传时却披上了"藏茶"的外衣。广告播出时，"藏秘排油减肥茶"的商标申请还在受理中。广告中一家名为"亚洲藏茶医学保健研究所"的单位宣称是该茶的研制监制单位，但记者调查后发现这是一个私人公司，董事竟是"藏秘排油"的策划人。按有关法律规定，"藏秘排油"的广告涉及虚假宣传。

问题：合乎法规的广告组织模式是怎样的？

一、广告组织概述

组织是通过协调活动来达到个人或集体目标的社会群体。它依靠自身的组织结构，在发挥组织功能的同时，实现组织的目标。组织具有结构性、功能性和目标性等特点。

作为行业组织之一的广告组织，具有不同于一般组织的行业特点。广告组织是为了对广告工作实行有效管理，以便更好地完成各项广告业务而设立的对广告活动进行计划、实施和调节的经营机构。

世界范围内的广告组织主要分为广告公司、媒介广告组织、企业广告部门、广告团体（广告行业组织）等。

二、广告公司

广告市场中存在着广告客户、广告公司和广告媒介这三个主体。而在以广告代理制为基础的广告经营机制中，广告公司处于广告市场的主导地位，它是实施广告代理制的中心环节。广告公司是专门从事广告代理与广告经营的商业性服务组织。

（一）广告公司的类型

广告公司按照服务功能与经营业务的不同，可以分为广告代理公司、广告制作公司和媒介购买公司三类。而不同类型的广告公司，也就相应地具有不同的组织形式和机构设置。

1. 广告代理公司

广告代理公司是为广告主提供广告代理服务的机构。它一般又可根据规模大小分为综合型广告代理公司和专项服务型广告代理公司两类。

综合型广告代理公司为广告客户提供全方位的广告代理服务，包括产品的市场调查和研究、广告战略的策划与执行、广告计划的具体设计与制作、广告媒介的选用与发布、广告效果的跟踪与反馈等一系列的活动。它还能为广告客户提供信息咨询、企业形象设计、大型公关活动等战略层面的服务和建议。随着信息技术的不断发展及全球市场竞争的日益加剧，综合型广告代理公司也开始由纯粹的广告代理越来越趋向于提供综合性的信息服务，集广告服务与信息服务于一体。

专项服务型广告代理公司的广告经营范围较窄，服务项目较单一，一般不承担广告运作的整体策划和实施。但它能满足特定广告客户的特殊需要，具有一定的专业优势，同时顺应了广告专业化分工的趋势，有利于广告专业水平的提高。一般说来，专项服务广告代理公司又可分为三种：提供某一特定产业的广告代理专项服务，如房地产广告代理公司；提供广告活动中某一环节的广告服务，如广告创意公司、广告调查公司；提供特定媒介的广告服务，如户外广告、交通广告等。

现代社会的传播事业极为发达，广告客户需要广告公司提供全面服务，以满足其各方面的需要。只有具备一定规模和水准的广告公司，才有条件和能力为客户提供全面的广告策划和计划执行。广告公司的全面服务过程，一般可归纳为五个程序，即研究—建议—提呈—执行—总结，按照"承揽业务—制定策略—设计制作—发布广告—效果调查"等几个环节来进行，有利于各部门围绕一个中心协同作战，形成一整套为客户提供全面服务的体制。

2. 广告制作公司

一般只提供广告设计与广告制作方面的服务。由于广告制作业务的专业性，广告制作从一开始就与广告代理分离，成为独立的广告业务服务机构。如平面广告制作公司、影视广告制作公司及路牌、霓虹灯、喷绘等专营或兼营制作机构等都属于这一类。它可以直接为广告客户提供广告设计和制作服务，也可以接受广告代理公司的委托，通过提供广告制作服务收取广告制作费用。广告制作公司最大的优势就在于设备的精良和人员技术的专门化。随着科技和现代广告业的飞速发展，广告客户对广告制作的要求越来越高，广告制作设备和人员的投入也越来越大。所以即使是大型的广告代理公司，也日益倾向于委托专门的广告制作机构来完成其广告设计，而不再设置专门的广告制作部门。

3. 媒介购买公司

所谓媒介（媒体）购买公司，即从事媒介信息研究、媒介购买、媒介企划与实施等的独立运作的经营实体。其将报纸、杂志、电视、广播的广告版面及时段买断整合，然后推荐给广告主。最早的媒介购买公司诞生于欧美。业界一般将1966年法国卡拉特国际媒体公司的成立作为媒介购买公司诞生的标志。同时媒介购买公司是欧美模式的广告代理制的产物，也是广告公司、广告主和媒体三方博弈的结果。

媒介购买公司一般设有媒介研究、媒介策划、媒介购买与媒介执行等几大业务部门，对媒介资讯有系统的掌握，能为选择媒介提供依据，能有效实施媒介资源的合理配置和利用，并有很强的媒介购买能力和价格优势。因此媒介购买能力、媒介策划与实施能力以及巨额资本的支持是媒介购买公司生存和发展的必备条件。

【经典案例】

中国现有媒体购买公司

第一类：购买媒体形式多样、面广，但不买断单一媒体。主要以客户需要为购买前提，带有委托购买的性质。这类媒体购买公司一般脱胎于广告公司的媒体部门，目前以国内外的4A公司所在集团下属单位为主。

传立传媒：涉及电视、户外、报纸等媒体购买。

实力传媒：性质与传立相仿。

第二类：专门针对某一单一性质媒体，对其进行买断经营为主的媒体购买公司。这类公司经营的不是自有媒体，但是以买断经营为主。这类媒体本身就在整合单一媒体市场，想称霸某一领域，同时公司实力雄厚。

华媒盛视：电视媒体购买经营企业。

北大方正传媒：电视媒体购买经营企业。

德国 BMC：火车站户外媒体购买商。

传媒大鳄维亚康姆户外传媒广告(北京)有限公司买断北京巴士股份有限公司旗下 5800 辆公交车的车身广告权。

第三类：专门针对某一单一性质媒体，但不是买断经营，而是买部分经营权为主的媒体购买公司。这类公司经营的不是自有媒体，同时也不是买断经营。这类媒体已经整合了单一媒体市场，形成了一个全国性市场。

分时广告：户外媒体购买商。

华扬群邑：中国最大的互联网广告购买商。

第四类：专门针对某一单一性质媒体，自建运营网络的新型媒体公司。从某种意义上来讲，它不是媒体购买公司，而是媒体创建开发公司。这类公司经营的是自有媒体，同时也是垄断经营。这类媒体已经整合了单一媒体市场，形成了一个全国性市场。

白马(已上市)：候车亭广告。

分众传媒(已上市)：楼宇电视媒体、电梯平面媒体、手机广告媒体、影院媒体(已收购 ACL)、网络广告媒体。

巴士在线：公交电视媒体创建商。

广源传媒：铁路电视媒体创建商。

航美传媒：航空电视(含飞机上和机场电视广告)创建商。

餐厅联播网：餐厅视频广告媒体创建商。

(二)广告公司的业务经营范围

1. 代理广告客户策划广告

广告公司以广告代理为工作核心，代理广告客户策划广告是广告公司最本质的功能。具体包括为广告客户进行有关商品的市场调查和研究分析工作，为企业发展确立市场目标和广告目标，为代理客户制定广告计划和进行媒体选择。广告公司从自己专业领域出发，为广告客户提供广告主题和实现广告主题的广告创意、构思和策划。

2. 为广告客户制作广告

这是指广告公司将创造性构思和创意转换成具体外在表现的广告产品的活动。广告公司选择最具表现力、影响力和感染力的手法，客观地、真实地、具有美感和艺术性地去表现创造性广告思想的广告形式，是制作广告的根本要求。

3. 为广告客户发布广告

广告公司在策划和制作出广告作品之后，通过广告媒介的合理选择和应用，把广告信息及时地、迅速地传递给广大社会公众。发布广告时，广告公司要为客户利益着想，注意选择最具表现和传播效果又能最低投入的媒介，将广告信息传递给更多的潜在购买者，从而引导社会公众对于广告客户信息的认可、接受，以产生购买行为。

4. 为广告客户反馈广告信息，评估广告效果

广告公司在代理客户发布广告之后，要对所发布的广告进行市场调查和研究，对广告效果进行科学的测定和评估，及时向广告客户反馈有关市场的销售信息及相关的变动信息。

5. 为客户提供咨询服务

广告公司要为广告客户的产品计划、产品设计、市场定位、营销策略、广告活动和公共关系等方面提供全方位的综合信息，为客户提供各方面的咨询服务，从而实现企业资源的合理流向与最佳配置，推动经营企业的发展。

6. 影响广告业水平

对于广告行业来讲，广告公司是广告业中最重要的主体之一。广告公司的活动发展会影响到广告行业的整体水平和发展状况。在与客户和媒介合作时，广告公司要对广告市场的容量、分配、流向、趋势等具有一定的调节功能。

三、媒介广告组织

所谓媒介广告组织是指各种主要媒介部门设置的专门性广告组织，主要由广播、电视、报纸、杂志四大媒介部门所设立的广告组织。

广告媒介中发展最早的大众化传播媒介是报刊，媒介广告组织最早也在报刊部门出现。早期的报刊广告由广告主起草，送由报刊发行单位的编辑审定，不设专职广告部门，也没有专职广告人员。随着商业的发展，报刊广告数量增多，并开始讲究排列，注重广告效果。为了加强管理，提高广告作品水平，报社、杂志社等单位开始出现专职的广告部门。在广播、电视、报纸和杂志四大媒介发展起来后，这些媒介单位也相应地设立了媒介广告组织，并且日臻完善和复杂化，成为媒介组织的有机组成部分。

（一）媒介广告组织的机构设置

媒介广告组织因其广告业务规模不同，有的比较精简，有的则发展得很完善、职能齐全、机构也很复杂。

1. 报纸

报纸广告组织的机构设置制度一般有列举制和综合制两种类型。

（1）列举制。在报社总编辑下设编辑部、广告部、发行部、印刷业务部等各主要业务部门。编辑部负责报纸各版面的编辑出版，在广告业务上则负责为广告安排版面。发行部专门负责报纸的发行、收订及发行事务的安排、发行渠道的组织、报纸的发放等。印刷业务部则负责报纸的印刷事务，包括与印刷厂的联系工作、印刷时间安排和印刷计划安排，并监督印刷工作，检查印刷质量。报纸的广告部是专门负责报纸广告业务的职能部门。它承担广告业务的接洽、签约、设计制作和实施发布等工作，并对外来的广告作品负责编辑、检查审核和安排发布时间与版面的事宜。

大型的报纸单位一般还在广告部下设调研、艺术、分类广告、策划、普通广告、娱乐广告、广告编辑、校对、分发、印刷监制和出纳等专业小组，分别负责广告的调研、策划、设计制作、实施发布和财务管理等专业业务。

（2）综合制。综合制为一般小报社所采用，在总编辑下设编辑部，编辑部内设广告组，其下再设编辑、营业、分类广告等专业小组。

2. 杂志

杂志广告部门同报纸一样，根据机构大小、业务量多少而设置。

（1）小型杂志。小型杂志社由于其业务量小，一般不单独另设广告机构，由编辑、美工和发行人员兼办广告业务。

（2）大型杂志。大型杂志一般有一套与大型报社相类似的机构设置。总编辑室下设编辑组、美工组、印刷业务组、发行组和广告业务组等专业小组。编辑负责文字编排，美工负责美工设计和杂志版式设计，他们都在一定程度上参与广告的编排制作工作。尤其是美工组，杂志广告的版式设计、图画创作一般由他们去完成。印刷业务组负责杂志的印刷事宜。发行组负责发行。广告组则负责广告业务的联系接洽、签约、策划和设计制作，以及广告实施发布等事宜，其工作量也相当可观。

3．广播

由于业务量相对较大，一般广播媒介单位的机构设置都很健全，有独立的广告部。在广告部下设业务、编辑、导演、录音、制作合成、财务等，并按工业、农业、商业、外贸设立专业小组，负责接洽业务、制作广告和实施发布等工作。

4．电视

电视媒介单位的广告机构设置基本与广播单位相同，但多了摄影、摄像、美工人员等。

（二）媒介广告组织的任务

媒介广告组织的工作任务主要是负责发布广告、设计制作广告和收集广告反馈。

1．发布广告

广告媒介是实施广告的工具和手段，是传播广告信息的载体。它们的主要任务就是发布广告。广告的来源主要有两方面：一是直接受理广告客户的广告业务，二是广告公司代理承揽的各项广告业务。媒介广告部门与本地或外地的广告公司签订合约出售一定的广告版面或广告时间，以便各广告公司有计划地安排版面或时间发布广告。

2．设计制作广告

广告媒介单位在接受广告任务时，一部分广告已制作成广告作品，只是负责安排版面或时间。但有的广告客户只提供广告资料和广告要求，须由广告部门负责策划、设计和制作。如报纸、杂志、广告的文稿撰写和美工设计；电台、电视广告的脚本撰写，演员排演，录音录像，拍摄，剪辑等。

3．收集广告反馈

广告媒介部门在发布广告之后，往往收到许多人来函来电，提出问题或投诉，媒介广告部门应定期整理，向广告主反映，加强与广告主或广告代理公司之间的联系，及时掌握广告反应，稳定广告主的信心。

【知识链接】

不同国家的媒介广告组织的异同

在实行完全广告代理制的国家和地区，媒介在广告经营中一般只承担广告发布的职能，向广告代理公司和广告客户出售媒介版面和时间的是销售部门。最先实现和完成媒介广告职能和角色转换的美国，其广告业高度发达，实行完全广告代理制，媒介以不直接与广告主接洽为原则，除分类广告外，媒介只承担广告发布的职责。由于职能和业务内容单一，这类媒介的广告部门机构设置较简单，称为广告局或广告部，下设营业部门、编排部门、行政财务部门等几大部门。营业部门负责对外的业务联络和接洽，编排部门负责广告的刊播，行政财务部门负责行政财务方面的管理、督促广告费的及时回收。

而在没有推行广告代理制或没有实行完全广告代理制的国家或地区，媒介不仅负责广告的发布，还兼任广告承揽与广告代理之职，其媒介广告部门的机构设置较为复杂。日本与我国媒介广告部门的机构设置大体相同。在日本，其广告产业结构与美英等国截然不同，媒介的广告经营职能与广告公司并没有明确划分，几乎就与广告公司相同。日本的媒介不仅接受广告公司的广告代理，发布广告，也直接向广告主承揽广告，为广告主提供广告制作及市场调查等多种服务。

在我国，广告代理制还处于逐步推行阶段，除规定外商来华做广告必须经由广告代理外，媒介的广告经营几乎与广告公司没有差别。实行严格意义上的广告代理制，即对媒介的广告经营实行广告承揽与广告发布职能的真正分离，这应是我国广告业今后发展的努力方向。

资料来源：袁胜军. 广告学. 北京：人民邮电出版社，2015：105.

四、企业广告部门

企业广告部门作为现代企业营销组织的重要组成部分，在现代企业营销中所发挥的作用越来越大。企业的广告管理与组织，受制于企业对广告的认识，也从属于企业的整体管理与组织形式。从我国企业的广告管理现状来看，其广告管理组织大致可分为公关宣传型、销售配合型和营销管理型等三类。

(一)公关宣传型的广告管理模式

基于企业广告的宣传功能定位，将企业广告纳入企业的行政管理系统，使之成为企业行政职能部门的一个分支机构。这种模式比较注重企业的形象推广和企业的内外信息沟通，但也存在着广告运作缺乏实效性和针对性、脱离市场等缺陷。

(二)销售配合型的广告管理模式

这是目前国内外较多采用的一种模式，企业的广告组织从属于企业的销售部门，其主要作用在于配合销售。也就是企业的广告组织在行销主管的管理下，与企业的其他行销部门一起，共同为企业行销服务。在实际操作中，又可以分为以市场或产品为基础的两种组织管理类型。

比如，在美国，大部分消费品行销组织实行的"品牌经理制"就是以产品为基础的组织管理类型。在我国企业较多采用的是以市场为基础的广告管理组织模式，其广告的管理与执行，表现出明显的层级性，企业的广告部门既是企业的广告管理部门，又是企业的广告执行与行销服务机构。销售配合型的广告管理模式能更好地发挥广告的直接销售效果，但因过分强调广告对销售的配合，影响了企业对广告的长期规划管理，并且由于管理与执行层次繁多，也影响了广告传播的整体效果。

（三）营销管理型的广告管理模式

将企业广告部门从具体的销售层次中分离出来，提升为与其他职能部门并列的独立机构，使之成为企业营销的重要推广组织和企业实施整体发展战略的重要组成部分。它注重将企业广告的宏观决策、组织管理和具体实施结合起来，减少了企业广告的管理层次，加强了企业广告的统一管理和长远规划，有利于企业广告资源的充分开发与合理调配。

不管企业采取何种广告管理模式，其广告基本运作程序却是大体一致的，也就是企业广告运作一般都要经过广告决策——确立企业广告基本战略思想和总体战略目标、广告计划——确立并制订出切实可行的具体广告计划、广告执行——广告计划的具体实施等阶段。

在具体运作中，我国企业广告主要有自我执行和委托代理执行两种方式。所谓的自我执行，就是企业配置了功能齐全的广告部门组织，其广告部门承担了企业广告运作的一切工作和职责。委托代理执行的方式能极大提高企业广告效率，增强企业广告的投入产出比，是现代广告发展的需要，也符合企业发展的根本利益。

五、广告团体

广告团体是指由从事广告业务、广告研究、广告教育或与广告业务有密切关系的组织和人员自愿联合组成的社会团体组织。广告团体的作用和任务是团结广告协会组织，探讨各种广告思想和理论创见，制订和实施关于广告的教育计划，对广告业进行自我调节，并收集广告信息，提高世界广告业，尤其是第三世界广告事业的发展程度和业务水平，促进全世界对广告的认识。

广告团体的类型主要有广告协会、广告学会、联合会、联谊会等，还有一些媒介单位组织的广告团体。下面主要介绍全行业的广告团体。

（一）广告协会

广告协会是指由从事广告业务、学术研究或与广告有关的组织与个人自愿联合组成的民间协会。广告协会的主要职能是组织行业协会会员进行交流、合作及行业自律管理。协会的最高权力机构是理事会，理事会下设秘书处，主持日常工作。

1. 国际广告协会

国际广告协会的出现，对于协调、促进各国广告界的交流与合作，提高广告业务水平做出了重要贡献。

创建于1938年的国际广告协会，是目前最大和最权威的国际广告组织，总部设在美国纽约。它是由个人会员和团体会员组成的非营利性组织，会员遍布世界近80个国家和地区。该协会每两年召开一次世界广告会议，交流广告经验并探讨有关广告理论与实务方面的问题。我国于1987年5月12日，以"国际广告协会中国分会"的名义加入了国际广告协会。

2. 世界广告行销公司

世界广告行销公司由世界各地著名的广告公司组成，总部设在伦敦，是一个颇有影响力的世界性行业组织。凡参加世界广告行销公司的会员，均可在业务上得到帮助。世界广告行销公司协助开拓国际市场，举行定期会员培训，举办各种讲习班，定期提供世界各地最新广告表现技术和经济定向信息。

3. 国际 ABC 组织

目前，全世界有 20 多个国家有 ABC 组织，负责各国有关 ABC 问题的协调和资料交换。ABC 组织的宗旨是保障广告主的利益，防止广告公司和媒介代理由于数据失实而造成的策划失误。ABC 组织根据广告主和广告代理的需要，提供有关报纸、杂志等期刊的情况，公布其发行量、发行对象和范围、刊物性质，供选择广告媒介、计算广告成本和预算广告效果时参考。

4. 地区性广告行业组织

地区性广告行业组织主要是国际广告组织在各地的分会。在亚洲地区，主要是亚洲广告协会联合会。亚洲广告协会联合会成立于 1978 年，该组织是一个松散型组织，以国家或地区为单位会员，称为国家委员会，联合会主席由某一届亚洲广告大会的东道主的会员领导担任。它的主要活动是召集亚广联国际理事会，由各分会任理事派代表出席理事会，讨论一些共同感兴趣的问题，交流广告经验。我国于 1987 年 6 月 14 日以"亚洲广告联盟中国国家委员会"的名义加入亚广联。

(二)广告学会

广告学会是广告业同广告理论研究部门、广告管理机构联合组成的民间学术研究组织。其目的在于：联络从事广告专业工作、广告理论研究和政策管理研究工作的广大广告专业人员，开展广告理论研究，提高广告理论水平。

中国广告学会于 1983 年 12 月在北京正式成立，它是由从事广告艺术创作、设计、科研的人员以及广告事业管理、教育人员组成的广告群众团体。其主要任务是举办各种类型的学术会、报告会、讨论会、展览会等学术活动，探讨社会主义广告的性质、方向和作用，组织国内外的考察、学习、参观和交流；召开学术年会，评选优秀论文和广告作品，编辑各种出版物或其他资料。

【经典案例】

互联网时代创新型广告公司的创新案例

创新型广告公司：天与空。

2015 年 11 月，天与空为天猫"双 11"全球狂欢节打造了 4 条"Ready 购"系列魔性大片，牵手泰国最开脑洞的戛纳金狮级导演 Suthon，用丰富的泰式搞笑元素来演绎抢红包、拿爆款等各种"双 11"神技，点燃了用户的 high 点。

2014 年 4 月 2 日是国际自闭症日，天与空为壹基金创意并策划了"今天不说话"行动，号召中国人在这一天以沉默方式为自闭症儿童募捐。这是中国最大规模的社会参与式行为艺术项目之一，也是壹基金最实效的公益广告运动之一。

2015年"两会"期间，天与空为百度手机助手发起"对不起，北京——全民道歉行动"，其后扩展至全国版"对不起，我的城——全民道歉行动"。通过一组道歉海报和道歉互动页面引爆全民道歉浪潮，号召人们通过向城市道歉的行为，为解决城市病出一份力。在中国，共超过70多个城市自发跟进加入道歉行动，互动页面共收到近12万封道歉信，获得800多个微信大号免费传播，覆盖人数近2亿。最值得一提的是，近10万人通过百度手机助手下载了各种软件，为城市出行提供了各种便利。

第二节 广告代理

【经典案例】

奥美广告公司

奥美广告公司是世界上最大的市场传播机构之一，由被誉为广告学之父的大卫·奥格威创建于1948年。

奥美广告公司目前已发展成为全球最大的传播集团之一，在100个国家和地区有359个分支机构，为众多世界知名品牌提供全方位传播服务。奥美集团旗下已有涉及不同领域的众多子公司：如奥美广告、奥美互动、奥美公关、奥美世纪、奥美红坊、奥美时尚。

多年来，奥美与众多全球知名品牌并肩作战，创造了无数个市场奇迹，它们包括：美国运通(American Express)、西尔斯(Sears)、福特(Ford)、壳牌(Shell)、劳斯莱斯(Rolls Royce)、芭比娃娃(Barbie)、旁氏(Pond's)、多芬(Dove)、麦斯威尔咖啡(Maxwell House)、柯达等。国内客户包括：中粮集团、中国移动、联想等。

问题：为何众多全球知名品牌会选择与奥美广告公司合作？

一、广告代理概述

广告代理制指的是广告代理方(广告经营者)在广告被代理方(广告主)所授予的权限范围内开展一系列的广告活动，即在广告客户、广告公司与广告媒介三者之间，确立广告公司为核心和中介的广告运作机制。它是国际通行的广告经营与运作机制。广告业现代化的主要标志之一就是在整个产业结构中，广告代理公司处于中心地位。

(一)广告制度的形成和发展

广告的起源可以追溯到商品交换的发端时代，历史悠久遥远，但是广告行业却是近代商品经济发展到一定程度的产物。由于交通运输发达、市场不断扩大、传播事业不断发展，企业对推销和广告变得越来越重视。社会的分工又使专门从事广告的广告经营者从商品流通领域中分离出来，逐渐形成一个独立的行业。

在此之前，叫卖、招牌、招贴、店铺等广告，都是由企业(广告主)自理的。报纸的产生使媒介与广告主分离，也就促使广告代理人充当中间人的角色。广告代理业的产生与发展，以美国最为典型，可分为以下几个阶段。

1. 版面推销人

福内·帕默(Volney Palmer)是第一位挣广告佣金的人。1840年，他在费城为各家报纸兜售版面，主要是承揽城外客户的广告，向报纸出版商收取50%以下的佣金，在费城、纽约和波士顿开设办事处。不久便有了更多的代理，佣金比率逐渐降低。

2. 版面批发商

1850年，出现了批发代理，乔治·罗畏尔(George Rowell)先以低价向出版商购进大量版面，再以高价(零售价)分售给广告客户。他曾与100家报纸签约，买下1个月的一栏版面，再以每行固定价格销出这些版面。这是媒介套装购买的起源。

3. 创作服务

1870年，作家查尔斯·贝茨(Charles Bates)开始为广告主或其代理人写作广告。他的公司不仅撰稿，而且还将策划、文案、美术结合起来，强调了广告公司是广告创意中心的概念。

4. 全面服务

1875年，佛兰西斯·艾尔(Francis Ayer)成立了艾尔父子广告公司，确立了代理商与客户的关系。广告主同意通过艾尔公司投放其所有的广告。20世纪初，广告代理业从媒介代理转向为客户全面服务。1917年美国广告代理商协会(4A)成立，确定15%为标准的代理佣金，广告公司为广告主制作广告并提供相关的服务。至今广告代理商仍然从其为客户购买版面(或时间)的媒介那里收取佣金，但设计制作成本及附加费一般是由广告主出资。

(二)我国的广告代理制

我国广告代理业也是从为报馆招徕广告的经纪发展起来的。这些经纪开始是发行报纸兼销售广告的。我国现代广告代理业的发展大致可分为三个时期。

1. 停滞时期

1949—1979年，我国由于实行计划经济，排斥商品经济，排斥广告。1956年，上海将分散经营的广告业改造成独家经营的广告公司，其主要业务是户外、店铺广告和包装装潢的设计制作，代理业萎缩。

2. 恢复时期

1978年以来，我国实行改革开放，商品经济迅速发展。一方面，企业需要做广告，媒介也需要广告费收入。另一方面，广告代理业由于人才青黄不接，力量薄弱，加上对广告公司的发展实行总量控制，媒介单位(包括大众传播媒介和有广告发布场地的单位)兼营广告的业务发展较快。

3. 发展时期

自1992年春邓小平南方讲话后，国家又明确广告业属于知识密集、人才密集型的新技术产业，列入重点发展的行业，提出广告行业的改革重点是向国际通行的广告代理制过渡。自1992年下半年开始，一年内广州市发展广告公司(或企业)481家，超过前13年的总和。其中，50%以上有广告代理功能。

二、广告代理的类型

广告代理的类型一般是以其所经办的业务类型或以其提供的服务范围来划分的。广告代理业务类型总的趋势是越来越细、越来越专业化。按照其功能和业务内容，主要类型有三个方面。

(一)全面服务型代理

亦称营销导向型代理，它从市场调查开始，协助广告主制订营销计划和广告计划，并付诸实施；在传播和推广的各个方面都能为客户服务。主要内容包括：研究产品或服务；研究现有的和潜在的市场；了解客户的销售因素；熟悉媒介的特点和影响力；制订广告计划；实施广告计划；从事其他营销组合工作。全面服务型代理是广告代理业的主体，其发展程度是一个国家或地区广告事业发展程度的标志。日本前 10 名广告公司的营业额占全国总额的 50％ 以上，这种广告业务的集中性说明了全面服务型代理的实力强大。

(二)有限服务型代理

有限服务型代理是创作导向型的，以设计制作广告为主要业务。它将事先制订好的营销计划发展为广告计划，并进行创作。这些代理业不负责媒介购买，不需要媒介认可，直接向客户收费。但它也可受客户委托向媒介代理购买媒介的时间或版面。这些创作行的代理业对人才要求是高水准的，往往召集兼职的或自由职业的撰稿人、设计师、电视制作人员来完成订单。他们除了制作广告外，也承担展览制作、包装和组织识别策划。

(三)专业性广告代理

专业性广告代理经营特定的广告领域的代理，擅长某类商品广告或某种媒体的广告业务。包括：工业品(生产资料)广告代理业、金融广告代理业、新产品开发广告代理业、直销广告代理业、主办活动的广告代理业、户外工程广告代理业、交通广告代理业、礼品广告代理业、分类广告代理业、影视广告代理业和专属广告代理业等。

三、广告代理运作的基本要点

广告代理是在广告业的三位一体——广告主、广告公司和广告媒介中，广告公司占据中间位置，是广告主与广告媒介连接的桥梁，一头是需要做广告的客户，另一头是能提供广告手段的媒介单位。广告公司实质上实行双重代理：一是代理广告主开展广告宣传工作，即从事市场调研、拟订广告计划、设计制作广告、选择媒体安排刊播、提供信息反馈或效果测定；二是代理广告媒介，寻求客户，销售版面或时间，扩展广告业务量，增加媒介单位的广告收入。

(一)广告经营中承揽与发布分开

广告公司承揽广告业务，将设计制作好的广告投放在媒介上，媒介单位专司发布广告，提高信息的传播、接受质量。双方分工协作，优势互补。

(二)代理认可制

"代理"首先要被工商行政管理机关核准，但这并不意味着该广告公司有特别的质量和大量的业务。按国际惯例，广告代理的认可，是由媒介或其团体根据广告公司所实际具有的财务状况、业务能力、信用、声誉，承认其代理资格，允许按照购买版面时间的数量提取佣金，并可赊买媒介的版面时间。

(三)代理充当业务委托人

广告代理代表客户与媒介交易时，在法律地位上即为委托人，负责支付因客户广告所发生的债务。如果客户破产或违约，广告代理须负支付账单的责任。

广告代理是专门从事广告服务、具有法人地位、自主经营的经济组织。它一般不依附于某个广告主或广告媒介，它是广告交易中的中间者，具有客观公正的立场。

(四)实行佣金制

广告公司主要收入来自媒介使用售出的广告版面时间而给予的佣金。按国际惯例，大众传播媒体的佣金比率是广告费的15%，户外广告为16.67%。我国现行的标准为10%。

四、实行广告代理的优点

实行广告代理制要求广告公司处于广告经营的主体地位。实行广告代理的优点如下：

(1)有利于实行广告专业化、社会化，可提高广告策划、创意水平，提高广告的社会经济效益。

(2)有利于加强对广告业的宏观调控。政府有关部门可以采取措施，扶持各种类型的广告公司，促进完善其经营机制与提高从业人员素质，还可提高广告业的全面服务水平。

(3)有利于制止广告业中不正当竞争。可以促使广告行业内分工明确：广告主投资决策，委托广告公司策划、实施，媒介单位负责广告的编排发布。各司其职，互相协作，有利于消除争拉广告的混乱现象。

(4)有利于广告计划的保证实施。广告公司能提供有熟练技能的广告人员为客户服务。客户可以依靠广告公司，全面实施自己的广告计划。

【知识链接】

如何选择广告代理商

2015年，25%的国内广告代理关系持续时间少于一年，代理关系平均维持时间为2.5年，低于2014年的2.8年，远远落后于时长在6年以上的欧洲和美国。其中本土广告主与本土代理公司的合作关系更短，只有1.9年。

1. 为什么广告代理关系常常晨聚暮离？

是广告代理商能力不够，还是广告主越来越喜欢"露水姻缘"？

广告主和广告代理商的关系如同婚姻一样，相识或者相亲时，都是将自己最好的一面呈现给对方，蜜月过后，则会暴露出各自的缺点。开始时一见钟情，最后却吵架分手，一个碗不响，两个碗叮当，各有各的理由，各有各的抱怨。

2. 了解你的需求：要找一个管家，还是钟点工？

专业的广告代理商一开始就应该很诚实地提醒客户，不要忙着做决定，一定要先想清楚，你希望广告公司到底能帮你做什么？你到底需要的是一个"钟点工"，帮你做一些你不擅长或不愿做的活？还是一个管家，帮你系统规划打理衣食住行？或者因为你的同事邻居已经有了一个，所以你也一定要有一个来充门面？因为不同的要求会有不同的评价标准，还也会涉及不同的支付报酬。

不同的企业发展阶段，需要不同的广告公司。刚刚起步的企业，往往并不需要一个管家。很多企业最初的推广活动，也都是由创始人亲自来做。企业只有进入一定轨道后，才需要一个小规模的广告公司，也就是相当于一个保姆。进入更为复杂的品牌运作时，才需要一个管家，帮你打理衣食住行，甚至管理一个团队，分工协调，完成你更高的目标。

3. 了解你的期望：要一杆进洞，还是平均七十杆？

实际上，一直幻想着一杆进洞的人，其心态不对，是打不好球的。品牌的经营，需要一个过程，需要不断地累积，一夜成名的事情不是每天都在发生的，认真做好每件事情的每一个细节，你的成功机会就会比别人多，你的一杆进洞的概率同样比别人多，即使永远没有一杆进洞，也不妨碍你 5 年、10 年后跻身一流地位。

选择广告公司也是如此，不是看他某一个客户在某一个阶段有多么成功，而是看他有多少比例的客户持续获得成功。

第三节 广告管制

【经典案例】

"使用佳洁士双效炫白牙膏，只需一天，牙齿真的白了"，看到台湾艺人小 S（徐熙娣）作为代言人，在镜头前唇红齿白、巧笑嫣然，您动心了吗？

然而，根据上海市工商局的调查，画面中突出显示的美白效果是后期通过电脑修图软件处理生成的，并非牙膏的实际使用效果。这一广告构成虚假广告，已被工商部门依法处以罚款 603 万元。据了解，这也是国内虚假违法广告处罚案件中金额最大的一起。

问题：如何杜绝虚假违法广告现象？

一、广告管理概述

广告管理是国家经济管理的行为，我国的广告管理是工商行政管理的重要组成部分。一般来说，广告管理有广义的广告管理和狭义的广告管理之分。

广义的广告管理包括广告公司的经营管理和广告行业及广告活动的社会管理两方面的内容。前者是广告公司对自身内部及经营活动的管理；后者则是政府职能部门、广告行业自身和社会监督组织对广告行业及广告活动的指导、监督、控制和查处，是对广告本身的管理。狭义的广告管理专指对广告行业及广告活动的社会管理。

广告管理主要包括三个层次：其一，政府职能部门对广告的行政管理；其二，广告行业自律；其三，社会监督管理。

二、我国的广告管理体制

在我们的生活中，广告无处不在，广告已经渗透到我们生活的每一个角落。为了保证广告界秩序的正常运行，保证广告业健康发展，必须不断健全广告管理体制。我国广告管理体制主要分为以下三个内容：

(一)广告监管体制

(1)从法律体制来看,形成多层次的法制体制。有基本法《广告法》、地方性规定、行业规章、政策性文件等。

(2)从法律内容看,已基本构成广而全的法制体系。形成了以商业广告为主体,兼容社会类、公共类广告的多方位调整对象,从多方面对广告进行规范。

(3)从法律性质看,已基本形成多角度的法制体系,包括程序性规定《广告管理条例》、限制性规定《酒类广告管理办法》、政策性规定《关于加快广告业发展的规划纲要》。

不同的法律从不同角度对同一行为作出规定,形成竞合关系。所有涉及广告管理的,均应首先适用《广告法》,这是在广告管理活动中应掌握的一个基本原则。

(二)行业自律

行业自律是由广告主、广告经营者和广告发布者自发成立的民间行业组织,通过自行制定的广告行业自律章程、制度、工作守则、职责公约和会员守则等,对自身从事的广告活动进行自我约束、自我限制、自我协调和管理,使自己的行为符合国家法律法规、社会公德的要求。

中国广告协会成立于1983年,是经民政部批准登记的具有社团法人资格的全国性广告行业组织,其办事机构是国家工商行政管理局的直属事业单位。中国广告协会在国家工商行政管理局的指导下,按照国家有关方针、政策和法规,对广告行业进行指导、协调、服务、监督。

(三)社会监督

广告的社会监督管理主要包括三个层面:其一,消费者对虚假违法广告向广告监管机关或者消费者保护组织投诉举报;其二,新闻媒体对虚假违法广告的舆论监督;其三,社会公众监督。

中国消费者协会于1984年经国务院批准成立,是对商品和服务进行社会监督的保护消费者合法权益的全国性社会团体。其宗旨是:对商品和服务进行社会监督,保护消费者的合法权益,引导消费者科学合理消费,促进社会主义市场经济健康发展。

新闻媒体的舆论监督主要是揭露曝光虚假违法广告,把违法广告的伎俩和意图公之于众,对虚假违法广告形成强大的社会舆论压力。

在我国的广告监管体系中,工商行政机关既是广告监管的主导机关,又担负着指导广告行业发展的职责。与行政力量在广告监管中的强势地位和作用相比,我国的行业自律和社会监督明显薄弱。作为行业自律组织的广告协会,作为社会监督组织的消费者协会和新闻媒体,以及广大消费者和公民,应该更积极主动地参与对广告活动的监督管理。

三、我国广告管理的法律法规与管理机构

(一)制定和颁布广告法律法规

政府对广告实施管理,首先要根据广告活动的特点和社会公共利益的要求,制定和颁布广告法规,使广告活动有法可依、有规可循,这是广告管理的首要任务。

根据广告业发展的需要,国务院于1982年颁布了我国第一部全国性广告法规——《广告管理暂行条例》。根据广告业发展的需要,国务院于1987年发布了《广告管理条例》,使

广告管理法规建设又前进了一步。进入 20 世纪 90 年代，我国经济建设进入了一个新的快速发展时期，广告业更是发展迅速，需要将广告法规的地位提高，将有关内容更进一步完善，在这种发展形势下，全国人大常委会于 1994 年 10 月 27 日审议通过了《广告法》，从 1995 年 2 月 1 日起正式施行。随着我国广告业的迅速发展和新兴媒体的广泛应用，广告发布的媒介和形式发生了相当大的变化，这部《广告法》已经不能适应广告业发展的客观需要。国家工商总局受国务院委托，从 2004 年开始启动修订《广告法》的准备工作；2009 年 8 月形成《广告法（修订送审稿）》；2013 年《广告法》修订列入国务院立法工作计划；2014 年列入全国人大常委会立法工作计划；2015 年 4 月 24 日，第十二届全国人民代表大会第十四次会议通过了修订后的《广告法》，习近平主席同日签署第 22 号国家主席令予以公布，自 2015 年 9 月 1 日起施行。

新《广告法》细化了广告内容准则、广告活动规范，为加强广告监督管理、促进广告业持续快速健康发展提供了重要的法制保障。

（二）明确广告管理机构

广告管理属于工商管理的范畴，1982 年颁布的《广告管制暂行条例》就从法律上规定由各级工商行政管理部门代表政府对广告进行管理；1995 年开始实施的《广告法》第一章第六条规定："县级以上人民政府工商行政管理部门是广告监督管理机关"，为广告管制机关确定了法律地位。新《广告法》在第六条更加明确地规定："国务院工商行政管理部门主管全国的广告监督管理工作，国务院有关部门在各自的职责范围内负责广告管理相关工作。县级以上地方工商行政管理部门主管本行政区域的广告监督管理工作，县级以上地方人民政府有关部门在各自的职责范围内负责广告管理相关工作。"

【经典案例】

上海市工商行政管理局立案查处新《广告法》实施以来首案

药品广告不得利用广告代言人做推荐、证明，这是 2015 年 9 月 1 日开始实施的新《广告法》中的规定。2015 年 9 月 1 日，由于药房内多处有陈宝国等明星代言的鸿茅药酒店堂广告，上海市工商行政管理局对广告主上海太安堂大药房连锁有限公司衡山路店进行立案查处。这是新《广告法》正式实施以来，上海市工商行政管理局对涉嫌违法广告的首个立案。

在太安堂大药房的玻璃门等处，都贴有鸿茅药酒的广告。在店堂内，还有多款保健食品的外包装上使用了姚明、唐国强等明星的形象进行代言。根据新《广告法》第十六条的规定，医疗、药品、医疗器械广告不得利用广告代言人做推荐、证明，否则由工商行政管理部门责令停止发布广告，责令广告主在相应范围内消除影响，处广告费用 1 倍以上 3 倍以下的罚款；广告费用无法计算或者明显偏低的，处 10 万元以上 20 万元以下的罚款。

这些保健食品如果是 2015 年 9 月 1 日前生产并进入流通环节的，则不属于违法；如果是 9 月 1 日之后生产的，就属于保健食品的外包装广告使用代言人，属于违法，需要被查处。

资料来源：http://news. xinhuanet. com，2015—09.

（三）对违法广告行为进行查处

广告管理机关的任务虽然有多个方面，但是最重要的是对违法广告行为进行查处，以维护广告业的正常秩序，使广告业健康发展，所以广告管理机关要根据广告法规赋予的权力，监督社会的广告活动，对出现的违法广告行为按照广告法规和其他相关法规的规定予以处理。只有不断地对违法广告行为进行查处才能净化广告业环境。

查处违法广告行为是保护消费者和社会公众利益的重要手段，也是预防违法广告行为发生、保护合法广告行为的重要措施，尤其要把查处虚假广告和违法广告作为重点。

（四）强调广告行业自律

新《广告法》在第七条规定："广告行业组织依照法律、法规和章程的规定，制定行业规范，加强行业自律，促进行业发展，引导会员依法从事广告活动，推动广告行业诚信建设。"

四、解读新《广告法》的十大变化

新《广告法》的修订是一次全面的修订，主要表现在：由原来的 49 个条义扩充到 75 个条文，新增了 33 个条文，删除了 3 个条文，保留了 8 个条文，修改了 37 个条文。

这次修订主要是围绕规范广告活动、适应广告发布媒介形式发生的变化、解决广告实践中产生的突出问题来开展的。修订后内容变化非常大，归纳起来，主要体现在下述十个方面。

（一）增加和完善了广告准则

这次《广告法》修订中一个显著的变化是，将原《广告法》第二章的名称"广告准则"调整为"广告内容准则"。同时丰富了广告准则的具体内容，增加了法律条文规定的可操作性。

原《广告法》中仅规定了药品、医疗器械、农药、烟草、食品、酒类、化妆品七种特殊商品的广告准则。随着商品和服务广告种类的不断增加，原《广告法》的规定已经远远不能满足广告市场执法的需要。

新《广告法》根据广告业发展的状况和广告监管工作的实际，针对 17 种与消费者生产和生活关系密切，并且在广告实践中违法广告发生率较高的商品和服务的广告准则进行了大幅度的补充和完善。

新增广告准则包括：保健食品、医疗器械、医疗广告、兽药、饲料、饲料添加剂、教育、培训、房地产、农作物种子等的活动准则的广告规定。这些规定使得广告准则进一步完善。

（二）完善了广告代言制度

近年来，广告代言的现象越来越普遍，由于立法上的空白，产生了一些严重侵害消费者合法权益的案件。

长期以来，很多人认为原《广告法》中没有涉及广告代言的问题，这其实是一种误解。原《广告法》对广告代言是有规定的，但是规定得比较简单。原《广告法》在第三十八条第三款规定："社会团体或者其他组织，在虚假广告中向消费者推荐商品或者服务，使消费者的合法权益受到损害的，应当依法承担连带责任。"这里明确规定了代言虚假广告的法律责任，但是这一规定存在两点不足：一是只规定了"社会团体或者其他组织"代言虚假广告的法律责任，而漏掉了自然人个人广告代言的法律责任。而自然人个人代言广告，尤其是有社会影响力的"名人"代言广告的行为恰恰是引发社会争议的焦点。二是只规定了代言虚假广告的民事法律责任，而没有规定相关的行政责任。同时，原《广告法》只调整广告主、广告经营者和广告发布者三类广告主体的广告行为，广告代言主体不是广告活动的法定主体。这就导致广告代言主体的法律定位不明，在广告活动中的权利义务不清。

通过这次《广告法》的修订，进一步完善了广告代言制度及广告代言人法律责任。具体内容表现在：

第一，将广告代言人纳入了广告活动主体范围，并对代言人的含义进行了规定。新《广告法》第二条规定："本法所称广告代言人，是指广告主以外的，在广告中以自己的名义或者形象对商品、服务作推荐、证明的自然人、法人或者其他组织。"

第二，明确了不得进行代言的广告范围。即第十六条规定的"医疗、药品、医疗器械广告"；第十八条规定的"保健食品广告"；第二十二条规定的"烟草广告"。

第三，规定了不得利用科研单位、学术机构、行业协会、专业人士、用户或受益者代言的广告范围。即第二十一条规定的"农药、兽药、饲料和饲料添加剂广告"；第二十四条规定的"教育、培训广告"；第二十五条规定的"招商等有投资回报预期的商品或者服务广告"；第二十七条规定的"农作物种子、林木种子、草种子、种畜禽、水产苗种和种养殖广告"。

第四，禁止利用不满 10 周岁的未成年人作为广告代言人。即第三十八条第二款的规定。

第五，规定了广告代言的前置条件，即广告代言人应当依据事实代言、依法代言和使用过后才能代言。第三十八条规定："广告代言人在广告中对商品、服务作推荐、证明，应当依据事实，符合本法和有关法律、行政法规规定，并不得为其未使用过的商品或者未接受过的服务作推荐、证明。"

第六，明确了广告主、广告经营者聘用代言人时应当履行的法律义务，第三十三条规定："使用他人名义或者形象的，应当事先取得其书面同意；使用无民事行为能力人、限制民事行为能力人的名义或者形象的，应当事先征得其监护人的书面同意。"

第七，规定对有过代言违法广告前科者的代言禁止。第三十八条第三款规定："对在虚假广告中作推荐、证明受到行政处罚未满三年的自然人、法人或者其他组织，不得利用其作为广告代言人。"

第八，明确了代言人的行政法律责任。根据第六十二条的规定，代言禁止代言的广告、代言未使用过商品或服务的广告、明知或应知虚假广告仍进行代言的，应由"工商行政管理部门没收违法所得，并处违法所得一倍以上二倍以下的罚款"。

第九，明确了代言人应承担的无过错民事连带责任。第五十六条第二款规定："关系消费者生命健康的商品或者服务的虚假广告，造成消费者损害的，其广告经营者、广告发布者、广告代言人应当与广告主承担连带责任。"

第十，明确了代言人应承担的过错民事连带责任。根据第五十六条第三款的规定，与消费者生命健康关系不大的商品或者服务的虚假广告，广告代言人明知或者应知广告虚假仍做推荐、证明，造成消费者损害的，应当与广告主承担连带责任。

【经典案例】

<h3 style="text-align:center">成龙代言产品：霸王洗发水</h3>

"当我第一次知道要拍那个洗头水广告的时候，其实我是拒绝的……"此为网络上广为流传的成龙版《我的滑板鞋》恶搞视频，说的就是其曾经代言的一款假冒洗发水。2010年9月，国家药监局正式通报，"霸王男士固发强根洗发液"和"霸王男士固发去屑洗发液"为虚假宣传产品，在未取得特殊用途化妆品批准文号的情况下，在其产品包装上标注"坚固发根、韧发防落、专为男士油性头屑头痒及易掉发质研制"等字样，虚假宣传育发类特殊用途化妆品功效，违反了《化妆品卫生监督条例》等有关规定。

资料来源：http：//cz.zjol.com.cn/，2015—03.

(三)广泛禁止了烟草广告

2003年，世界卫生组织通过了《烟草控制框架公约》，要求成员国"全面禁止烟草广告的促销和赞助"。我国于2005年正式批准了《烟草控制框架公约》，按要求，我国最迟应自2011年1月起，履行这一国际公约规定的义务，全面禁止"烟草广告的促销和赞助"。

《广告法》修订前，我国有关规范烟草广告的法律规定主要由禁止性规定、命令性规定和行政许可三部分构成。

第一，禁止性规定。包括禁止发布烟草广告的大众传播媒介、禁止发布烟草广告的公共场所、禁止发布烟草广告的内容。一是禁止利用广播、电影、电视、报纸、期刊等大众传播媒介发布烟草广告；二是禁止在候车室、影剧院、会议厅堂、体育比赛场馆等公共场所设置烟草广告；三是禁止在烟草广告中出现的内容包括：吸烟形象，未成年人形象，鼓励、怂恿吸烟的情形，表示吸烟有利于人体健康、解除疲劳、缓解精神紧张的内容，其他违反国家广告管理的内容。

第二，命令性规定。即发布烟草广告必须履行一些法定的义务，主要是要求烟草广告中必须标明"吸烟有害健康"的警语，并且警语必须要清晰、易于辨认，所占面积不得少于全部广告面积的10%。

第三，行政许可。在国家禁止范围之外的媒体或者场所发布烟草广告，必须经省级以上广告监督管理机关或者其授权的省辖市广告监督管理机关的批准。

在这次《广告法》的修订过程中，来自社会各界要求全面禁止烟草广告的呼声越来越高，从原《广告法》，国务院征求意见稿，全国人大常委会一审稿、二审稿、三审稿，到最终表决通过，有关烟草广告条文的内容一直在变化。

(四)完善了保护未成年人身心健康的广告规范

《广告法》修订后的第四大变化是完善了保护未成年人身心健康的广告规范。在这次修订中，《广告法》在保护未成年人身心健康方面做出了很大的努力。

原《广告法》中仅有一个条文涉及未成年人保护，规定"广告不得损害未成年人和残疾人的身心健康"。在实践中，这样简单的规定既不具有可操作性，也无法真正起到保护未成年人权益的作用。

修订后的《广告法》对未成年人保护作了全面的规定。内容主要包括：广告不得损害未成年人和残疾人的身心健康；禁止在大众传播媒介或者公共场所发布声称全部或者部分代替母乳的婴儿乳制品、饮料和其他食品广告；使用无民事行为能力人、限制民事行为能力人的名义或者形象的，应当事先征得其监护人的书面同意；不得利用不满十周岁的未成年人作为广告代言人；不得在中小学校、幼儿园内开展广告活动，不得利用中小学生和幼儿的教材、教辅材料、练习册、文具、教具、校服、校车等发布或者变相发布广告；在针对未成年人的大众传播媒介上不得发布药品、保健食品、医疗器械、化妆品、酒类、医疗、美容广告，以及不利于未成年人身心健康的网络游戏广告；针对十四周岁以下未成年人的商品或者服务的广告，不得含有劝诱其要求家长购买广告商品或者服务的内容。

这样的修订，使相关规定具有了更强的操作性，更有利于对未成年人身心健康的保护。

（五）增加了对网络广告的规范

受历史局限性的影响，原《广告法》仅限于对广播、电影、电视、报纸、期刊等传统媒体广告予以规范，对互联网等新兴媒体则没有涉及。修订后的《广告法》第四十四条和第四十五条对互联网广告进行了规范。主要包括三个方面的内容：

一是规定"利用互联网从事广告活动，适用本法的各项规定"，这是一个原则性规定。互联网不是虚拟世界，而是现实世界在网络上的反映。因此，互联网广告不能游离于《广告法》之外。这一规定从原则上将互联网广告纳入了《广告法》的调整范围。

二是规定"利用互联网广告发布、发送广告，不得影响用户正常使用网络。在互联网页面以弹出等形式发布的广告，应当显著标明关闭标志，确保一键关闭"。

三是规定"互联网信息服务提供者对其明知或者应知的利用其场所或者信息传输、发布平台发送、发布违法广告的，应当予以制止"。"明知或者应知广告活动违法不予制止的，由工商行政管理部门没收违法所得，违法所得五万元以上的，并处违法所得一倍以上三倍以下的罚款，违法所得不足五万元的，并处一万元以上五万元以下的罚款；情节严重的，由有关部门依法停止相关业务。"

（六）完善了虚假广告治理制度

原《广告法》对虚假广告仅作了"广告不得含有虚假的内容，不得欺骗和误导消费者"这样笼统的规定，既没有对虚假广告的含义进行界定，也没有对虚假广告的构成条件或者情形进行规定，执法操作性很差，严重影响了对虚假广告的查处和打击。

修订后的《广告法》除保留了"广告不得含有虚假的内容，不得欺骗和误导消费者"这样的原则性规定外，又在第二十八条中明确了虚假广告的含义，并列举了虚假广告的四种典型情形。在第五十五条、第五十六条中明确了虚假广告行为的行政责任、刑事责任和民事责任。与原《广告法》相比，惩处力度明显增大。

（七）完善了大众传播媒介广告发布规范

大众传播媒介主要是指报纸、广播、电影、电视、期刊、移动通信网络、电脑互联网等。大众传播媒介具有速度快、范围广、影响大等特点，而广告除了传统的商品和服务推销功能外，已经发展成为现代社会的一种文化。广告已经成为塑造大众信仰、世界观、价值观的最重要媒介之一。因此，规范大众传播媒介的广告发布行为意义非常重大。

这次《广告法》的修订中，对规范大众传播媒介发布广告行为的具体内容主要有：大众传播媒介不得以新闻报道形式发布广告；通过大众传播媒介发布的广告应当显著标明"广告"，与其他非广告信息相区别，不得使消费者产生误解；广播电台、电视台发布广告，应当遵守国务院有关部门关于时长、方式的规定，并应当对广告时长作出明显提示；广播电台、电视台、报刊音像出版单位、互联网信息服务提供者不得以介绍健康、养生知识等形式变相发布药品、医疗器械、医疗、保健食品广告；禁止在大众传播媒介或者公共场所发布声称全部或者部分替代母乳的婴儿乳制品、饮料和其他食品广告；禁止大众传播媒介发布烟草广告；大众传播媒介有义务发布公益广告；广播电台、电视台、报刊出版单位应当按照规定的版面、时段、时长发布公益广告。

（八）强化了广告监管部门的监管责任

这次《广告法》的修订，全面强化了广告监管部门的监管责任。

新《广告法》第四十九条第二款规定：工商行政管理部门应当建立健全监测制度，完善监测措施，及时发现和依法查处违法广告行为。

第五十三条规定：任何单位或者个人有权向工商行政管理部门和有关部门投诉、举报违反本法的行为。工商行政管理部门和有关部门应当向社会公开受理投诉、举报的电话、信箱或者电子邮件地址，接到投诉、举报的部门应当自收到投诉之日起七个工作日内，予以处理并告知投诉、举报人。工商行政管理部门和有关部门不依法履行职责的，任何单位或者个人有权向其上级机关或者监察机关举报。接到举报的机关应当依法作出处理，并将处理结果及时告知举报人。有关部门应当为投诉、举报人保密。

第六十八条规定：广播电台、电视台、报刊音像出版单位发布违法广告，或者以新闻报道形式变相发布广告，或者以介绍健康、养生知识等形式变相发布医疗、药品、医疗器械、保健食品广告，工商行政管理部门依照本法给予处罚的，应当通报新闻出版广电以及其他有关部门。新闻出版广电以及其他有关部门应当依法对负有责任的主管人员和直接责任人员给予处分；情节严重的，并可以暂停媒体的广告发布业务。新闻出版广电以及其他有关部门未依照前款规定对广播电台、电视台、报刊音像出版单位进行处理的，对负有责任的主管人员和直接责任人员，依法给予处分。

第七十三条规定：工商行政管理部门对在履行广告监测职责中发现的违法广告行为或者对经投诉、举报的违法广告行为，不依法予以查处的，对负有责任的主管人员和直接责任人员，依法给予处分。工商行政管理部门和负责广告管理相关工作的有关部门的工作人员玩忽职守、滥用职权、徇私舞弊的，依法给予处分。有前两款行为，构成犯罪的，依法追究刑事责任。

（九）新增了有关广告行业自律的规定

广告行业自律是广告业发展到一定阶段的必然产物，对于提高广告行业自身的服务水平，维持广告活动的秩序，都有着不可替代的作用。

"促进广告业健康发展"是广告法的立法目的之一，行业自律与行政监管对广告业的健康发展而言，两者缺一不可。中国广告协会等行业组织承担着抓自律，促发展，指导、协调、服务、监督的基本职能，在行业自律中起着核心作用。但是原《广告法》中没有关于广告行业自律的规定，这非常不利于广告行业自律组织作用的发挥。

本次修订后，在总则中新增加了第七条，规定"广告行业组织依照法律、法规和章程的规定，制定行业规范，加强行业自律，促进行业发展，引导会员依法从事广告活动，推动广告行业诚信建设"。

（十）新增了对公益广告的规定

公益广告以公共利益为基点，针对社会生活中的问题和矛盾，借助广告的形式提请公众进行正确的价值抉择，促成道德追求和社会氛围的提高和改善，以其特殊的方式发挥着传播、教育和导向的社会功能。

原《广告法》的适用范围仅限于商业广告活动，这次修订将公益广告纳入该法调整范围的呼声很高。《广告法》最后将公益广告的内容作为"附则"中的一个条文加以规定，表明了国家"鼓励、支持开展公益广告宣传活动"的态度。同时，将发布公益广告明确规定为大众传播媒介的一项法定义务，要求广播电台、电视台、报刊出版单位应当按照规定的版面、时段、时长发布公益广告。

五、广告职业道德

广告职业道德的本质特征在于，它是植根于人们的社会经济关系而直接决定于广告活动的性质，并在广告实践中不断发展变化，是依靠广告从业人员的内心信念、社会舆论和传统习俗进行善恶评价的，是调节广告活动关系和规范人们广告行为的一种社会道德现象。广告职业道德基本原则如下。

（一）守法原则

《广告法》第三条规定：广告应当真实、合法，符合社会主义精神文明建设的要求。这是法律对广告的基本要求，也是对广告活动主体进行广告活动应当承担的义务、责任的规定，更是广告活动的基本道德原则。

1. 真实性

广告的真实性是指广告应当如实地介绍商品或者服务，不能进行任何形式的虚构和夸大，不得欺骗和误导消费者。不真实或失真的广告很大一部分可以通过主观努力和科学管理来避免，因此，在策划和创作广告作品时，要予以高度重视。《广告活动道德规范》第五条规定，广告主应当自觉维护消费者的合法权益，本着诚实信用的原则，真实科学地介绍自己的产品和服务。我国对广告真实性的要求主要体现在以下方面：

（1）广告宣传的内容要真实。广告宣传的商品或服务应当客观存在，广告宣传的商品或服务应当与实际销售的商品或提供的服务相一致，也就是必须实事求是，不随意夸大商品的优点或特点，商品在某些条件下可能会对消费者生理或心理造成不良影响甚至损害的情况必须在广告中注明。

（2）广告表现不能给人造成错觉或误解，要坚持艺术性与真实性的统一。广告是将各种高度精练的信息，通过艺术手法表现出来，适度的夸张是允许的也是必要的，例如卡通人物、电脑特技的运用等，广告的表现形式可以是多种多样的，但要正确处理好真实性和艺术性的关系，艺术形式的选择不得违背真实性原则。但广告作品并不是纯粹的艺术品，我们不能一味地追求艺术效果在广告中使用过分夸张的手法，对消费者产生误导，这是与真实性原则相违背的。

2. 合法性

广告应当合法，是指广告活动主体在广告活动中应遵守法律、行政法规、行政规章的要求。守法原则不仅要求广告内容和广告发布形式要合法，而且要求广告主的广告宣传活动和广告经营者、广告发布者在广告的设计、制作、代理、发布等广告经营活动中必须合法。任何违反法律、行政法规和行政规章的广告行为，都应承担相应的法律责任。广告活动应遵守的法律、行政法规、行政规章不仅包括广告法律规范，而且还包括其他相应的法律规范，如宪法、民法、刑法、消费者权益保护法、反不正当竞争法、合同法等，只有保证广告的合法性，才能保证广告业健康发展。

3. 导向性

作为一种商业文化，广告已成为社会文化的一部分，深入人们生活的方方面面，甚至在某种程度上影响人们的生活方式和价值观念。广告活动主体要按照社会主义精神文明建设的要求，将导向性放在重要位置。

广告宣传应倡导正确的消费观念，与经济发展相适应。广告要有利于引导消费者健康消费、积极生活，倡导符合我国人民共同理想的价值观和生活方式。广告不能直接或间接地宣扬享乐主义的奢靡颓废的生活方式。

广告活动应维护民族尊严、弘扬中华民族精神和民族文化，增强民族自信心和民族自豪感。广告应有利于各族人民的团结与和睦，不能出现或含有煽动民族分裂、破坏民族团结、伤害民族感情的内容，广告有义务维护国家尊严和利益，不得出现或含有危害国家统一和主权、领土完整的内容。

(二)公平原则

公平原则是我国所有民事活动都要遵循的原则，也是广告活动必须遵循的原则之一。广告活动不仅促进商品生产和交换，而且本身也是一种商品交换活动，因此，广告活动必须遵循商品交换的公平原则。公平原则在广告活动中具体体现在三个方面。

1. 广告活动必须体现平等自愿的原则

参与广告活动的各方在地位上是平等的，他们各自享有权利的同时也承担义务。广告活动是当事人的自愿行为，任何强迫、干涉都是不允许的，用行政命令向企业摊派广告，新闻单位用各种方式向企业乱拉赞助等都违反了平等自愿原则。

2. 广告活动必须坚持等价有偿的原则

广告经营者和广告发布者必须在制作广告的质量及总体水平，广告媒介的发行量、收听率、收视率、人流量等方面，与广告主支付的广告费相符，同时广告主要对广告经营者和广告发布者提供的广告服务给予相应的广告费，以使广告计划能顺利进行。

3. 广告活动必须符合公平竞争的原则

首先，广告应努力创造一个公平竞争的环境。其次，禁止将广告作为开展不正当竞争的手段。

(三)诚实信用原则

广告的诚实信用原则就是指广告主、广告经营者和广告发布者在广告活动中应当讲诚实、守信用，用善意的方式履行自己的义务。诚实信用原则既是民法《民法总则》规定的一个基本原则，也是我国社会主义精神文明建设的基本要求，社会主义荣辱观中就有"以诚实守信为荣，以见利忘义为耻"的内容。

（四）保护消费者合法权益原则

根据《消费者权益保护法》第七条至第十五条的规定，消费者的权利主要包括七个方面：

一是求安全的权利，消费者在购买、使用商品和接受服务时享有人身、财产不受损害的权利，消费者有权要求经营者提供的商品和服务符合保障人身、财产安全的要求。

二是获知真实情况的权利，消费者有权根据商品或服务的不同情况，要求经营者提供商品的价格、产地、生产者、用途、性能、主要成分、生产日期、有效期限、检验合格证明、使用方法说明书、售后服务等有关情况。

三是自主选择商品或服务的权利，消费者有权自主选择经营者、商品或服务，有权进行比较、鉴别和挑选。

四是公平交易的权利，消费者在购买商品或接受服务时，有权获得质量保障、价格合理、计量正确等公平交易的条件，有权拒绝经营者的强制交易行为。

五是请求赔偿权，消费者因购买、使用商品或者接受服务受到人身、财产损害的，享有依法获得赔偿的权利。

六是人格尊严权，消费者在购买、使用和接受服务时享有其人格尊严、民族风俗习惯得到尊重的权利。

七是享有对商品和服务以及保护消费者权益工作进行监督的权利，消费者有权检举、控告侵害其权益的行为，有权对保护消费者权益工作提出批评、建议。

广告的主要目的是将有关信息与广大公众沟通，使广大消费者获取有关知识，帮助人们选择消费。满足消费者的需要，是广告的直接目的，是企业生存、发展的前提。在广告中弄虚作假、欺骗蒙蔽，损害消费者权益，不仅违背了社会主义广告活动的宗旨，而且违背了广告职业道德的基本原则。因此，在广告活动中必须维护消费者合法权益。

（五）社会公共利益原则

广告活动不仅是商品促销活动，也是一种特殊的文化活动，对社会文化生活具有极大的渗透力和影响力。广告往往引导着社会时尚的发展，改变着消费者的生活习惯，因此广告活动一定要考虑社会效益，要遵循社会公共利益的原则。任何对社会公共利益有害的广告活动都应加以禁止，如宣传封建迷信，损害国家、民族利益，种族、宗教歧视，违反社会公共道德，这样的广告宣传都是违背公共利益原则的，要加以禁止。

【经典案例】

前《新闻联播》主持人邢质斌接拍广告遭质疑

2012年2月1日，网上曝出"前《新闻联播》主持人邢质斌接拍广告遭质疑"的新闻。一段前《新闻联播》主持人邢质斌为潍坊某食品企业录制的视频在网络上流传。这段名为"××特别报道"的视频模仿《新闻联播》形式，开头以旋转的地球为大背景，同时推出企业LOGOtype。不过，"新闻联播"四个大字被"××（企业名）特别报道"所取代。

视频中，邢质斌身着红色上衣正襟危坐，以《新闻联播》特有的语调播报了三条新闻。其中第一条和第三条分别为：该企业为庆祝新年到来，在元旦期间举办年会；该企业董事长向全国消费者和经销商拜年。

三条新闻在格式和语调上均模仿《新闻联播》，邢质斌严肃地播报了自己为该企业代言的消息："央视著名播音员邢质斌同志正式签约，为××食品企业形象代言，并为××企业录制《××特别报道》节目。"

虽然对播报山寨版的《新闻联播》感到奇怪，但对于邢质斌代言该企业，多数网友并无异议，认为邢质斌在退休后有选择生活的权利。

不过，作为"国脸"的邢质斌在退休后，陆续接拍了数个医疗医药广告，由于认为这些广告与邢质斌的气质定位并不相符，不少网友感到不能接受。

资料来源：http://news.qq.com/a/20120201/000666.htm.

思考与练习

1. 简述广告公司的业务范围。
2. 简述广告代理运作的基本要点。
3. 简述中国的广告管理机构。
4. 简述广告代理的类别。
5. 简述社会监督媒体的监督范围。

第十章 广告文案

【学习目标】

1. 掌握广告文案的含义；
2. 掌握广告文案的基本写作方式；
3. 掌握广告文案的修辞；
4. 了解不同媒介广告的基本类型。

【经典案例】

打动人心的文案

如果你现在或曾经，甚至未来想做一个文案，心中可有一个声音曾说过："做不了诗人，就做文案，我写出的文字，一样可以改变人们的内心。"

下笔如有神太难，写一句好的文案也并非易事。除了要利用自己常年积累的基础经验还应该具备超高的情商，凭借对人性的领悟，结合商业所需的元素，从而创造一些充满魔法的文字，能够打动并且改变受众想法的字句。

在所有文案当中，最能体现"诗情画意"的莫过于长文案了。正是因为给予文案工作者更大的篇幅，更广泛的创作空间，才会赋予文案本身更强大、更丰富的能量。

芝华士：父亲节

因为我已经认识了你一生/因为一辆红色的 RUDGE 自行车曾经使我成为街上最幸福的男孩/因为你允许我在草坪上玩蟠蟀

因为你的支票本在我的支持下总是很忙碌/因为我们的房子里总是充满书和笑声/因为你付出无数个星期六的早晨来看一个小男孩玩橄榄球

因为你坐在桌前工作而我躺在床上睡觉的无数个夜晚/因为你从不谈论鸟类和蜜蜂来使我难堪/因为我知道你的皮夹中有一张褪了色的关于我获得奖学金的剪报

因为你总是让我把鞋跟擦得和鞋尖一样亮/因为你已经 38 次记住了我的生日，甚至比 38 次更多/因为我们见面时你依然拥抱我

因为你依然为妈妈买花/因为你有比实际年龄更多的白发，而我知道是谁帮助它们生长出来/因为你是一位了不起的爷爷

因为你让我的妻子感到她是这个家庭的一员/因为我上一次请你吃饭时你还是想去麦当劳/因为在我需要时，你总会在我的身边

因为你允许我犯自己的错误，而从没有一次说，让我告诉你怎么做/因为你依然假装只在阅读时才需要眼镜/因为我没有像我应该的那样经常说谢谢你

因为今天是父亲节

因为假如你不值得送 CHIVAS REGAL 这样的礼物

还有谁值得

第一节　广告文案概述

现代广告的艺术表现形式是多种多样的，但任何形式的广告都离不开语言文字这个最重要的载体。在目前运用最广泛的报纸、杂志、广播、电视等四大广告媒介上，文字、声音和图像是传递广告信息的重要工具。但文字的表现力和传播力比声音和图像更强，一切无法用可视形象表现的信息，都可用抽象的文字表达，因此，文字是传递广告信息的主要工具。可以说，在现代广告的创意中，广告文案的创意是核心。那么，什么是广告文案？

一、广告文案的含义

广告文案是指广告艺术表现形式中的语言文字部分。

对于广告文案的概念有狭义和广义两种理解。从狭义上理解，广告文案是指有标题、正文、附文等完整结构形式的文字广告。从广义上理解，广告文案是指广告艺术形式中的语言文字部分。不管篇幅的长短、文字的多少、结构的完整与否，只要使用的是语言文字这个工具，就可以称为广告文案。例如，中国重型汽车进出口公司广告："重"，仅一个"重"字，但传达的广告信息却极为准确，广告效果也很好。这短到一个字的广告，我们也把它叫作广告文案。我们所讲的广告文案概念是从广义上来理解的。从这个角度来分析，广义文案主要有以下三种形式。

1. 规范式

规范式是指具有完整结构的广告文案，一般由标题、广告口号、正文三要素构成，有的广告文案在正文后面还有附文。

2. 灵活式

灵活式是指结构方式较为自由、灵活的广告文案。一般篇幅短小、灵活，可用一段文字，可以用一句话，也可以用一个字传递广告信息。

3. 品牌、招牌式

品牌是指商品名称，招牌是指企业名称、店铺匾牌。品牌、招牌式广告文案是指表示商品名称和企业名称的语言文字。这种文案一般具有双重性，既是商品、企业、店铺的名称，又是起广告宣传作用的文字。因此，我们也把它称作广告文案。

二、广告文案创意的要求

广告文案创意的要求是多方面的，概括起来就是五个字，即准、深、新、趣、奇。

（一）准

所谓准，就是广告文案的创意要准确地反映商品或企业的主要特点，挖掘出广告对象所包含的内在意义。

广告创意要准，关键是对准产品、企业特点以及消费者心理来"叫响品牌"，打响名声。还要对准广告战略目标，塑造产品及企业形象，为产品和企业"打响名声"。

（二）深

所谓深，就是广告文案创意要包含深刻的内涵。广告文案创作在传播商品信息的同时，不可避免地包含了创作者的某些主观因素。广告文案创作者常常将某种思想、理念、意义蕴含在广告文案之中。但这些思想、理念、意义要正确、深刻，有促进人生、指导人生的功能。

深刻的创意往往体现了广告深刻的文化内涵，广告文化是广告信息传播中整体价值观念的体现。文化寓于广告之中，广告就不仅仅是商品信息的载体，而且是物质文明和精神文明的结合体。

广告文案的创意要深刻，关键要在与商品、企业相关联的价值观念、文化观念上深入开掘，使商业气息很浓的广告活动更富于人文价值，更富于时代性和民族性。

（三）新

所谓新，就是广告文案创意别出心裁，不落俗套，以新取胜。"新"的创意可以是多方面的，如信息新、角度新等都可以体现出创意的新颖。

（1）信息新。广告文案创意要善于在广告产品及企业众多的信息中，选择最新颖的，能吸引消费者注意并引发购买欲望的信息进行创意。

（2）角度新。广告文案创意要善于开拓思路，在多种可供选择的寓意中，选择角度新颖的创意来传播信息，给广告受众耳目一新的感觉。

（四）趣

所谓趣，就是广告文案创意要有情趣。广告文案可以用平实的手法传播信息，也可以用艺术的手法来体现高雅、幽默的情趣。有些商品本身含有某种情趣，在广告创意中我们要善于通过对广告内容的体会和对目标受众的分析来揭示商品本身的情趣。有些商品本身无所谓情趣，广告创作者要反复揣摩，巧妙地赋予商品某种情趣，让广告受众在较短时间内从广告文案中迅速、准确地认识商品，又感受到广告创意体现出来的特有情趣。

除了体现一种高雅清新的情趣外，还可以用幽默、滑稽的手法创意，让广告受众在一种轻松的幽默中领悟广告创意的趣味。

（五）奇

所谓奇，就是广告文案创意要奇特、独到。在广告文案创意之中要"想人之所未想，道人之所未道"，创意就要有点"奇"。创意奇特的广告文案让人们乍一看觉得有点"离谱""离题"，但仔细一体会觉得"原来如此"，实在奇特，妙不可言。

奇特的创意来源于创意者思维的求异性和开放性，不突破思维定式，套在老框子里想来想去是想不出什么奇特的创意的。例如，在旅游景点中，我们常看见这样的提示："请勿摘花"或者"攀折花木者罚款 10 元"，这样的提示比较准确地传递了广告信息，但从广告受众的角度来看，创意一般，效果并不好。以奇花异卉著称的美国纽约市植物园门口挂着一块与众不同的广告牌，上面写着：凡检举偷盗花木者，赏金 200 美元。这则广告思路新奇，虽然没有说摘取花卉要罚多少钱，但从宣传奖励举报者角度创意，奇中见正，一箭双雕，收到了很好的宣传效果。

三、广告文案创意的方法

新颖独到的创意来源于人的头脑对广告信息的提炼、取舍与表现，来源于正确的创意方法。

广告文案创意的方法主要有两种：直接创意法和间接创意法。

（一）直接创意法

直接创意法是指直接揭示广告主要内容，体现广告重点的创意方法。直接创意法主要有直觉法、触动法、比较法等。

1. 直觉法

直觉法是指凭直观感觉创意的方法。它是在了解与广告内容有关信息的基础上凭一般直观感觉确定广告文案主题的方法。这种方法较适合宣传产品及企业主要特征的广告。

2. 触动法

触动法是指创意者根据偶然事件触发引出灵感的一种创意方法。这种方法看起来时间短、来得快，好像"得来全不费工夫"，但实际上是经历了"踏破铁鞋无觅处"的艰难，久思不得其意，一旦有某种契机作为引子，就引发出创意灵感来。

采用触动法创意表面上看是突发的，带有某种偶然性，其实在它触动之前有一个长期积累孕育的过程，只是在某一偶然事件的触动之下而引发了创意。因此采用触动法能得到新颖、奇特，别具一格的广告创意。由于触动法创意带有某种突发性，产生创意也可能新而"偏"，奇而"怪"，过于怪诞偏颇的创意是不利于广告信息有效传播的。因此，由于某种触动而引发了广告创意之后，要反复思考、验证创意的内涵及宣传价值。只有新奇又能为受众接受和领悟的创意才是可行的。

3. 比较法

比较法是通过对两种以上相对或相近的事物进行比较对照来创意的一种方法。无论是广告巨匠还是艺术大师，都十分注意运用比较方法。广告文案的创作如果善于运用比较手法可以更鲜明地突出广告的主要信息，从而收到更好的传播效果。

广告文案创意中采用比较法可以将两种相近、相似或相对的产品放在一起比较，找出两种产品的相同与不同，同中求异或异中求同，以显示出广告产品独特的个性、功效，或企业优良的服务。

用对比法创意还可以用于广告产品自身的老产品与新产品的比较。例如，"新旧取暖炉截然不同！"就是强调换代的新取暖炉在许多地方优于旧取暖炉，这样一比较，就鲜明地突出了产品的优点。

（二）间接创意法

间接创意法是指间接揭示广告内容，体现广告重点的创意方法。间接创意法主要有暗示法、悬念法、寓情法等。

1. 暗示法

暗示法是指通过对有关的事物的表述和说明来暗示广告宣传目的的一种创意方法。这种方法的特点是"声东击西""围魏救赵"，其妙处在于针对消费动机中的矛盾冲突，采取暗示迂回的方式，让消费者自我化解冲突，避免给人感官上的刺激，这样更能发挥广告的宣传作用。

2. 悬念法

悬念法是指通过设置悬念使人产生惊奇和疑惑，然后又对事实进行说明以消除人的疑虑的创意方法。采用这种创意方法可以用设问制造悬念。

3. 寓情法

寓情法是指给商品注入情感因素，侧重情感诉求的一种创意方法。广告文案创意要重视消费者的情感因素，善于"以情动人"。刘勰说过："登山则情满于山，观海则意溢于海。"做广告也是这样，商品本身不含情感因素，但广告创意可以给商品注入情感因素。从国外一些成功的广告作品来看，以日常生活的人性人情观念进行创意最易打动人心。这些广告通过情感共鸣，自然地导入对商品的认识，避免了生硬推销所生的逆反心理。我国台湾广告界女才子王念慈，坚持"要打动人心，广告才有意义"的信念，由此她才写出了"我不认识你，但是我谢谢你""好东西要和朋友分享"等情真意切的广告。

再如，日本松下公司的长效电池广告，以"生命的电池"为主题表现其能在突然停电时为恒温箱紧急提供电能，确保箱内婴儿 24 小时生命安全。该广告在"第 44 届日本广告电通赏"比赛中获奖，被评为"十分人性化"的商品广告。

采用寓情法不是把感情作为标签贴在商品外壳上，而是自然而然地将感情融入商品本身的特色、消费过程中的特色，以及与之相关的事物之中。

(1)要抓住产品的内在特征、功能与感情的联系来创意。

(2)要抓住产品消费特征来营造温馨的情调，这种方法一般用在饮料、化妆品和旅游等第三产业的广告宣传中。以饮料广告为例，目前国外做饮料广告，一是强调原料的天然；二是强调情感。如果一味地从其配方、味觉等物质方面加以宣传的话，那么它给消费者的印象仅仅是"味道好的营养品"，而一旦把温馨高雅的情调置于饮料的消费过程中，那么喝饮料就不再是一种纯粹的解渴活动，而是一个人的个性、文化水准、消费档次和生活习惯的综合反映。如心酒广告"意，在于心美；醉，来自情真。心酒——感情的高级礼品"，抓住礼品中的感性因素创意，用一种浓浓的人情味打动了消费者的心。

(3)要围绕与商品相关的事物来表达对消费者的关怀之情。这类广告中，情感的诉求不是来自商品的本质属性，而是来自附在商品外壳上的东西。它或是商品的商标、品牌，或是商品销售的方向等。

第二节　广告文案的写作

一、主题

广告文案中，主题是统帅、是灵魂。确立主题，广告文案就有了重点，广告形式的安排就有了依据。主题的作用主要体现在以下两个方面：突出重点，统率全文。

大多数广告文案要传递的信息比较多，因此有必要确立一个中心。有中心就能突出重点，避免眉毛胡子一把抓。例如，鸿运牌电风扇的广告词是"柔柔的风，甜甜的梦"，广告主题创意突出了鸿运电扇的"柔风"的特点，又点明了"柔风"的功效，给消费者的生活增添了情趣，能带来"甜甜的梦"，给人一种甜蜜、温馨的享受。又如，有一则销售某牌洗衣粉的广告这样写道："全国首创，使用方便，效力极强，特别经济，省时省力，最佳选择。"表面上，这则广告文案介绍了某牌洗衣粉的不少特点，但仔细一分析就会发现找不到重点。没有重点的广告，说了一大堆话，但重点不突出，信息不鲜明，传播效果当然不会好。

主题一旦确定，文案写作就要围绕它来安排材料、结构、语言。有人把主题的作用形象地比作统帅。例如，王夫之在《姜斋诗话》中说："意犹帅也。无帅之兵，谓之乌合。"这就是说文章的内容形式靠主题统帅，没有统帅的文章算不上好文章。

郑板桥有句名言："作诗非难，命题为难，题高则诗高，题矮则诗矮。"广告文稿创意同样如此，主题的创意常常影响到广告文案材料的取舍、谋篇布局、遣词造句，因此，主题决定广告文案的创意及整体传播效果。"山不在高，有仙则名；水不在深，有龙则灵"，广告文案的主题恰如山中之"仙"，水中之"龙"，有了它，文章就流光溢彩；缺少它，文章便黯然失色。

(一)主题构成的因素

广告主题反映了设计者对广告产品及企业的理解。广告文案的主题主要由商品特征、企业特征和消费者特征等因素构成。

1. 商品特征

广告文案的主要内容是传播商品信息，因此商品特征是主题构成的主要因素。分析商品特征可以从商品的品质和品位特征两个方面进行。

1)品质特征

从商品品质来看，可以从商品的质量、产地、作用、性能等方面来确定广告主题。

(1)商品的质量。商品的质量是非常重要的，创意时可抓住这个主题。例如，有的鞋店把皮制运动鞋切开，把截面对准公众，表明制作材料是真皮，旁边还配上文字"绝对真皮"或"不是真皮，一双罚十双"；服装店广告往往强调面料，如真丝或全毛等。

(2)商品的产地。产品的品质往往跟产地有关。旧时代四川产药、广东制药品质都较好，所以药铺老板常把"川广道地"的匾额挂在店堂里。不少人喜欢买上海商品，就是因为上海的生产能力、技术水准较高，商品质量相对来说较有保证。

(3)商品的作用。不同类型的商品作用是不同的。例如，某家用搅拌器广告"凡是能吃的，它都能搅拌或磨碎"，广告主题定在食品搅拌作用上。完美牌靠椅的广告"让你的腰背得到充分休息"，广告主题定在靠椅能让人休息上。即使是同类商品，作用也有不同之处。例如，大宝系列化妆品的广告"要想皮肤好，早晚用大宝"，说明大宝对皮肤的保养作用；某增白露广告"灵，灵，灵，一用百灵"，强调增白露对皮肤的增白效果。这两则广告正是要抓住同类护肤商品的不同作用进行宣传。

(4)商品的性能。有的广告宣传商品使用方便或安全，有的宣传功能多。例如，"轻轻一按，万事 OK、OK""它工作，你休息"就是宣传全自动洗衣机的自动化程度高；"静静地洗，洗得净净"就是宣传洗衣机的噪声小。

2)品位特征

从商品的品位来看，可以从商品的工艺水平、价格、信誉、文化情调上确立主题。

(1)商品的工艺水平。工艺水平是商品工艺复杂性与技巧性的反映，如某衬衫广告"高科技与传统工艺相结合的新产品"。

(2)商品的价格。价格从商品价值或消费者需求的角度反映了商品的品位。低价格可以吸引更多的消费者。例如，某单门电冰箱广告"不一样的代价，一样的使用"突出了该冰箱价格便宜，而使用效果却不差。还有"处理价""特价""季节性降价"等广告，目的在于吸引众多工薪阶层消费者。有时价格高也能吸引一些消费者，有些消费者讲究商品的质量和档次，广告宣传不妨像某内衣广告那样强调高价格、高档次，"有价值且坚固的衣服，比便宜却又常替换的衣服更合算"，有经济实力又会打算的消费者就会为之所动。

(3)商品的信誉度。广告经常提及商品获得的荣誉称号或奖励，利用"名牌"或"名人""权威"，借以提高商品信誉度。例如，力士香皂广告"国际著名影星的护肤秘密"，借国际著名影星的宣传来提高香皂的知名度、美誉度。有的广告还以国家或部级、省级的评定单位的评奖结果或鉴定结果为依据，以权威人士对商品的评价、证明、推荐来证明商品的信誉，使公众对商品产生信任感。

(4)商品的文化情调。外观造型能反映出商品一定的文化情调。例如，万象牌衬衫"万象——拥有华贵的象征"，强调服装"华贵"的情调；开开牌衬衫"开开衬衫，领袖风采；开开衬衫，多姿多彩"，强调服装的领袖风采。又如，雷达和飞亚达手表的广告，就特别强调产品模型的外观设计，为商品抹上一些文化色彩，提高了商品的文化品位。

2. 企业特征

广告宣传企业，一方面是为了推销产品；另一方面是为了更好地处理公共关系，为企业树立良好形象，并把这种形象传播到公众之中。从企业特征角度分析，可以从企业实力、企业文化两方面来进行。

1)企业实力

从企业实力来看，可以从企业历史和资本、企业等级和荣誉等方面来确定主题。

(1)企业历史、资本。企业的经营史可反映企业的经营经验和资格，使公众产生信任感。例如，企业的中外合资性质可迎合部分公众对外国企业、进口产品的信任心理。

(2)企业等级、荣誉。广告强调"国家二级企业"或"三星级宾馆"之类的语句，是想借此表明企业的实力、设施和品位，使公众对其产品或劳务产生兴趣。把企业获得的荣誉称号、奖赏等作为广告主题，有利于企业良好形象的树立。

2)企业精神

企业精神是企业在生产经营活动中，为谋求自身的生存和发展而长期形成的一种健康向上的群体意识，它是企业富有魄力、具有宣传意义的无形的价值因素。

广告中可多方面地向公众显示企业的精神风貌、文化格调。可以用广告为企业树立为社会服务的形象，如上海大众出租汽车公司广告"大众出租汽车处处为大众提供方便"。可用广告为企业树立具有社会责任感的形象，如新飞牌电冰箱的广告"谁能惩治腐败？"借冰箱的保鲜"防腐"作用寓指反腐败，为产品树立了具有社会责任感的形象。可用广告体现企业的精神风貌或追求，如"三阳工业从不敢以第一自满"，既暗示了"第一"又体现了戒骄戒躁的谦虚进取的特点。

企业精神主题，特别有利于塑造企业良好形象，扩大企业的知名度和美誉度。如美国麦当劳快餐公司"Q(品质)、S(服务)、C(清洁)、V(价值)"的广告文案就是从企业精神角度创意，体现了整个公司的形象。

3. 消费者特征

分析消费者特征也是确立广告主题的重要因素。广告只介绍产品、企业，不说明产品给消费者带来的利益、好处，就很难打动消费者的心，因此要分析消费者层次与消费者的心理需求。

1）消费者层次

消费者层次可根据年龄、文化、地域、信仰、消费能力、性别等因素分类。有的商品对某个消费者层次有一定的适用性，商品广告内容就可以定位于这一层次上。如喔喔佳佳奶糖、娃哈哈果奶、大白兔奶糖等就是定位于低年龄层次消费者的，因此广告主题与这种定位相适应。例如，娃哈哈果奶广告"妈妈，我还要——娃哈哈果奶"，满足了儿童爱吃零食的需求。

2）消费者心理特征

不同层次的消费者群体有不同的心理特征，也有不同的心理需求。以年轻人为消费对象的商品广告往往迎合年轻人追求时尚、浪漫的这种心理。例如，芝柏表广告"浪漫情浓，芝柏爱独钟"就突出了"浪漫"的特征，迎合了"浪漫"的心理。以有一定经济实力和社会地位的消费者为受众的广告，往往体现权力、财富、地位等，如瑞士雷达表广告"雷达表雍容华贵、美丽大方"；瑞士劳力士牌手表广告"劳力士——财富、权势和地位的象征，名门望族引以为荣的标志，要登大雅之堂，就是劳力士"；钻石牌手表"出手不凡——钻石表"。在这三则手表广告中，雷达手表宣传的主题是"雍容华贵"的风度；劳力士牌手表突出的是"财富、权势、地位"的象征；钻石手表突出"出手不凡"的气概，显示了绅士、名流、富商的地位。现在不少广告人已注意到人们追求家庭温馨的心理特征，有些生活用品广告往往设计了家庭成员聚会的形式，体现商品的"情感"特征。这就是从消费者心理特征角度确立主题。

（二）广告文案主题写作的方法

从内容上看，广告文案的主题有的表意比较单一，有的表意比较丰富，含量很大，综合了多方面信息。因此，从这个角度来看，确立广告主题的方法主要有选择、组合、综合三种方法。

1. 选择法

选择法就是对广告文案内容进行多角度分析，然后选择一个最佳角度确立主题的创意方法。无论是宣传商品，还是宣传企业的广告，其确立主题的角度可以多种的，而且每一个角度都可以再从不同的层面分析。广告文案的作者可以对众多角度进行选择，然后确立最佳的主题。采用这种方案，一般分两个步骤。

1）多角度分析

首先对广告信息进行多角度、多层面的分析，找出可能的角度进行创意。如以宣传企业为主的广告，可选择企业资格角度进行主题创意，突出企业的悠久历史，传统工艺；可选择企业实力角度进行主题创意，突出企业的等级、知名度、美誉度；可选择企业的文化角度创意，突出民族传统、时代潮流等。

例如，我们要给金融企业做广告，可以从以下几个角度进行主题创意。

（1）实力主题。向社会宣传金融企业在资产、机构、装备、服务、人才等方面的实力。

（2）观念主题。向社会宣传金融企业的服务宗旨，企业精神、方针、政策、导向、金融意识和价值观念等。

（3）信誉主题。向社会宣传公众对金融企业的好评、赞誉及国内外的信任程度等。

（4）声势主题。借金融企业开业、金融市场落成、剪彩庆典等大型活动，制造声势。

（5）祝贺主题。在节日之际向公众贺喜，或在兄弟单位开业庆典之际表示祝贺。

（6）致谢主题。用广告向顾客、关系户致谢。

（7）致歉主题。就自身的过错向公众致歉，或以谦逊的方式表达组织获得的进步和发展。

（8）解释主题。在受到舆论误解时，向公众澄清事实真相，解释组织的观念、政策、做法等。

（9）倡议主题。以组织的名义率先发起某种有重大社会意义和社会影响的社会活动或新观念，显示领导社会新潮流的能力。

（10）公益主题。以公益性、慈善性、服务性的主题为内容制作广告，以赢得公众好感。

如果进一步分析下去，还有不少主题创意的角度。这样多角度的分析有利于全面地把握广告主体的特征，为下一步选择提供条件。

2）进行比较选择

然后对众多角度的主题创意进行比较选择，确立一个最佳角度的主题创意。

一则好的广告必须有好的主题，而好的主题大多数源于对各种角度的主题进行分析，选择最佳角度确立主题。例如，香港汇丰银行广告"分支行最多，全港最大的银行"，这则广告是从宣传企业实力的角度确立主题；香港恒生银行广告"充满人情味，服务态度最佳的银行"，这则广告是从优质服务的角度确立主题；香港集友银行广告只有一个字"诚！"，这则广告就是从企业精神角度确立主题。这几则银行的广告都是结合企业自身的特点来确立最佳广告主题的，创意恰当、新颖，有效地树立了良好的金融企业形象。

2．组合法

组合法就是对广告的众多信息进行选择，然后将几种主要信息组合在一起，来确定主题的创意方法。用组合法进行主题创意主要有两种方法。

（1）要点式组合。要点式组合就是指从最能反映商品或企业的特点的角度来选择若干要点，并将这些要点组合在一起来确定主题的创意方法。采用这种方法进行主题创意，广告的信息含量比单从某一角度立意的信息含量大。

（2）分类列举式。分类列举式就是指将广告所传递的信息分门别类地排列，然后选出某一类别的信息并集中组合来确立主题的创意方法。

一般选择式主题创意方法往往采用单一主题，而分类列举式则会从不同方面来具体列举其好处。

3．综合法

综合法就是全面反映产品特点、企业特点、消费者特点，并按一定程序来确定主题的方法，较适合规范式的广告文案。以产品广告为例试进行分析，一般较完整的产品广告往往包括产品原料、制造方法、产品效用、产品价值、美好愿望等方面，其主题往往就是综合以上几方面来确定。采用综合法确定广告文案主题，可以是产品、企业、消费者三方面的综合，也可以是某一方面的综合。例如，对产品广告，产品原料可以从产地、起源、品种、品质等方面综合；产品的制造方法可以从制造的工艺、设备、技术水平等方面综合；产品效用可以从外观印象、使用方法、成绩、次数、用户、售后服务等方面综合；产品价值可以从品质、功效、价格、耐用程度等方面综合。

（三）广告文案主题创意的误区

广告主题的创意在广告文案的创作中有着举足轻重的作用。主题的创意要正确、深、刻、新颖、集中。但从大量的广告文案创意实例中也发现一些内容虚假、创意贫乏、凭空想象、错误诱导、损人利己的广告。这类广告有的平平淡淡，毫无特色；有的格调不高，只盯着"利"；有的误导侵权，甚至不顾事实。

1. 主题创意失真

有的广告进行欺骗性宣传，不顾事实，动不动就是"最好""最佳""第一""首创""精品""一流产品"或者请"名人"做不实宣传。

广告主题创意失实，不仅影响了企业和产品的信誉，败坏了广告业的声誉而且严重损害了消费者利益。

2. 主题创意不实

有的商品广告本意不一定是想利用虚假宣传来欺骗消费者，但广告语中出现了不实之词，也影响了广告的宣传效果。有些广告文案确立主题时，往往侧重于宣传产品的荣誉、档次，有自我吹嘘之嫌。有的自诩其产品是"消费者最明智的选择"，是"行家的选择"，是"可能改变您一生的选择"。这些广告文案创意没有紧扣商品和企业特点，过于虚、浮，给人华而不实、自我吹嘘的印象。

3. 主题创意不新

许多广告创意平平，毫无新意，介绍产品往往是设计合理、质量上乘、性能优良、制作精巧、操作方便、工艺先进、外形美观、款式新颖、价格低廉；介绍企业往往是骨干企业、龙头企业、明星企业、十佳企业，还加上历年得过的金奖、银奖及各种奖杯、奖牌、奖状。这样的广告文案主题创意平庸陈旧，呆板生硬，千篇一律。

4. 主题创意不明

广告文案主题创意含含糊糊，既不能传递商品及企业信息，又让听众看不明白，听不清楚，如读天书，如坠云雾。例如，有的服务性企业广告"超凡享受""忠诚服务""真诚如金知你心"，这种主题创意模糊不清，传播效果可想而知。

5. 主题创意失误

广告文案主题创意失误的现象很多。表现之一是情感不健康。有一则学习英语的广告"从小学英语，长大好留洋——怎样教会0～13岁的孩子学会英语"，学英语和留洋之间确实关系密切，但从广告词来看，似乎"留洋"成了"学英语"的唯一目的，显然是片面的，尤其不能对儿童进行这样的教育。还有不少广告宣传利己主义与享乐主义或是明显地反映出鄙视国货、妄自菲薄、以洋为荣的心理。这种不健康的心理也不应该是广告创意所推崇的。

6. 主题创意不集中

广告主题思想无所不包，信息量过于饱满，提起获得过的奖励如数家珍，宣传本企业面面俱到，宣传产品唯恐有所遗漏，广告文案不堪重负，里面塞满了各种各样的信息，多得让人难以接受。其实广告文案中的主题越单一越容易让人记忆，国外广告创作者们早就提出了"单纯就是伟大"的创作口号。

二、广告文案写作的语言因素

广告文案中的语言是传递广告文案信息，实现广告目标的重要工具。俗话说："人看衣裳马看鞍，好文章要看好语言"，广告文案的语言对表达主题、传递广告信息起着重要作用。

（一）广告文案语言的基本形式

广告文案语言是指用于传递广告信息的文字符号，一般人把广告文案语言称为"广告语"或"广告语言"。

广告语言主要是陈述语、口语、诗语三种形式。

1. 陈述语

陈述语是指广告中用陈述的语句真实、客观地介绍广告信息的语言形式。这种语言形式强调淳朴真实、笔无虚设，不追求怪僻玄妙，雕饰彩绘，而是以天然显新颖，以朴素见风华。例如，生产资料性质的商品，在进行宣传时，只需将其特点原原本本叙述出来即可。陈述语具有客观性、准确性、条理性的特点。

（1）客观性。用陈述语做广告，一般只客观地介绍商品、企业、劳务信息，直截了当，不加修饰和渲染，给人一种真实、客观的感觉。

（2）准确性。用陈述语做广告，除了客观叙述之外，还常常下定义、列数字，体现广告用语的准确性。例如，有一则介绍一次性水晶花牌特效黄黑牙脱色增白灵的广告，在说明商品特效时，就采用列数字的方法，"经过十几家大医院对上千例临床验证，有效率高达100％"。还可以采用引用的方法，引用专家对产品的良好评价。这种方法，让消费者觉得信息准确可靠。

（3）条理性。陈述语一般用在信息量较大，篇幅稍长的广告文案之中，常分类阐释，注重信息传播的条理性和层次性。

2. 口语

口语是指广告中使用通俗易懂的生活化的语言形式。口语比较亲切、简明、上口，用得好，俗而生动，符合消费者的接受习惯和心理需求。口语具有通俗性、平易性、生活化的特点。

（1）通俗性。广告面向广告消费者，使用口语具有通俗性，各个层次的消费者都易于接受，广告的传播范围就广。一般生活性用品多用口语做广告，如康元饼干广告"人人都爱吃"，朴素而又亲切，促销效果好。

（2）平易性。一般消费者接受广告信息有某种被动性，越是平易近人的语言越容易留下印象。例如，华丰楼饭馆广告"大嘴吃八方，就是这儿香"，这则广告平易近人，使消费者觉得亲切随和。

（3）生活化。语言的生活气息越浓，越贴近大众的生活，传播信息越容易。例如，康师傅方便面广告"香喷喷，好吃看得见"，这种语言极富生活气息，淡化了广告的商业气息，容易说服消费者。

3. 诗语

诗语是指广告中使用的精练、形象、具有诗意的语言形式。使用诗语生动形象，富有美感，让消费者不知不觉地接受了广告信息。例如，美国广告大师李奥·贝纳在 20 世纪 30 年代末期为"绿巨人"公司所写的一则罐装豌豆广告标题"月光下的收成"，作者将生产制作罐装豌豆的过程置于"月光"氛围之下，使产品新鲜、质优的特征有了诗意的表达，显得十分生动别致。用诗语作为广告语一般有以下三个特点。

(1)形象性。用诗的语言做广告，可以将枯燥的事实置于诗的意境之中，将抽象的事理用具体形象的语言表达，很有艺术感染力。

(2)艺术性。用诗语做广告多采用文学艺术表现手段，借文学艺术技巧做宣传，语言的艺术性很强。

(3)音乐性。诗语有押韵、分行的特征，有的诗还讲格律、对仗等，音韵和谐、音节铿锵、抑扬顿挫，很有节奏感和音乐美感。

(二)广告文案语言的创意方法

广告文案语言的创意是指在写作广告文案时对广告信息的概括，对语言形式的选择、锤炼和修饰。广告文案语言的创意方法主要包括概括、选择、锤炼等。

1. 概括

概括就是用语言来介绍商品信息、塑造企业形象、宣传劳务服务等，首先就要善于对广告对象进行独到的观察分析，然后选出主要特征加以概括，以突出重点。使用概括的方法对广告文案语言进行创意主要分为两步。

(1)选出有宣传价值的信息。以商品广告文案为例，商品广告主要是向消费者提供商品信息，宣传商品特点，或介绍商品性质，或介绍商品的功能、用途，或宣传商品的地位、作用，或宣传商品的商标、奖牌。如沙市日化的活力 28 超浓缩洗衣粉广告，就是选择"超浓缩"这个特点来做广告的。

(2)准确概括广告内容。广告的内容确立之后，就要抓住主要特点，用一定的文字恰当地概括主要内容，体现广告主和写作者的意图。

2. 选择

选择就是选择恰当的语言形式来传播广告信息。这种选择主要是针对不同的广告内容、广告媒体、广告受众来进行的。

从广告内容角度来看，有的广告内容翔实，就要选择陈述语体来介绍产品特点、企业概况。有的广告内容简单，就要选择口语或诗语来传递广告信息。例如，医药保健用品的广告和药品广告多用陈述语体，客观介绍药品的成分、功能、疗效、服用方法，用语准确、朴实，不加修饰；保健饮品广告则多用口语体和诗语，显得格调清新，亲切自然，有艺术感染力。

从广告媒体选择角度来看，广告文案的语言形式选择应该适应不同媒体广告文案的特征。"到什么山上唱什么歌"，这样才会有针对性，有实效。例如，报纸、杂志广告，直邮广告主要是文字介绍，因此广告文案可以写得长一些，一般多选用陈述语，详细说明介绍。广播、电视广告主要是通过声音画面传递广告信息，时间短，广告文案写得短小精悍，一般多选用口语和诗语。

从广告受众角度来看，不同的广告受众因其性别、年龄、职业、文化的不同，对广告语言的接受心理不一样。例如，以青年人为宣传对象的广告文案，就要尽量平实客观、老成持重；以儿童为广告宣传对象的广告文案，就要尽量选用简洁、明了、通俗的口语、儿歌等；以男性为宣传对象的广告文案，用语要讲究内涵、哲理、智慧的含量；而以女性为宣传对象的广告文案，用语要讲究美、情、趣。同时从广告受众的角度来看，要尽量选择尊重消费者，体现热情诚恳态度的语言形式，满足消费者的心理需求。

3. 锤炼

锤炼是指对广告语言中的字、词、句的推敲。对广告语言的锤炼主要从以下三方面进行。

1）炼字

炼字就是对广告文案中关键性的"字"反复推敲，选择最恰当、传神的"字"来传递广告信息，使广告文案因一字而生辉。用炼字的方法对广告语言进行创意较适合广告口号、广告标题。广告口号、标题文字简短、精练，往往关键性的一个字就能够丰富文字的信息含量，使文案"锦上添花"，收到很好的效果。

2）炼词

炼词就是对广告文案中的词语进行选择。现代汉语中，同一个意义有许多相近的词可以表示，要选择那些最准确、最鲜明地传递广告信息的词语。选择突出品牌与招牌的词，体现产品定位。选择形象化的词语，增强广告文案的形象性。

3）炼句

炼句就是对广告文案中的句式进行选择。对句式的选择一般包括句子长短、整散、松紧的选择等。

（1）对长句与短句的选择。句子有长有短，一般来说，短句结构简单，词语较少；长句结构复杂，词语较多。从表达效果来看，长句是由一个个语言单位层层组合形成的，可以描述细致、精确，包含较多的内容，语气连贯、条理清楚。短句表意简洁、明快、有力。广告语言多选用朗朗上口的短句。

（2）对于整句和散句的选择。结构相同或相似的一组句子叫整句。结构不整齐，各式各样的句子交错运用的一组句子叫散句。整句和散句各有用处。整句形式整齐，声音和谐，气势贯通，意义鲜明；散句自由活泼，富有变化，易取得生动、感人的效果。一般广告多用散句，句式自由灵活。诗歌广告有些用整句，句式整齐。也有些广告整散结合，间隔搭配。

（3）对松句和紧句的选择。句子的结构有松有紧。结构松的句子，一个或几个意思分几层说，或者反复地说，这样句中并列的成分多，或并列句的成分多，停顿较多，语势和缓。结构紧的句子，几个意思集中在一起说，或句子成分结构紧密，语势紧迫。

三、广告文案的修辞

修辞，从广义上讲是指运用语言的方法、技巧和规律。从狭义上讲是指对语言的艺术加工。我们所讲的修辞技巧就是指的后一种含义。

广告，作为传递信息，诱导人们购买商品的艺术，对语言文字的运用有很多要求。

美国小说家、诗人赫胥黎曾说过："写一首过得去的十四行诗比写一则过得去的广告要容易得多。"所以，运用各种修辞手法去创作优美的广告词，唤起受众的审美感受，产生有效的促销效果，显得十分重要。

（一）比喻

比喻是根据甲、乙两类不同事物的相似点，用乙事物来比作甲事物的修辞技巧。比喻有三方面的作用：一是用受众熟悉的事物比喻不熟悉的事物，以便把事物描绘得具体可感；二是用具体的形象比喻抽象的道理，使道理通俗易懂；三是用某一鲜明的形象来比喻事物的某一特征，用以强调。典型的比喻通常由本体（被比喻事物）、喻体（比喻事物）和比喻词（像、如、是）三部分组成。

（二）比拟

比拟是在语言表达中有意把物当作人写，或把人当作物写，或把甲物当作乙物来写的修辞技巧。比拟可分为拟人和拟物两大类。

1. 拟人

拟人，即把物当作人来写，赋予"物"以人的言行或思想感情。拟人手法在广告语言中比较常用。如"红润的脸向您道早安"（西红柿广告），广告语将西红柿描写成具有人的特点，使语言具体、形象，生动活泼。有些广告特别是儿童用品和轻工业商品广告中，商品常常就直接人格化，像人一样说话和表演，使用第一人称。有时把商品当作谈话对象，常用第二人称"你"来指商品。有时还把商品当作拟人化的第三者。

2. 拟物

拟物，即把人当作物来写，或把甲当作乙来写，使人具有物的情态或动作，使甲物具有乙物的情态和动作。较常见的拟物是在商标的基础上，借用商标名称的字面含义，把商品当作有关动物或其他事物来写。

（三）夸张

夸张是指在语言表达中，故意言过其实，对客观的人、事、物尽力做扩大或缩小的描述的修辞技巧。各类广告都比较喜欢用夸张手法，恰当的夸张能够进一步表现商品的质量、特点。可见，夸张是在客观真实的基础上，对事物的特征加以合情合理的渲染。但使用明显的离事实太远的夸张，容易给人不真实的感觉。

（四）双关

双关是利用语音或语义条件，有意使语句包含表面和内里两种意思，言在此而意在彼的一种修辞技巧。就构成条件来看，双关可分为谐音双关和语义双关两种。

1. 谐音双关

谐音双关是利用音同或音近的条件使词语或句子语义双关。例如，上海祥生出租汽车行在 20 世纪 30 年代做了这样一个广告："四万万同胞，请打 40000 号电话，40000 号码的电话愿为四万万同胞服务。"广告中的"40000"这个数字正好是当时中国四万万同胞去掉一个万字。这则广告使得祥生出租汽车行名声大振，生意十分兴旺。其中重要的原因就是这一广告使用了双关手法，挖掘了"40000"这一号码所包含的特殊含义，富有民族感召力。

2.语义双关

语义双关是利用词语或句子的多义性在特定语境中形成双关。在广告语言中，语义双关更为常见。广告中成功地运用双关的手法，会使语言幽默风趣，显得别开生面，给人以新鲜感。同时，也提高了广告语言的文化品位，给人精神上美的享受。

（五）排比

排比是把结构相同或相似、语气一致、意思密切关联的句子或句子成分排列起来，使语势得到增强，感情得到加深的修辞技巧。广告语言中的排比往往通过广告主要信息的反复出现和各排比句对商品的说明、赞美，达到突出重点、深化内容、加强语气的目的。例如，《人民日报》海外版广告：

对恋念故土的华人、华侨，
是亲切的乡音；
对关心中国的外国朋友，
是友谊的纽带；
对欲展身手的工商企业，
是成功的指南。

广告中运用排比句不仅起到了突出重点、强化主题的作用，而且很有气势，易读易记。

广告的篇幅有限，排比的运用要精当。滥用排比也有可能淡化、淹没主要信息。因此只有在强调突出重点时方可使用排比句。

（六）对偶

对偶是结构相同或基本相同、字数相等、意义上密切相联的四个短语或句子，对称地排列的修辞技巧。

对偶，从形式上看，音节整齐匀称，节律感强；从内容上看，凝练集中，概括力强。它有鲜明的民族特点和特有的表现力。在广告中用对偶句构成广告语具有精练、含蓄、典雅的特点，感染力强，便于记诵。

（七）对比

对比是把两种不同事物或同一事物的两个方面，放在一起相互比较的修辞技巧。广告比较注重宣传效果，对比正好有突出特点、对照鲜明的效果，因此，广告标题、口号中常用对比修辞手法。

（八）仿词

仿词就是在现成词语的比照下，更换词语中的某个词或语素，临时仿造新词语的修辞技巧。在广告语言中，有时直接引用原语不能有效地表达内容，于是创作者就将人们熟知的成语典故、诗文名句、格言俗语等加以改动，以符合该广告特定的表达需要。例如：

对"痘"下药。（治青春痘药广告）
"闲"妻良母。（洗衣机广告）
六神有主。（六神花露水广告）
大石化小，小石化了。（胆舒胶囊）

这几则广告都用了仿词手法，其中"大石化小，小石化了"用得最妙。一是用得自然贴切，表述了药物功能，符合胆结石药物治疗的通常程序；二是仿造语与原语之间保持了对应性，对患者来说，"大石"就是"大事"，"小石"就是"小事"。"大石化小，小石化了"与"大事化小，小事化了"在事物发展方向上是一致的。

仿词是对人们世代沿用的某些习惯用语的改变，在使用时要特别小心，以免适得其反。

（九）映衬

映衬是用类似的事物或反面的、有差别的事物做陪衬的修辞技巧。广告中的衬托大多数是借用品牌、招牌所涉及的事物的特点或企业所在地的特点作为基础。

（十）反复

反复是为了突出某个意思，强调某种感情，特意重复某个词语或句子的修辞技巧。广告语言中经常使用反复手法。一般情况下，广告信息对受众来说带有某种强迫性，广告者就采用反复的手法对主要信息进行频繁的重复。

四、结构

广告文案的结构是指广告信息的排列组合方式。广告文案结构的创意是指对广告文案结构方式的选择和各部分内容的安排。一般来说，广告文案的结构可分为规范式、灵活式和品牌招牌式。规范式文案是指具有固定格式，完整结构的广告文案。灵活式文案是指没有固定格式，篇幅短小，形式自由的广告文案。品牌招牌式是指用于产品和企业的名称的广告文案。需要指出的是，品牌招牌式文案不仅可以作为规范式和灵活式广告文案内容的一部分，也可以作为一种单独的具有广告意义的文案。就结构而言，品牌招牌是广告文案中一个有机的重要组成部分，在广告中有着十分重要的作用，因此我们将品牌招牌也纳入广告文案范围之中，比较符合广告文案的实际情况。

（一）规范式广告文案创意

规范式广告文案是广告文案中格式较正规的一种，较适合介绍企业情况和产品性能用途。规范式广告文案一般由标题、正文、附文三要素构成。

1. 标题

标题就是广告文案的题目，是广告文案的重要部分。标题具有醒目的文字形式、多变的句型结构，以及鲜明的诱导作用。可以说，$50\%\sim75\%$的广告文案效果取决于标题的创意。广告史上广为传颂的广告文案大多数是广告的标题，不少读者以广告的标题来推测广告全文的蕴意，决定看不看广告全文。因此，广告文案撰写者要在广告标题的创意上多下工夫。标题的创意实际上就是标题的构思，那么标题的构思主要从哪些方面入手呢？

（1）根据广告内容进行构思。标题要起揭示全文内容的作用，标题的构思必须紧扣广告内容。广告文案标题要根据正文所反映的产品定位来构思。品牌叫得响、名声大，标题就强调品牌；商品质量好、式样新，标题就应强调质量、式样等。一般来说，标题要高度概括广告内容，又要吸引受众的注意力，要放在方案中最突出最重要的位置，用大字体醒目的色彩加以突出。

（2）根据标题的形式构思。标题可分为直接标题和间接标题、单行标题和复合标题。

直接标题能直接体现广告的中心思想，开门见山，一语道破，也可以采用含蓄隐喻的手法间接表现主题。这种标题用词讲究，藏而不露。

单行标题就是只有一行标题，形式简单、句式简短、简明扼要。复合标题是多行标题合用，取直接与间接标题两者之长，融为一体。复合标题可细分为引题、正题、副题。引题的作用是交代背景、烘托气氛、引出正题。正题是整个标题的中心，其作用是概括说明广告文案的中心思想和主要内容。副题一般用来对正题进行补充说明。

一般来说，标题要尽可能简短、醒目、吸引人，最好用简单的语句。有些标题内容可采用复合标题，但要注意广告中不出现过多的引题、副题、小标题。

关于标题的创意，美国广告大师大卫·奥格威提了十条建议，很有价值。

①平均而论，标题比正文多五倍的阅读力。如果在标题里未能畅所欲言，就等于浪费了80%的广告费。

②标题应向消费者承诺其所获得的利益，这个利益就是商品所具备的基本效用。

③要把最重要的信息纳于标题之中，要始终注意在标题中注入新的吸引人的信息。

④标题里最好包括商品名称，不要遗漏品牌名称。

⑤标题要富有魅力，应写点吸引读者继续往下读的东西，这样才能引导读者阅读副标题及正文。

⑥从销售而言，较长的标题比词不达意的短标题更有说服力。

⑦使消费者看了标题就能知道广告内容，而不是强迫他们研读正文后，才能理解整个广告内容的标题。

⑧避免写一些故意卖弄的标题，像双关语、引经据典、晦涩的词句应尽量少用，不要写迷阵式的标题。

⑨使用迎合商品诉求对象的语调。

⑩使用在情绪上、气氛上具有诱惑力和冲击力的语调和词汇。

2. 正文的创意

正文是广告文案的主要部分，要对标题所揭示的内容做具体介绍。标题只能反映广告重点，不能说明广告的全部内容，正文就是要把标题揭示的主题具体化，要能说明商品的基本特性。因此，写作广告文案不仅要在标题上下工夫，也要在正文上下工夫，这样才能发挥广告文案的传播作用。

广告文案正文部分主要有以下几种写法。

(1)不分段表述。正文部分不分段落，实行整体表述，各种内容连成一片。这种格式的好处是节省版面，节省广告费用；缺点是主要内容不醒目。用不分段表述方式的广告正文一般信息较集中，篇幅不长。如果篇幅长、字数多就不宜采用这种方式。

(2)罗列表述。将正文并列的几条内容分段分行罗列。这种方式一般用于品种或系统表列，它只需详尽开出系列品种名称，或分布各地的销售维修点，不加或略加说明。这往往适合那些有一定知名度或有较高知名度的商品或企业。

(3)分段表述。分段表述的正文结构一般由若干个段落组成。有的只有两段，大部分有三段：开头中间和结尾，构成一个整体，有的段落更多一些。现以三段式为例略做介绍。开头，一般紧扣标题，对标题所介绍的商品、事实或所提出的问题，简单地加以说明或解释，并列出后文。中间是正文的核心段落，包含的信息量最多，一般以正面介绍商品特色为主，但不是泛泛地谈优点，而是要强调指出本商品的特殊优点，特别是遇有同类产品并存，而且有竞争趋势时则更要阐明本商品的过人之处。结尾是正文的结束部分，主要是敦促消费者及时采取购买行动或激发长期的购买欲望。

3. 附文

附文是广告文案中的附属部分，是广告内容的必要交代或进一步的补充与说明。附文主要由商标、商品名、公司名称、厂址、联系电话、价格、银行账号、批销单位，广告设计单位等内容构成。

附文的内容不一定在广告文案中全部出现，要根据广告文案宣传目标和主题有所选择。有的仅突出厂名和联系人；有的仅突出其商标；有的仅突出销售日期及提货办法。这些内容如果偶有失误，写得不准确也会影响全文的整体效果。因此要善始善终，不能虎头蛇尾。

(二)灵活式广告文案创意

灵活式广告文案是指没有固定格式，形式较自由的广告文案。最常见的有口号体式、文艺体式等。

1. 口号体式

口号是反映商品或企业特征的一种相对固定的带有强烈鼓动性的简短语句，有人称它为"文案的商标"。如上面提到的威廉·伯恩巴克为美国奥尔巴克百货公司所做的广告口号就是"做千百万的生意，赚几分钱的利润"，这一口号有三个特征：其一，语句简短，只用两个句子，结构简单，易记；其二，用对比的形式，具有突出主题刺激听觉的特点；其三，具有鼓动性或感化力，能诱发公众的购买欲望和购买行为。

1)广告口号标题的区别

乍一看上面的口号，觉得口号与标题形式差不多，其实口号与标题既有联系又有区别。广告口号语句简短，标题语句也简短，有时广告口号就是标题，但广告口号与标题也有明显的区别。

(1)口号相对稳定，尤其是成功的口号不轻易改变，它能使一系列广告宣传构成某种连续性，通过口号，可以把众多的有关广告联系起来，形成强大的声势。标题要追求新鲜感，经常根据不同情况不同要求而变化。例如，博士伦隐形眼镜系列广告，虽然标题各不相同，然而口号始终只用一个："戴'博士伦'舒服极了！"

(2)标题追求新、奇、美，形式较新颖，语言较生动。而口号则力求朴素、自然、简洁、上口、易记，要像产品的商标一样，具有标记、识别功能。例如，上海华联商厦广告口号"穿在华联"简短上口，几乎不费力就可以记住，人们只要一听到口号就会联想到使用该口号的广告及商品。一句口号能否让人轻易牢记，是衡量口号优劣的重要标准。

(3)标题一般位于广告正文上方或前面，口号常孤立地放在广告下方或末尾。

2)广告口号创意的切入点

广告口号的创意可从以下几方面切入。

(1)确定构思基点。广告口号文字不多，却要传播一种特征化的信息。在构思口号时，要把产品、企业以及消费者感兴趣的特征定为表述中心。例如，上海万国证券公司广告口号"万国证券，证券王国"反映了该证券公司作为国内首家从事证券业的专业公司的实力，体现了万国证券公司自信自强、追求卓越的进取精神。短短八个字，包含了丰富的含义，给人以信心和安全感。广告口号在内容上要传播有特征的信息，在形式上要短小、精悍、朴，便于流传。又如，海鸥洗头膏在农村的广告口号"一只鸡蛋，可换两袋"，这段广告标语的构思基点在消费者特征上，使农民感到经济实惠。口号定位准确，表述用通俗口语，简洁、易记、上口。在确定广告口号的构思基点时要注意口号与标题的关系，应尽量使两者有所分工、互相补充，而不能让口号与标题的意思相去甚远，甚至互不相干，形成多个主题。

（2）选择口号类型。广告口号的类型分为普通型、颂扬型、号召型。普通型一般是用简洁的语言表述商品或企业特点，如福达彩卷广告"生动色彩的再现"、东芝电器广告"TOSHIBA，TOSHIBA，新时代的东芝"，前一则口号体现了产品的色彩；后一则口号体现了产品与时代潮流相吻合。颂扬型一般是直接或间接颂扬产品的好处或企业的优势，如雀巢咖啡广告口号"味道好极！"用通俗口语称赞产品味道好，易于传诵。金照裘皮服装广告口"金照裘皮服装，九人见了十人爱"采用超常式表述，赞扬了金照裘皮服装受人欢迎。又如上海大和衡器广告"公道不公道，只有我知道"，既明确表示了衡器的地位和作用，又自夸了产品质量。号召型一般是用或明示或暗示的语言号召消费者购买自己的产品。一般的广告口号要有号召力，口号要能打动人心。例如，三洋电器广告"三洋愿成为您的最佳伙伴！"和双鹿牌电冰箱"双鹿走进千家万户"，这两则广告口号就是巧妙地用"成为""走进"暗示产品质量可靠，在市场上很受欢迎，希望也成为"您的最佳伙伴"，"走进"你的家庭，以此激发消费者购买欲望。

（3）创造文化情调。在广告口号的创意中，如能体现出一定的文化情调可以提高商品或企业的文化品位。例如，石艺集团有限公司的广告标语"中国石艺，十亿受益"就把该公司"发动装饰革命，推动一流品牌"的企业精神表现出来了，让受众感到石艺集团较高的艺术品位。前面所提"做千百万的生意，赚几分钱的利润"的口号就体现了奥尔巴克百货公司的管理哲学和企业精神，以此树立企业形象，在公众心目中留下美好印象。这种广告口号，能够渗入人的精神、观念之中，印象深刻，难以磨灭。

2. 文艺体式

文艺体式是指采用散文、诗歌、故事、戏曲等体式安排文案的结构形式。

1）散文体

散文体是指用散文形式创作的广告文案，其结构灵活，句式舒缓，形式上没有什么限制，便于抒情。散文是"情文"，因此用散文安排广告结构容易使内容具有抒情色彩。如长城葡萄酒广告文案：

三毫米的旅程，一颗好葡萄要走十年。三毫米，瓶壁外面到里面的距离，一颗葡萄到一瓶好酒之间的距离。不是每颗葡萄，都有资格踏上这三毫米的旅程。它必是葡园中的贵族；占据区区几平方公里的沙砾土地；坡地的方位像为它精心计量过，刚好能迎上远道而来的季风。它小时候，没遇到一场霜冻和冷雨；旺盛的青春期，碰上了十几年最好的太阳；临近成熟，没有雨水冲淡它酝酿已久的糖分；甚至山雀也从未打它的主意。摘了三十五年葡萄的老工人，耐心地等到糖分和酸度完全平衡的一刻才把它摘下；酒庄里最德高望重的酿酒师，每个环节都要亲手控制，小心翼翼。而现在，一切光源都被隔绝在外。黑暗、潮湿的地窖里，葡萄要完成最后三毫米的推进。天堂并非遥不可及，再走十年而已。

2）诗歌体

诗歌体是指用诗歌形式创作的广告文案。诗歌句式整齐，分行排列，具有和谐的结构美，感情色彩也较浓厚，易唤起共鸣，赢得好感。现时常用的诗有格律诗、自由诗、民歌、广告歌等几种。格律诗体广告是按照唐代沿袭下来的近体诗的格律形式而创作的广告诗，组织结构要求较严，音韵平仄有特殊要求。如李白的《客中作》：

兰陵美酒郁金香，玉碗盛来琥珀光。

但使主人能醉客，不知何处是他乡。

这是一首七言绝句，诗人用饱满的激情、明快的节奏、优美的韵律将兰陵美酒的色香味形象生动地描绘出来了，令人玩味不已。自由体诗广告是用自由体诗创作成的广告。自由体诗广告的特点是按章节组织语句结构，篇幅长短用韵不拘一格，语言通俗，写法灵活。从内容的表达方式上看，自由诗体广告又可分为抒情诗广告、叙事诗广告和描述诗广告。民歌体广告是利用民歌的形式创作的广告，内容通俗，语言朴实，有生活气息。一般句式排列比较整齐，也可有适当的长短变化，最好能够押韵，易唱易记。广告歌基本上是一种歌谣，曲调活泼，歌词简短。

3）故事体

故事体广告是通过讲故事的形式来传递信息的广告文案。故事体广告的主要特点是具有简单的故事人物和故事情节，而人物往往是购买或使用某种商品的人，情节常常是购买或使用商品的事以及事情的发展过程。

4）戏曲体

戏曲体广告是以戏曲的形式来传递广告信息的广告文体。戏曲体广告中最常用的是小品和相声。

小品是一种比较新颖的广告形式，通常由特定的情节和对话形式传递广告信息。在益达口香糖广告"酸甜苦辣篇"中，则以厨神和初出茅庐的小姑娘对话的形式来传递信息：

厨神："麦芽的香气！"

丫头："行家呀！"

丫头："试试？"

厨神："好啊。这家餐厅起码传的是两代的江浙厨子，你是？"

丫头："第三代，有口福啦，尝尝我自创的拔丝煎面。"

厨神："看起来不错！"

丫头："吃起来更不错！"

厨神："小丫头，这个面甜到掉牙了！"

丫头："是你牙齿不好吧，大叔，来，益达！"

厨神："我知道，吃完来两粒！"

最后引出益达广告语"关心牙齿，更关心你"。

广告的形式是多种多样的，除了上面介绍的以外，还有书信体、新闻体、说明体、对联体等。

（三）品牌招牌式广告文案创意

1. 招牌

招牌是企业的名称，一般写在企业门前的牌板上。招牌的创意就是对招牌名称的构思。招牌的创意方法和要求与品牌有许多相似之处。内容上要反映企业的特点、地理位置、文化品位、美好寓意。形式上要短小精悍、易读、上口、好记。例如，"中国电影发行公司"反映了企业经营内容，"广西南国广告公司"反映了企业经营内容和地理位置，"长城饭店"既有以上特点又包含了地域文化特征，"精益眼镜店"表现了眼镜店精益求精的精神，"四季美"汤包馆四季飘香，给人们生活带来美的享受。

招牌往往能反映出企业的文化观念和社会的价值取向。今天，商业性很强的招牌在市场营销活动中逐渐形成了一种"招牌文化"现象。招牌的文化品位逐渐表现出了多色彩、多层次的特征。

1）招牌的分类

（1）表现传统文化色彩的招牌。这类招牌常用"某（姓）记"或人名来命名，如"李锦记旧庄特级蚝油"的品牌是"李锦记"，还有"饺子李""豆腐张"等传统招牌。用这种招牌的多为"百年老店"或"老字号"企业。它们要通过传统的招牌突出企业的"老牌地位"，宣传"历史悠久"的商品品质特征和企业形象。这类招牌还常用表现传统观念的词语命名。有的表现命名者的道德观，如"同仁堂"（国药店）、"蔡同德"（国药号）、"功德林"（素菜馆）用了"仁""德"等词。有的表现了命名者追求吉利的意愿，如"等昌火柴厂""旗昌丝厂""元丰洋行"用"荣""昌""丰"等词。这些招牌由于具有浓厚的传统文化色彩而在消费者心目中占有重要地位，其文化品位较高，营销效果较好。

（2）表现地域文化的招牌。一般以区、街名称命名的招牌在一定程度上表明了地域消费的特点或某地特产。例如，"中南商业大楼""汉阳商场"在一定程度上包含了企业对自己目标市场的认定，"涪陵榨菜厂""桂林腐乳厂""镇江酱菜厂"等则反映了地域的特产，人们对这些产地的特产是"情有独钟"。"杭州娃哈哈集团""上海华联商厦""南京新街口百货商店"等包含了对大都市的信任或向往心理。

（3）表现新时代文化色彩的招牌。例如，以"人民""惠民""为民""星火""朝阳""振华""光明""前进"等词语命名的招牌，含有社会责任感和爱国精神。此外，以序数词命名的招牌，如"第一""第二"之类，能突出企业的国有性质。在公众心目中，国有大企业具有较高的信誉和地位，因此能引起较稳定的信任感。当代文化中也有追求新奇的俗文化，有些青年喜欢过"软性"格调或有一定刺激性的生活。招牌中的"梦巴""夜上海""莉莉时装""靓女发屋""雪豹"（皮革行）等名称，能迎合这个群体的欣赏口味。

（4）表现外来文化情调的招牌。主要是用音译词来为招牌命名，如"希尔顿"（宾馆）、"伊莉特"（日用化学品公司）、"庄臣"（制药）、"琴岛—利勃海尔"（冰箱）、"佐丹奴"（服饰）等。这类企业多为外资或中外合资企业，现在有不少人比较信任外国货或外国企业，所以，这类招牌往往会得到这部分人的喜爱。

招牌是一种"店名形象"，有助于树立产品和企业形象。招牌的命名反映了企业主的文化品位和营销思想。招牌一经确定便具有一定的稳定性，因此对招牌的创意应采取慎重的态度。

2）招牌创意倾向

在招牌创意中，有两种倾向应该引起我们的注意。

（1）洋化倾向。现在有一种倾向，品牌、招牌的撰写越来越"洋化"。大街上随便一看，到处是"爱丽丝""梦丹娜""伊丽斯""黛丽丝"，这样的名称多而乱给人一种食洋不化的印象。其实不结合产品和企业的实际采用译音作为招牌，不仅达不到推销产品、树立企业形象的目的，反而容易引起人的反感，降低商品、企业的文化品位。因此，在使用译音招牌时要尽可能弱化西洋文化色彩。例如，"莱福食疗工业有限公司"中的"莱福"不如译成"来福"，既可体现英文的译音，又体现了中国普通百姓的文化情趣，表达了一种吉祥的意愿，还容易读、容易记。

(2)名实不符倾向。现今店铺、企业取名不考虑实际情况，盲目地追求"新""大""高""奇""雅"。例如，普通商店称为"商厦"，一般铺子称为"商场"，商场又称为"商城""广场"。公众开始时也许会受到一些刺激，但刺激一过，便会产生疑惑。例如，某普通家具店称为"家俬城"，且不说这"俬"不知从哪里来的，单说"城"就够夸大其词了。进去一看，只是有一两间门面的店家。又如，一家"精品"百货大楼使用的招牌是"黄金广场"，公众一看这招牌，以为这是一家经营黄金饰品的"市场"，实地一看，才知道它既不是黄金饰品的"专卖店"，也不是"广场"，立即就有一种受骗上当的感觉，不满情绪油然而生。名实不符，不利于树立企业的良好形象。因此，企业在确立名称时，应当是立足于"名""实"相符。只有"名""实"相符，以诚实的态度赢得消费者信任，才能给公众留下较好的印象。

2. 品牌创意

品牌是广告文案的一种，也是其他几种文案形式的重要组成部分。广告文案离不开品牌，因此品牌的创意对广告文案的创意有重要作用。

给商品起个好名称，需要有新颖、独到、恰当的创意。那么，什么样的品牌才能促进销售呢？

(1)有区别性的品牌。品牌的作用之一就是使同类产品互相区别开来。品牌可以区别一种产品，也可区别一类产品。

(2)有标志性的品牌。品牌能成为商品的标志，例如，一说"松下"人们就知道是一种电器产品；一提到运动品牌就会想到"耐克"；说到汽车就会想到"大众"。

(3)有寓意性的品牌。品牌能反映商品的某种特性或文化含义，例如，"健民咽喉片""金嗓子咽喉片"表现了产品有治疗咽喉疾病的疗效特征；"飘柔"表现了美发用品的护发、美发功能；"快克"感冒药的原名"Quick"有着快速治疗感冒的寓意；便利店"7-Eleven"的名字来源要追溯到1964年，那一年由于营业时间延长为从上午7：00至晚上11：00，因此改名为7-Eleven。

(4)易记性的品牌。好听又好记的品牌能引起公众注意，并在公众中留下深刻印象，如"奥利奥""趣多多"等饼干品牌的名称，简单好听，很容易在消费者心中留下印象。

创造一个新品牌是一件富有想象力和创造力的工作。美国广告设计师道格拉斯对品牌创意做了很好的论述，他认为品牌创意有六条标准：

①S(suitability)合适：品牌名对产品的功能、特征、优点的描述恰如其分。

②O(originality)独创性：品牌名要独树一帜，不易与其他品牌名相仿或混淆。

③C(creativity)创造力：品牌名能吸引人，有韵律，或有文字游戏等成分。

④K(kinetic value)能动价值：品牌名能引导人进行联想。

⑤I(identity)同一性：品牌名易记，有回忆价值。

⑥T(tempo)发展力：品牌名为准备开发的市场能提供合适的基调，给目标消费者创造一个好印象。

品牌创意的方法是多种多样的，在创意中并不是单使用某一种方法，而是综合使用多种构思方法。

第三节　各媒体广告文案的制作

一、报纸

（一）报纸广告的规格

报纸广告的规格随报纸版面的变化而变化，报纸根据版面尺寸可以分为大报和小报。

1. 报纸的版面规格

大报如《人民日报》《光明日报》《文汇报》《中国青年报》等，其有效版面的尺寸为35cm×47cm；小报如《齐鲁晚报》《生活日报》等报纸，有效版面的尺寸为23.5cm×35cm。

2. 广告的版面规格

有的广告为整版广告。有的广告为1/2版，其尺寸为大报23.5cm×35cm；小报17.5cm×23.5cm。有的广告为整版的1/3，其尺寸为大报15.6cm×35cm，小报11.6cm×23.5cm。另外还有1/4版，尺寸为大报（横版）23.5cm×17.5cm，小报17.5cm×11.75cm。除此之外，报纸广告还有特种版等形式。

（二）报纸广告的构成要素

报纸广告的构成要素主要包括图形与文字，根据具体情况，广告的设计和文案创作会各有侧重。以图形为主的广告是一种比较感性地传达主题的表现形式，其内容主要由以下形象构成，即企业形象，包括标志、标准字、名称、象征等；产品形象，包括产品包装、品牌标志等；其他形象，包括消费者形象和功能、特性等象征形象。

图文并茂的广告是感性与理性相结合的信息传达方式，形象和文字相辅相成，共同表达广告的主题，力求完善、全面。形象依然以前文所述三类来源为主，文字则是有关企业、产品较为详细的信息。

另外，还有以文字为主的或是纯文字的广告。这类广告大都告知消费者关于企业和产品准确而客观的信息，是产品成熟期常用的广告形式，诉求方式仍然可以表现为感性诉求与理性诉求两种形式：感性诉求多以文学性的语言，以富有情感的诉说感染、诱导消费者；理性诉求则是以说明性的语言陈述企业与产品的客观信息，告知消费者真实的情况，以便为消费者采取购买行为提供判断的依据。

二、杂志

（一）杂志文案的版面安排

杂志广告在版面位置安排上可分为封面、封底、封二、封三、扉页、内页、插页；颜色上可以是黑白，也可以是彩色；在版面大小上有全页、半页，也有1/3、2/3、1/4、1/6页的区别。有时为了满足广告客户做大幅广告的要求，还可以制作连页广告、多页广告。

版面类别不同，受众对其的注意率也有较大差异。选择版面要根据广告目标和经济支持力来决定。注意率越大，广告效率越高。另外，杂志媒体具有较强的专业性，即使是大众杂志，其读者群也较大众性报纸小，而且相对固定，有一定的文化层次，因此，杂志的选择要注意广告目标与读者对应。

（二）杂志文案策略

1. 注重图像视觉艺术

由于现代造纸和印刷技术的快速发展，为杂志广告提供了品质精良的纸质和精密度极高的印刷效果，使印刷品越来越美。杂志需要有一个具有强烈冲击力的视觉图像，将广告的意图通过视觉语言表达出来。

2. 注重创意新颖性

正因为杂志媒体视觉效果显著，作者很容易将创作精力只集中在视觉艺术本身。然而，现代广告受众对智慧美的追求使得杂志广告必须将创意与视觉图像结合起来。

3. 注重语言的艺术性

杂志广告的标题要有震撼力和感染力，而正文则可以写成一定篇幅，但语言要比较优美，具有可读性。

三、其他平面广告文案

除了报纸和杂志广告外，其他采用平面媒介形式进行广告诉求传播的广告媒介形式还有户外海报、直接邮寄广告、样本册等。

（一）直接邮寄广告

直接邮寄广告简称直邮广告，有销售信函、明信片、折页手册、产品目录等多种形式，还可以采用邮寄立体卡片、赠送试用品等更具有创造性的手法。无论采用哪种形式，直邮的核心都是一份直接达成销售目的的印刷品。直邮广告文案要遵从以下原则。

（1）人性化的语气。直邮广告文案不应该像是面向无数人的大众媒介广告，应该更像一封私人信函。最好在信的开头和收信人直接打招呼——尊敬的（亲爱的）某某先生、女士，然后以面对面交谈的语气写作后面的内容。

（2）提供尽可能详尽的信息。直邮广告应该尽可能地提供有用的信息，诚实地介绍产品，说明购买利益。如果是产品目录，则提供产品图片、产品简介和客观的评述文章会有更好的效果。

（3）注重趣味性。

（4）文案难度不要超过消费者的理解力。文案中不要使用过于专业的语言去阐述，要使用消费者熟悉的语言和思考逻辑。

（5）直邮广告文案可长可短。

（6）提供多种反馈途径，如购买电话、咨询电话、邮件地址、通信地址等应该被罗列在直邮广告中。

（二）平面广告软文

1. 软文标题写作

软文标题的写作技巧可以分为三步。

（1）确定标题中写什么。它的内容一般有以下几个来源：软文中要传达的重要信息，与目标消费者切身利益相关的信息，最有趣味性的信息，竞争对手忽略了的信息。

（2）找到最合适的话。

（3）把标题中不必要的、繁杂的信息去掉。

2. 软文正文写作

软文的内容类型可以分为全面型、重点型和提醒型。全面型即把想传达的内容全部包括在内，如产品的特性、价格、购买方式等内容；重点型即传达某一侧面的信息，如产品功效、所获荣誉、促销活动等；提醒型即不传达具体信息，只是通过某种特定的信息对受众进行提醒。

四、广播

（一）广播广告文案的主要类型

1. 自述式

借助虚拟或真实的广告产品使用者的口吻表述使用本产品的个人生活经历和消费经历，表达自己对产品或服务的切身体验和体会，以影响听众，同普通消费者拉近距离。

2. 直陈式

这种广告方式是用直接叙述的语气将广告信息简明扼要地写出来，由播音员自己或者演员通过录音合成的方式制作而成，所以有时也称为直播式广播广告。

3. 对播式

对播式也叫对话式，由两个或两个以上的人物以生活中常见的对话的方式，进行简单的问答，通过问答的过程向听众介绍产品的信息、产品带给消费者的利益承诺，以及广告诉求的主题等。

4. 现场式

这种广播广告通常由声音、音响和音乐三种要素构成，营造一个真实的现场。

5. 广播剧式

它以话剧为基础，同时配上相适应的音乐或旁白。这种文案有设定的情境、必要的情节和发展的过程，还有一个以上的人物及他们之间的对话等。

6. 歌曲式

通过广告歌的方式将产品或服务的优异性能、品牌名称、广告诉求主题和倡导的观念等内容表现出来，其文案就是广告歌的歌词。

（二）广播广告文案写作技巧

（1）广播广告的文案要注意口语化。

（2）在广告中注意适当重复，强化听众的记忆。

（3）为了便于记忆，广播广告的句子要尽量简短。

五、电视

(一)电影文学剧本式

电影文学剧本是一种运用电影思维创造银幕形象的文学样式，是电影剧作者根据自己对生活的感受、认识和理解进行的艺术构思，并按照电影的表现手法，通过文字描述表达自己对未来影片设想的作品。电视广告文案采用电影文学剧本的基本方式，不要求有严格的形式，通过散文化和故事式的文字方式将电视广告的基本创意和内容表达出来。

(二)综合说明＋分镜头脚本式

电视广告文案的内容除阐述广告主题、广告构思、拍摄要求、音乐要求、演员表达形式之外，还有画面的详细描述。画面的详细描述实际上是一种分镜头脚本，它把拍摄的内容、形式更具体化了。

(三)表格式分镜头脚本

表格式分镜头脚本是用一种更为简洁和直观的方式将电视广告的内容全面完整地表现出来，这种广告文案的表现方式更为全面，也更具有操作性。表格式分镜头脚本一般按照成片广告的镜头顺序，将广告片的所有内容体现在一个表格中，具体项目包括镜号和镜头长度、景别、转场方式、镜头的运动方式、画面内容，还有声音、音乐、音效、字幕等。

思考与练习

1. 规范式广告文案包含哪些内容？
2. 广告文案中主题的写作有哪些特点？
3. 广告文案的修辞要注意哪些方面？
4. 报纸广告文案需要注意哪些方面？
5. 电视广告文案包括哪几种类型？

【案例分析】

七成网友跟恒源祥说 Bye Bye

长达 1 分钟的恶俗广告被舆论叫停，营销专家称对品牌将造成伤害。

遭遇"用脚投票"

恒源祥推出的十二生肖拜年广告，受到了舆论，特别是网络媒体的极大关注。

在新浪网最新公布的这份 57 505 名网友参与的调查结果中，88.53% 对恒源祥的十二生肖拜年广告表示反感；78.94% 的网友认为，这种广告损害企业的品牌形象；更有高达 74.34% 的网友表示，看到这个广告后将不再购买恒源祥的产品。

面对网友的广泛质疑，恒源祥集团品牌传媒顾问丁秀伟曾声称，恒源祥集团对此并无过多担忧。丁秀伟表示，经过咨询公司的调查，恒源祥品牌给消费者留下的形象是"一个四十岁的，有责任感的男人"，网友并非其目标消费者。但记者近日采访一位大型啤酒集团老总谈及恒源祥广告时，这位年近 40 岁的老总坦言"这种广告是对品牌的一种伤害"，并表示不会购买恒源祥的产品。

很烦，很暴力

春节期间，"恒源祥广告"成为网络上的热门词汇，在这则长达 1 分钟的电视广告中，由北京 2008 年奥运会会徽和恒源祥商标组成的画面一直静止不动，广告语则由原来的"恒源祥，羊羊羊"变成了"恒源祥，北京奥运会赞助商，鼠鼠鼠"，广告语按照十二生肖的顺序从"鼠鼠鼠"一路换到"猪猪猪"。

很多观众开始以为是电视台出故障了，看了半天才明白过来是广告。

在互联网上，有留言者声称，与此前"恒源祥，羊羊羊"的旧版简单、生动不同，新版广告把"羊"扩充到十二生肖大家庭，这样简单机械地重复抹杀了旧版良好的创意，而且还是对观众忍耐力的挑战。网友普遍的评价是"很烦，很暴力"。

思考：分析恒源祥广告失败的原因，并为其广告文案提出修改建议。

参考文献

[1]印富贵. 广告理论与实训[M]. 北京：电子工业出版社，2019.

[2]广告实务组. 广告实务[M]. 北京：中国人民大学出版社，2019.

[3]张利平. 广告美学[M]. 汕头：汕头大学出版社，2018.

[4]常春梅. 新媒体传播中精准广告的营销方式[M]. 长春：东北师范大学出版社，2019.

[5]甘世勇，舒咏平. 广告设计[M]. 北京：中国商务出版社，2018.

[6]黄河，江凡，王芳菲. 新媒体广告，北京：中国人民大学出版社，2019.

[7]何是旻，魏暄. 广告策划与创意研究[M]. 哈尔滨：哈尔滨地图出版社，2018.

[8]刘建萍，陈思达. 广告创意概论[M]. 北京：中国人民大学出版社，2018.

[9]周洁. 网络广告设计与制作：新一版[M]. 上海：上海人民美术出版社，2018.

[10]孔祥华，孔祥玲. 平面广告设计与制作[M]. 北京：电子工业出版社，2018.

[11]孙晓航，铁娆娆，陈晓菲. 现代广告创意解读[M]. 长春：吉林大学出版社，2018.

[12]尚恒志. 网络与新媒体广告[M]. 北京：北京大学出版社，2018.

[13]崔生国. 广告设计：升级版[M]. 上海：上海人民美术出版社，2018.

[14]卡罗尔·J·帕敦. 广告与社会导论. 许正林等译[M]. 上海：上海交通大学出版社，2018.

[15]张欣，曾维佳. 广告设计[M]. 南京：南京大学出版社，2018.

[16]张薇. 新媒体广告[M]. 哈尔滨：东北林业大学出版社，2018.

[17]张雯. 广告创意[M]. 北京：中国建筑工业出版社，2018.

[18]徐倩，陈天福. 广告设计[M]. 北京：北京理工大学出版社，2018.

[19]戴勇. 广告理论与实务[M]. 大连：大连理工大学出版社，2018.

[20]揭云. 广告传播学研究[M]. 长春：吉林出版社，2018.

[21]李文婷. 广告设计[M]. 长春：吉林美术出版社，2018.

[22]潘君，冯娟. 广告策划与创意[M]. 武汉：中国地质大学出版社，2018.

[23]王宏伟. 广告原理与实务[M]. 北京：高等教育出版社，2018.

[24]王璐，王心良. 广告理论与实务[M]. 北京：北京邮电大学出版社，2013.